edition suhrkamp 2805

Dieses Buch handelt von: Verkanntentreffen, Katapulten, verpasster Friedhofsgärtnerei; vom Merve Verlag, Maas Verlag, Müll; vom Mann meines Alters, Zille-Zwiebeln, Lotto-Hoffnung, SO36; von Trümmergrau, Polen, Baudrillard, Virilio, Tangerine Dream; von Stammtischen, Gottesbeweisen, Post, Frieder Butzmann; frischen Hemden, Kohlenberta und Lichtgeschwindigkeit; von DJ Erwin, Foucault, Hartfaser und Klogriffen, von der Galerie Petersen und der Galerie Frei, vom Museum of Modern Art; von Daphne, Pferdeschwanz, Raumung, Sünde und Buße, von Gesamtluftwerk und Ehrengrab. In acht abendfüllenden Sitzungen hat Thomas Kapielski darüber erzählt und seine schiere Lebendmasse als autobiographisches Paket auf die zeitgeschichtliche Waage gewuchtet.

Thomas Kapielski, geboren 1951 in Berlin und dort bis heute lebend. In der edition suhrkamp erschienen von ihm bislang *Mischwald* (es 2597), *Neue Sezessionistische Heizkörperverkleidungen* (es 2680), *Je dickens, destojewski! Ein Volumenroman* (es 2694), *Leuchten* (es 2738) und *Kotmörtel* (es 2759). Wie die *Lebendmasse* führen alle diese Bücher auf dem Umschlag ein Signet. Nebeneinander ergeben sie einen kunstfertigen Spektralprospekt.

THOMAS KAPIELSKI

# Lebendmasse

Acht längere Unterredungen

Suhrkamp

Fotos und Signet: Thomas Kapielski

So hilfreiche wie ehrenwerte Unterstützung erfuhr die Arbeit des Autors durch die Berliner Senatsverwaltung für Kultur und Europa; seine Erzähllust weckten Urs Engeler und Aldo Frei – Dank dafür!

Klimaneutral
Druckprodukt
ClimatePartner.com/14438-2110-1001

edition suhrkamp 2805
Erste Auflage 2023

Originalausgabe

Druck: C. H. Beck, Nördlingen
Umschlag gestaltet nach einem Konzept von Willy Fleckhaus: Rolf Staudt
Printed in Germany
ISBN 978-3-518-12805-3

www.suhrkamp.de

# Lebendmasse

# 1. Verkanntentreffen, Katapult, Ehrengrab

Irgendwo habe ich gelesen, daß Sie schon vormittags im Blauen Affen am Hermannplatz sitzen und Bier trinken.

Au ja! Da trägt man sein Mal auf der Stirn, sein Kreuz schleppt man mit sich rum. Dabei wohne ich schon seit Jahrzehnten nicht mehr in Neukölln, und im schönen Blauen Affen stehen auch schon seit Jahrzehnten Geldautomaten drin. Sie haben eine Bankfiliale draus gemacht, und was jetzt da akut ist, weiß ich nicht. Im ehemaligen Hammer gegenüber verkauften sie Matratzen, als die Kneipe säkularisiert wurde. Es war schön im Affen, mit Bernd Kramer habe ich mich dort oft getroffen. War so eine großraumige Rentner- und Arbeiterkneipe, wie es sie oft in Berlin gab. Die sind weg. Und mein lieber Freund ist nun auch schon zehn Jahre tot. Mit den Nasenflöten sind wir da paar Mal aufgetreten, waren immer heroische Abende. Und nun ist er weg.

Hat sich verfestigt, diese Legende? Sowas hängt einem an?

Wird man nicht los, also hätschelt man das Gerücht und sagt: »Ja, ja, so ist das.«

Ja, dann frage ich Sie doch mal direkt: Trinken Sie beim Schreiben? Das erledigen Sie ja wohl vormittags?

Nee, beim Schreiben saufe ich nicht! Das kann ich nur stocknüchtern, also kühl, kalt und luzide. Auch banaler Büroquatsch, Steuer, eigentlich das meiste muß klar und kühl erledigt werden. Danach meinetwegen was Kühles anderer Art. Wobei Kunstbasteln wiederum leicht verstört meistens besser geht. Da braucht es einen übermütigen Schwung, eine gewisse Hemmungslosigkeit. So klappt das besser mit Meister Zhuangzis Messerpinsel. Andererseits gilt: Eine nüchterne Lösung, die besoffen nicht standhält, kann erfahrungsgemäß in den Mülleimer. Und umgekehrt, eine besoppene Bastelarbeit muß der Nüchternheit standhalten. Mein vorläufiges Fazit lautet: Nüchtern bin ich besser, besser zu mir und beim Schreiben; besoppen geht's uns besser, klappt das Werkeln besser, und die Welt verhält sich freundlicher zu mir. Als Weltschmerzensmann brauche ich diesen Trosttrunk. Für mich ist das so eine Art von eingeflößter Gnade, gratia infusa nennen das die Theologen. Also, ich deute dieses Sakrament natürlich sehr eigenwillig. Aber das haut schon hin, gnadenreiche Infusion, die braucht so ein trübsinniger Tropf wie ich.

Und wenn Sie abstinent leben?

Fühlt man sich blitzblank und träumt schön. Aber dann kommt schleichend Elend über mich in Form von trostloser Fadheit und öder Klarheit. Man wird doof und langweilig und merkt: Alkohol ist ein heilkräftiges Kontrastmittel. Bei Leerlauf versuche man es mit heilkräftigem Vollauf! Der liebe Gott hat uns Wein und Bier und andere Sachen zur Verfügung gestellt.

Da sind Sie sich sicher?

Das weiß ich, denn mein verstorbener Freund Plummy Gärtner war Theologe und Altsprachler, konnte perfekt Griechisch, Latein, Hebräisch, Mandäisch und halb Aramäisch. Das hat er nun alles mit ins Grab genommen.

Das ist immer erschütternd.

Ich könnte heulen, wenn ich daran denke, und frage mich: Was ist das wieder für eine völlig irrsinnige Welteinrichtung? Die Theodizee tut doch eher weh, auch wenn Gott es wieder gut eingerichtet hat, daß sich das reimt.

Manche Denkschulen halten Wein und Bier für Schöpfungen des Teufels.

Nein, das kommt von Gott. Plummy hat sich da auf Thomas von Aquin berufen, obwohl er Evangele war und alles Katholische geschnitten und geächtet hat; er hat oft aus der Summa theologica zitiert, wo steht, daß einer, der sich mit Absicht des Weins enthält, dadurch die Natur betrübt und so nicht frei von Schuld zu sprechen ist. Und zu viel Fasten und asketische Selbstquälerei sei auch Sünde, weil es nämlich die Geschlechts- und die gesunde Zürnkraft schwächt, welche beide göttliche Einrichtungen sind. Der Aquinate Thomas hatte einen guten Draht direkt nach oben, und Plummy auch, also halte ich mich dran und saufe gern und gottgemäß, meist aber Bier. Das ist bei mir so eine Jammertalsperre; sie kann natürlich leicht überlaufen. Jedenfalls ohne taktisch gesetzte Räusche würde ich dieses Leben nicht ertragen, denn das Sein verstimmt leider das Bewußtsein und erschwert das Dasein ohnehin.

Nehmen Sie dafür ein ungesundes Leben in Kauf?

Nein, aber das sind Opfer, die dargebracht werden müssen. Nur Sorge um die Gesundheit, überzogene Hygiene, das ist tödlich, das macht ja auch krank, also erst mal geistig mit Angst, Waschzwang oder sowas. Keimfrei gehaltene Kinder kränkeln bekanntlich stark und werden empfindlich wie Seifenblasen. Man muß auch mal Dreck fressen.

Alle Welt erstrebt ein langes, schmerzfreies Leben ...

Ganz schmerzfrei und ohne gewisse Strapazen, ohne Anstrengungen geht gar nichts; ich bezweifle das unbelastete Leben. Mängel und Krankheiten gehören dazu. Und fest steht: Ich will keine neunzig werden, achtzig höchstens, das würde reichen. Meinen Eltern hat das auch genügt und am Ende hat's ihnen sogar gereicht; beide sind pünktlich mit achtzig davon, und das gilt ja als Richtwert für die Nachkommen, wie alt sie werden.

Sie sind jetzt siebzig.

Und was mehr. Die Vorstellungen vom Alter sind poetisch; man wird schwächlich, es fängt an zu pieken, Treppenaufstiege und so. Und dann sieht man doch nie so aus, wie die jugendlich gebliebenen Radwanderer und Vorturner in der Apothekenzeitung, die verdächtig von Reklame gegen Krampfadern, Arthrose und Rückenschmerzen umgeben sind und immer happy Steckdosenfahrräder fahren.

Nur knapp zehn Jahre noch reichen?

Ich fürchte den Tod nicht, weiß Gott, warum? Ich weiß es, ich stand schon auf der Kippe, ich war schon weg. Schmerzgrames Sterben, das kann man befürchten, und daß man von vierundachtzig bis vierundneunzig im Hospiz liegt, aber da läßt sich was machen. In einer Kneipe dahinten ist auf solche Weise kürzlich einer umstandslos mit vierundsechzig weggekippt, den mochte ich sehr, ein wüster, anarchischer Mensch. Der hat mehr erlebt und gelebt als die drei dort übriggebliebenen achtzigjährigen Trottel in ihren drei Leben zusammen. Aber sie sind stolz, davongekommen zu sein, und jammern doch dauernd rum, wehleidig und ausgedient. Sie bemessen den Wert ihres Lebens an seiner Dauer, und das ist krank. Und bloß kein Bier zuviel! Zucker!? Furchtbar. Aber sie wollen es so, es sei ihnen vergönnt.

Haben Sie denn nicht noch einiges zu erledigen? Noch paar Bücher? Enkelkinder betüddeln?

Ach, die sind alle raus! Und ich bin erschöpft, habe ja früher auch viel auf Bühnen gestanden, das strapaziöse Leben des reisenden Krachmusikanten. Und es kann sich kaum einer vorstellen, was ein Roman, ein Buch meiner Bauart für ein geistiger, aber auch nervlicher, sogar körperlicher Kraftakt ist. Und auch Ausstellungsprojekte schlauchen. Also, ich habe mein Grummet im Schober, und was ich vorhatte, ist so gut wie getan. Und dann langweile ich mich jetzt schon viel zu oft.

Was tun Sie gegen Langeweile?

Ich schaffe mich ab bei ganz dumpfen Tätigkeiten, die einen gleichsam außen wie innen ordnen und sortieren und sehr wohlig in nichts auflösen, durch hingebungsvolles Aufräumen und Putzen zum Beispiel, und das muß sowieso gemacht werden.

Da wäre doch ein Garten schön ...

Haben wir nicht. Ich bin mal vor Zeiten, als ich noch Saft hatte, etwas naiv beim Gartenbauamt vorstellig geworden, ob sie nicht einen Halbtagsjob für mich haben. So vier, fünf Stunden Friedhofsgärtnerei simpelster Art vor oder nach den Schreibarbeiten, das täte mir gut, habe ich erklärt, und meine Hilfe wird hingebungsvoll sein, habe ich versprochen. Aber die haben mich ganz entgeistert angeguckt und wollten mich nicht. Mir fehlte wohl der Deppenschein oder sowas. Diese Arbeitsteilung scheint bei uns nicht legitim zu sein. Einen Friedhof und womöglich meine Grablege zu harken hätte mich erquickt.

Eine Ihrer Thesen aus dem Sozialmanierismus lautet: »Das meiste wird von Leuten bewirkt, denen es nicht sonderlich gut geht. Man begreift sowieso nichts durch Anstrengung, aber einiges durch Langeweile.«

Ich leide bisweilen unter Zeitdehnungen, aber diese dumpfen Phasen zeitigen reiche Erkenntnis. Im Hirn scheinen sich übereinandergeschichtete Sedimente zu bilden, die dann meine Schreibphasen nähren. Insofern hat das was Gutes.

Sie hatten 2005 im HAU-Theater am Halleschen Ufer mal mehrere Abende lang ein Internationales Verkanntentreffen mit Musikern und Filmleuten veranstaltet. Waren denn das alles Verkannte? Viele dieser Leute sind doch bekannt. Sven Åke Johansson, Blixa Bargeld oder Mike Hentz sind doch nicht verkannt. Oder halten Sie sich selbst für verkannt?

Das Verkannte, oder Semiverkannte – wir wollen nicht angeben! – ist das geregelte Geschick meiner Generation. Sogar Anerkannte können Verkannte sein. Natürlich träume ich gelegentlich davon, im pelzverbrämten Bademantel die Schweinslederbände meiner Werkausgabe zu betrachten, wie Heinrich von Böll es täglich tat. Aber ich will gar keinen Erfolg, mir genügt Ruhm. Bedauerlicherweise kann man heute Ruhm ernten, ohne von Geldsorgen befreit zu sein. Bißchen Bargeld braucht man aber.

Wie kommt man denn dazu, so Abende im Theater zu veranstalten? Haben Sie sich da eingemietet?

Ich miete doch nichts, wovon denn? Nein, sie wollten da mal was Neues, was anderes machen. Da gab es einen Matthias Lilienthal, und der hat mich eingeladen, ob ich mir was vorstellen könnte. »Also Theater mache ich nicht, ich mag kein Theater!« habe ich ihm und seinen Leuten erklärt, und das fanden die schon mal gut. Dann habe ich vorgeschlagen, daß ich sechs Abende mit je zwei Leuten mache, die ich kenne, die ich gut finde, und dann frage ich die, ob sie mitmachen. Gut. Also habe ich so Paarungen gebildet. Und dann waren die Abende. Und ich war nun der Veranstalter, da sitzt du auf Kohlen, fühlst dich für alles verantwortlich. Sowas mache ich nicht noch mal. Ich bin kein Veranstalter, ich werde veranstaltet.

Ist es nicht gut gelaufen?

Also den Auftakt machten Blixa Bargeld und Sven Åke Johansson, zwei Musikwelten, Free Jazz und Neubauten eben, die nie was miteinander gemacht hatten. Das paßte aber, das war gut, und es war natürlich volles Haus. Das ließ dann nach.

Was lief noch?

Klaus Krüger, Schlagzeug, der hatte bei Iggy Pop getrommelt und bei Tangerine Dream, und dazu kam Christoph Hahn, der für Alex Chilton und die Swans Gitarre gespielt hatte. Ein Duo, das war unfaßbar gut. Man hörte da fünf Musiker auf der Bühne, nicht zwei, und man hörte einen sauberen Baßlauf, den es gar nicht gab, den hat Krüger mit dem Fuß aus seiner Baßtrommel geholt. Der Krüger ist Perfektionist, Hahn ist etwas genialisch. Der Ton war perfekt und sauber, der

Saal aber nicht mehr so ganz voll, Kenner waren da. Bei der Performance, Mike Hentz und Lindy Annis, war noch weniger los, und Hentz hat sich nicht auf die Annis einlassen wollen, der hatte da so ein egomanes Konkurrenzding laufen und mußte die zarte Annis beißen. Die war ganz blaß, die mußte ich erst seelisch beatmen, bevor sie dann aufgetreten ist. Es kam dann noch elektronische Musik, Frieder Butzmann mit Alex Hacke von den Neubauten.

Mit Butzmann waren Sie doch schon im Duo damals?

Ja, da habe ich natürlich meinen Kumpel untergebracht, weil er gut ist. Ich selbst konnte oder wollte da nicht auftreten, ich habe nur paar einführende Worte gesprochen. Frieder Butzmann war ein früher Förderer vom Hacke, da nannte der sich noch Alexander von Borsig, und dann spielte er Baß bei den Neubauten. Also die zwei waren auch großartig. Dann gab es noch Super-8-Filme von Knut Hoffmeister und Thomas Kiesel. Zuletzt kam dann ein literarischer Abend mit Bert Papenfuß und Norbert Hähnel, dem einzig wahren Heino. Das war auch gut.

Aber es kamen immer weniger?

Die Massen sind doof. Sowas Auserlesenes wird selten geboten, das kann ich mit Fug sagen. Und dann latscht der Pöbel doch wieder zu den Ärzten oder lutscht an Nena rum. Ich war fertig am Ende. Mache ich nie wieder. Du grämst dich über jeden unbesetzten Platz.

Sie schreiben im Sozialmanierismus: »Wer nicht auf Menschen schießen kann, soll es mit der Existenzgründung seinlassen.«

Diesen beeindruckenden Spruch, der nicht von mir ist, hatte mein Buchhändler ins Fenster gehängt, kurz bevor er pleite ging. Woher er den hat, weiß ich nicht. Es wurden nur noch Bücher gekauft, die er nicht verkaufen wollte. Der war so sympathisch grantig. Wenn da mal ein Laufkunde reinkam und fragte: »Haben Sie was über Mallorca?«, hat er den angebrüllt: »Verlassen Sie meine Buchhandlung! Reisen Sie riskant nach Mallorca!« Um den Umsatz zu steigern, schlug ich ihm vor, ein Schild vor dem Laden aufzustellen: »Hier klaut Claudia Schiffer!« Das half auch nicht. Dann verkaufte er noch Wein, weil er wußte, saufen tun die Leute dann doch eher als beim Saufen Bücher lesen. Aber das ist auch gescheitert, denn er hat zuviel von seiner Ware selbst weggeschlürft.

Wie kommen Sie eigentlich finanziell über die Runden?

Frage ich mich auch oft. Bücher meiner Machart bringen, je nachdem, drei- bis viertausend Eumels, Aphorismen zwei, besprochener Roman fünf, kann man drüber nachdenken, aber nicht von leben. Man muß das auch umrechnen: Ich brauche etwa zwei Jahre für einen Schmöker, also verdiene ich bei viertausend Honorar 167 Euro pro Monat. Zeitungsartikel brachten immer was ein und Radiolesungen; die Zeitungen darben aber, und das Radio wird auch immer schlichter, die lesen dann lieber Fontane vor, der kostet sie nichts. Dann sind auch Lesungen einträglich, aber das ist stark abgeflaut während und nach der Viruspest. Und der Staat muß nun auch sparen; der Literaturbetrieb ist ja stark förderungsabhängig.

Ja, wovon leben Sie denn?

Also, da läppert sich dann doch was zusammen. Ich bekomme eine magere Altersrente, eine Künstlersozialkassenrente, aufgebessert durch die Jährchen als Dozent. Meine finanzielle Honigpumpe aber ist die Kunst. Einen mittelgroßen Ölschinken fertige ich in wenigen Tagen und streiche dafür so viel ein wie für ein gut verkauftes Buch, an dem ich Jahre gesessen habe. Das, was Zeit braucht bei meiner Kunst, ist der gute Einfall, die Idee. Die sammle ich in Heften, und wenn es heißt, hier, Ausstellung, dann arbeite ich zügig, schon weil ich nicht die ganze Wohnung voller Bastelarbeiten haben möchte.

Ateliers mögen Sie nicht.

Nein, brauche ich nicht. Blödes Terpentingestinke, und dann hockst du da, die Miete bedrückt dich, und du weißt nicht, was du machen sollst. Ich mache das zu Hause. Ich habe schon länger eine feste Galerie in Zürich, das ist die Galerie Marlene Frei; die macht nun allerdings nicht ständig Ausstellungen mit mir. Das ist ein größerer Stall. Und ich lebe einfach schlicht. Wenn mein Taschengeld alle ist, fresse ich eben Haferflocken und trinke Hausbier, das mir der Durstexpress, der neuerdings Flaschenpost heißt, in den Keller stellt. Kneipe ist schöner, aber teuer.

Sie hatten mal eine Kunstprofessur in Braunschweig für Spiel, Bühne und Performance. Hört sich so nach Spielwarenladen an. Ist das Ihr Spezialfach?

Nein! Ich spiele höchstens mal Lotto und finde das Wort Performance fürchterlich, weil meist Fürchterliches geboten wird, und ein Theaterfredi bin ich schon gar nicht; aber aus Gründen einer unklaren oder gar nicht vorhandenen Stellenbeschreibung, wo steht, was genau zu tun ist, konnte ich da so nischenhaft machen, was ich wollte. Oder anders: die Stelle hieß nun mal amtlich so und das fanden die an der Kunstschule selbst mißlich, aber sie gaben sie mir, und ich konnte machen, was ich will. Eine sehr angenehme Unklarheit.

Was haben Sie denn da gemacht?

Die meisten studieren ja nach der Richtlinie: Der Schein bestimmt das Bewußtsein. Zu mir kamen dagegen jene, die weniger auf einen Schein spekuliert haben. So waren um mich herum stets die Besten unter den Außenseitern und Genies versammelt, auch die Bekloppten. Das waren prima Leute! Die saßen einfach beim Onkel Professor Kabolski rum, wurden von mir gratis mit Bier verköstigt, und wir unterhielten uns prächtig und fruchtbar über Kunst, Literatur, Musik, Kinderkriegen, sonstwas. Bierschmarotzer wurden abgewimmelt. Alle haben einen Schein mit guter Note von mir bekommen, und aus allen ist was Ordentliches geworden.

Woher wissen Sie das?

Ich sehe oder treffe noch etliche, die kommen zu Lesungen, oder sie wohnen in Berlin, und die schwärmen dann immer von früher und können sich besser an meine farbfrohen Vorträge erinnern als ich. Einige sind erfolgreiche Filmleute oder PC-Fummler geworden, bloß keine Künstler, und selbst die Gescheiterten unter ihnen dürfen sich als gelungen bezeichnen; das sind dann so Existenzakrobaten und Alles-mögliche-Macher, aber ohne Ambitionen. Und eine ist in die Politik gegangen und verdient da als Abgeordnete sehr beeindruckend. Sie hat ein ganz würdevolles, staatsbesorgtes Gesicht bekommen, ich habe sie neulich im Fernsehen gesehen. Die war nett, aber natürlich nicht die Hellste.

Wieso natürlich?

Adverse Selektion!

Was ist das denn?

Abgeordnete verdienen wesentlich besser als normale Menschen. Also bestreben viele arme Schlucker und trübe Funzeln mit Sendungsbewußtsein über ihre Parteien so einen Posten zu erringen und machen da nicht viel Ausbildung, sondern kümmern sich um ihren politischen Aufstieg. Es sitzen also ungebildete Leute, Studienabbrecher, Dissertationsschummler, trübe Tassen im Parlament. Die Klugen und Tüchtigen studieren Chemie, promovieren ohne Schummel und verdienen wesentlich mehr als ein Abgeordneter. Warum sollten die in die riskante Politik gehen? Das ist eine Selektionsmaschine: die Nulpen ins Parlament, die Könner und Wisser in die Wirtschaft. Und die anderen Pfeifen, so welche wie ich, die werden Professor. Da hat man auch ein üppiges Staatsgehalt und lebt vom Staat, also im Grunde auf anderer Leute Kosten, von Steuern.

Hm. Was haben Sie da gemacht an der Hochschule?

Ich habe da richtige Vorlesungen gehalten, gut was vorbereitet mit Bildern, und Musik habe ich mitgebracht; Vorlesungen gibt's sonst gar nicht an Kunstakademien, nur die Kunsthistoriker machen das. Dann haben wir da so Schnapsideen verwirklicht. Also mein Büro lag neben den Handwerkern für Modellbau, neben der Tischlerei, Druckwerkstatt und so. Mit denen kam ich gut klar. Zur Begrüßung und Einführung habe ich denen gleich mal eine Pulle Obstbrand auf den Tisch gestellt, den wir dann zusammen ausgesoffen haben. Die haben dann einiges für mich gemacht. Wir wollten mit den Studenten ein großes Katapult bauen und damit einigen besonders geschwollenen und humorlosen Leuten an der Akademie irgendwelches Zeug ins offene Fenster schleudern. Das haben wir zusammen mit den Handwerkern gebaut und ausprobiert, das war eine spaßige Sache.

Wie sind Sie denn auf diese Idee gekommen?

Die Studenten saßen wie oft bei mir rum, und dann wurde wieder mal begrübelt, wie man jetzt seine Mappen und seine Musterkataloge und seine Abbildungen von Kunstwerken am besten den gelangweilten Galeristen überreicht und wie man Prüfungsarbeiten vorstellt, ob in Ringordnern oder laminiert und so Blödkram. Das war mir zu blöd und zu eng und bestrebt, und da habe ich, um der Sache eine andere Richtung zu geben, aus Jux gesagt: »Das könnt ihr doch alles mit einem Katapult da schön hinschießen, das wäre doch mal was anderes als eure dumpfen Präsentkörbe und Ringordner.« Und da wurden die wach, bei sowas werden die wach. Gut, und dann habe ich ihnen erzählt, daß es das auch schon gab und daß der große Fluxus-Galerist Knud Pedersen …

Der Däne, der Kampf gegen die Bürgermusik geschrieben hat?

Der, ja. Das Buch gibt es auf deutsch, das hat Ludwig Gosewitz, der kein Dänisch konnte, übersetzt mit ihm zusammen, der kaum drei Worte Deutsch sprach; da haben die sich auf Englisch verständigt und Gosewitz hat das dann mit einem Dänisch-Deutsch-Wörterbuch der einfachsten Art ins Deutsche übertragen, und so ist das 73 bei Michael Werner in Köln erschienen in einer neunhunderter Auflage, die sind heute ein Vermögen wert! Der Pedersen hat mich mal in Berlin besucht, weil er meinen Springbrunnen in Kopenhagen bauen wollte. Für Schnapsideen war der zu haben.

Was für ein Springbrunnen?

So eine hohe, senkrechte Fontäne in einem runden Becken, ganz gewöhnlich, die Idee war aber, daß der Strahl ab und zu umkippt und ins Publikum spritzt; das wollte der mitten in die Stadt bauen, und da war ich dann in Kopenhagen und wir haben das auf einem Feuerwehrübungsgelände ausprobiert. Das wurde dann aber nichts.

Aber das mit dem Katapult wurde was?

Beide wurden was. Also Pedersen hat in den Sechzigern eine Pioniereinheit der dänischen Streitkräfte überredet, ein riesengroßes römisches Schleuderkatapult, so ein baumhohes Ding mit Gegengewicht zu bauen. Blide heißen die, und damit haben sie dann an der schmalsten Stelle zwischen Dänemark und Schweden Schnapsflaschen von Kopenhagen nach Malmö rübergeschleudert, weil der Alkohol in Schweden damals viel teurer war als in Dänemark. An der Stelle gibt es jetzt eine Brücke. In Dänemark standen die Kunstfreunde am Ufer und haben zugesehen, wie die Schnapsflaschen abgeflogen sind, und in Schweden standen Kunstfreunde am Ufer und haben die Flaschen erwartet, die sind aber vorher ins Meer gefallen, sieben Kilometer schaffen die Schleudern nicht. Das war eine Kunstaktion, und sowas wollten die Studenten nun auch machen. Also haben wir so ein komisches Ding mit den Handwerkern gebaut, so mit Gummizügen für den Kraftsport und groß wie ein Webstuhl, und dann haben die Studenten ihre Skulpturen oder Bilder damit durch die Gegend geschossen. Im zweiten Stock, wo eine Prüfungskommission tagte und die Fenster offenstanden, hat einer seine Prüfungsarbeiten reingeschossen.

Hört sich gut an, da hat er wahrscheinlich bestanden.

Es ließ sich schlecht zielen, hat aber funktioniert. Dann habe ich einen Chor gegründet, mit dem habe ich eine Mini-CD gemacht und Auftritte gehabt; wir haben kitschige Schlager im Chor gesungen mit schwungvoller Akkordeonbegleitung. Unser bester Mann am Akkordeon war sowas wie der Finanzminister an der Hochschule, er ist später wegen Unterschlagung fristlos gefeuert worden. Der war lustig und sehr angenehm, ich hätte ihn ins Ministerium befördert, damit der denen zeigt, wie sowas geht. Also solche Leute waren da um mich. Allerdings war ich ein gefürchteter Prüfer. Ich habe mal eine Vier gegeben, und das war dann ein Riesenskandal! Da mußte ich zum Chef, denn die waren böse, weil ich den makellosen Notendurchschnitt der Schule gedrückt hatte mit meiner Vier, die eigentlich eine Fünf für Dummheit und Frechheit hätte sein müssen. Aber dadurch haben alle Angst vor mir gehabt, und ich hatte Ruhe mit Prüfungen und konnte mich auf Lehre, Forschung und Katapultbau konzentrieren.

Mir fällt auf, daß Sie unbekümmert von Studenten sprechen, man sagt heute Studenten und Studentinnen oder Studierende.

Das sind grammatische Irrlehren. Das Partizip Präsens benutze ich nur, wenn jetzt einer tatsächlich gerade studiert, aber das tun Studenten selten, und es sind trotzdem Studenten, auch wenn sie schlafen oder feiern. Und das generische Maskulinum bleibt bei mir der neutrale Oberbegriff. Tischler sind Tischler, darunter können Frauen und Männer und sonstwas für sexuelle Bekenntnisse Platz finden, Zwitter, sonstwas, die sind bei mir alle Tischler und Studenten, ein einzig Volk ohn' Zwietracht.

Welche Zensuren sind denn für studierende Studenten so üblich?

Einser und Zweien, da gibt es nur zwei Stempel. Damit glänzt und funkelt der Laden, Exzellenzuniversität heißt das. Bei Kunst richtet das keinen Schaden an. Ich hoffe, die Bauingenieure und Mediziner bekommen nicht auch lauter Gefälligkeitseinsen gestempelt.

Trinken Bildende Künstler mehr als andere?

Also ja, entweder trinken sie fruchtbar oder furchtbar, oder gar nicht. Also unter den richtig guten Professoren ist die Neigung zum Trunke allgemein doch ziemlich verbreitet.

Bei den schlechten nicht?

Doch, auch, und noch schlimmer! Bei den Studenten der Künste wird sowieso viel geballert. Die sind noch in der Lernphase, also haben sie einen allgemeinbildnerischen Hang zum Multitoxischen. Die kiffen fast alle, nehmen bunte Hirnfresserpillen, fressen Pilze und saufen auch ganz gut. Ein ausgeprägter Gemischtwarenbetrieb. »Für Euch«, predigte ich denen immer, »müßte völlige Nüchternheit die absolute Sensation sein. Also wagt es!« Diese verheerende Psychopharmapolitik am Bregen gehört aber wohl leider in die Lehrjahre. Heute schon an Grundschulen. Während meiner Lehrjahre haben wir nur gesoffen, nur Bier.

Sie beklagen Dünkel wider die gegenständlichen, gekonnten Künste. Sollten Kunststudenten gut zeichnen und naturalistisch malen können?

Unbedingt. Wenn die Mutti sagt: »Gut, du darfst Kunst studieren!«, dann kann sie doch erwarten, daß der Sproß sie irgendwann so malt, daß sie sich wiedererkennt und nicht so aussieht wie ein Mädel von Avignon. Wenn die Kunstschüler später dann als Könner und gute Maler und Zeichner doch rumschmieren, will ich's unter Umständen gelten lassen. Also so, wie Walter Stoerer oder Dieter Krieg im Grunde Könner waren, die rumschmierten und einen auf Informel geht schnell! machten. Das hat ja durchaus was. Stoerer und Krieg gefallen mir. Für den Krieg sollte ich mal Poetisches neben seine Abbildungen in einen Katalog setzen; ich war geneigt, aber wir haben es lieber seinlassen.

Warum sind Sie nur sechs Jahre Professor gewesen? Verbeamtung heißt doch lebenslänglich.

Diese Professur war auf sechs Jahre ausgeschrieben. Nach sechs Jahren und einem Tag Verbeamtung werden sie einen nie mehr los. Das terminieren sie jetzt so, um zu sparen und damit die Onkels da nicht faul werden und kaum noch kommen. Das ist so ein schleichendes Dozentengebrechen. Das übertreiben einige, und die kommen dann gar nicht mehr; dann sind's aber Beamte, und die kann man nicht einfach rausschmeißen. Und weil es so viele gibt, die das mit der Faulheit übertreiben, denkt sich die andere Seite, das Kultur- und Finanzministerium, Schikanen aus, und schlucken müssen es alle. Die Berühmtheiten, die sich jede Kunstschule als Ziervögel hält, kommen trotzdem kaum, aber das wird akzeptiert.

War das der Fall bei Ihnen?

Was? Berühmtheit?

Na ja, ich frage eher nach Faulheit.

Im Gegenteil. Ich habe eher die Preise versaut, denn Kunstprofs fahren dort nur alle zwei Wochen nieder und ich war jede da und habe tagelang ziemlichen Wirbel veranstaltet. Man hat am Ende wohl abgestimmt, ob ich bleibe und in die Verlängerung gehe. Und ich habe mir da nicht nur Freunde gemacht mit meiner Klartextklappe. Also, sie haben mich nicht weiter beschäftigt, und ich war auch froh, denn wer weiß, was aus mir geworden wäre. Man hat schon die Neigung, träge zu werden, wenn sie dir jeden Monat viertausend rüberschieben. Darum haben die Onkels und Tanten da alle so teure Hobbys, Weingut, Oldtimer, Segeljacht, Bauernhaus in Graubünden ausbauen und so Blödsinn, und da sind die vollauf damit beschäftigt und mit Kunst immer weniger. Ich war dann auch frohgemut, als ich da raus war, und habe gleich mehrere Bücher in einem Jahr geschrieben; du mußt ja wieder selbst Geld verdienen. Immerhin bleiben mir anstatt zweihundert Künstlersozialrente heute siebenhundert, dank dieser kurzen Verbeamtung.

Sie schufen Werke wie Der Ölschinken, Die mostrichte Senfte, Askäsehäppchen und Drei Künstler, die besser sind als ich, also Sie sind nicht nur Autor, sondern sind selbst auch Bildender Künstler. Wieso haben Sie die Mühen einer weiteren, anderen Profession auf sich genommen?

Das macht doch keine Mühe, das ist Abwechslung und sogar Entlastung; ich kann bei Schreibverdruß die Sparte wechseln, und wenn Kunstpause ist, schreibe ich. Ansonsten hat sich das von selbst ergeben. Jeder klamme Versager versuchte es Anfang der Achtziger mal als Künstler, und so auch ich. Je mehr Pfusch und wilde Geste man reinlegte, um so mehr mochten es die Kunstkenner. Man konnte nicht viel falsch machen, es war die hohe Zeit der Selbstlerner und Selbstmacher. Wir latschten in jenen Jahren wie die Besessenen durch die Ausstellungseröffnungen der Rivalen und knallten in die Anwesenheitsalben unseren Dett-könn'-wa-och!-Stempel rein. Dies traf so die allgemeine Stimmung bei uns, die wir nie in Kunstschulen gehockt und Vasen schattiert hatten. Die Ernsthaften und Studierten gab es natürlich auch.

Sammeln Sie Kunst?

Nein, nur von Kollegen geschenkte, da hatte ich sogar mal einen Kippenberger, den ich aus Geldnot und mit Kippis Erlaubnis verscheuern mußte, und natürlich die von den Kindern. Glasierter Knubbel aus Ton mit Fingerloch vom Letztgeborenen, eins meiner Lieblingsstücke. Ich verstehe bis heute kaum, wieso man Kunst kauft, wo es doch nie einfacher war, nichts falsch zu machen, wenn man sich das alles selber machen möchte.

In Aqua botulus habe ich gelesen, daß Sie mal Zeuge einer sonderbaren Hardcore-Performance wurden. War das wirklich so?

Es ist immer Dichtung und Wahrheit, halbe Dichtung, ganze Klarheit. Aber das war schon so. Ich kannte da einen Kneipenanarchisten, einen Maurer und Automechaniker, der ein wunderbarer Naturperformer war. Der hat völlig verrückte Dinge gemacht, ein U-Boot für den Wannsee gebaut und sowas. Dem schlugen wir mal vor, er soll doch auch mal eine Aktion in so einem Kunstverein machen, irgendwas, was er will; wir hatten da ein Angebot, das Programm zu gestalten. Er hat dann für alle Besucher Unmengen Nudeln mit Tomatensoße gekocht, und während nun alle Nudeln fraßen und dachten, das ist aber eine einfallslose, blöde Aktion, stieg der auf den Tisch und brüllte: »Kunst heißt, etwas von sich geben, sich verausgaben, und deshalb habe ich vorhin in der Küche dreimal hintereinander in die Tomatensoße gewichst!« Da wußten dann alle nicht, sollen wir jubeln oder kotzen? Das war schon drastisch.

Wie kommen Sie zu Ihrer These in Aqua botulus, es bestehe eine Verbindung »zwischen Buchliebhaberei und einer geradezu narrischen Arschgeilheit«?

Tja, wie kommt man auf sowas? Also, da treiben wir mal etwas Psychoanalyse: Wenn Sie ein Buch aufschlagen, ist in der Mitte die Naht, und je nach Dicke und Güte der Bindung wölben sich rechts und links zwei Pobacken. Ein aufgeschlagenes Buch ist also gleichsam der abwesende Arsch, mit dem der geneigte Leser und wohl auch eine Leserin, beziehungsweise sein oder ihr Unbewußtes, sich sogleich und lieber befassen möchten. Da kommt die Konzentrationsschwäche oder Ablenkung beim Lesen her. Wobei noch anzumerken ist, daß Freud da nicht selbst draufgekommen ist, obwohl es nahegelegen hätte, aber als Büchermensch waren Bücher sein blinder Fleck. Die aufgeschlagene Traumdeutung ist selbst ein solcher Fall von akuter Arschwölbung. Und wenn man umgekehrt einen Po betrachtet und infolgedessen ständig an aufgeschlagene Bücher denkt, liegt wohl eine noch abnormere Unkonzentriertheit vor, eine Verdrängung, die beim Lesen störend wiederkehrt.

Sie haben einen Komikpreis für Literatur bekommen.

Zwei, bitte sehr! Möchten Sie jetzt vom 2011er hören? Vom Kasseler Literaturpreis für grotesken Humor der Stiftung Brückner-Kühner, bei dem ich nicht wußte, wer Brückner und Kühner sind oder waren?

Weiß ich auch nicht, aber wenn sie mir den Preis geben, sehe ich nach, wer die sind. Und der andere Preis?

Das ist der 2016er, der Bernd-Pfarr-Sondermann-Preis für Komische Kunst, mit dem ich in Frankfurt gekrönt wurde; der hängt an der Titanic-Zeitschrift dran. Da wurde mir der erste Preis aufs Haupt gehoben. Und den Trostpreis, den letzten beziehungsweise zweiten Preis, den hat der ohnehin gut dotierte Fernsehmann Böhmermann geschnappt. Das hat ihn vielleicht gewurmt, er ist ehrgeizig, er will immer erster werden, schätze ich. Was ihn damals aber noch mehr geärgert hat – wir hockten da in so einem Kabuff hinter der Bühne beisammen, und er hat geredet, und wir haben auf die Siegerehrung gewartet – das war, daß die Amerikaner nicht auf ihn und das deutsche Fernsehen gehört und soeben den falschen Präsidenten gewählt hatten. Außerdem mußte er sich damals noch vor Erdogan in Acht nehmen; den hatte er gerade stark insultiert, kraft eines vulgären und völlig hirnrissigen Gedichtes.

Sowas würden Sie nicht machen?

Nee. Poetisch grauenhaft, und außerdem war diese Schmähung billig und völlig risikolos, weil es eine ferne Herrschaft betraf, die einem hier nicht an die Gurgel kann. Satire sollte Fechtkunst sein, Florett und ehrenwerter Nahkampf, nicht nett, aber auch nicht Fäkalpumpe über vier Staatsgrenzen hinweg. Es ist gut für ihn ausgegangen. Türkeireisen gehen natürlich erst mal nicht. Solange sich ein öffentlich-rechtlicher Artist geschickt und wendig in seinen gut uniformierten Kreisen tummelt, kann er unbesorgt bleiben und rumrumpeln. Meinen Segen hat er; das übrige schaltet und waltet der

Zuschauer mit der Fernbedienung. Es gibt genug, die Böhmermann mögen, die aber ich meist nicht mag.

Was ließ Sie komisch werden?

Was soll ich sagen? Die Bürde meiner Kopfform? Taktik wider den täglichen Verdruß, streckenweise ziemliche Armut und schwere Lebenserlebnisse? Die Berliner Luftbrücke? Was weiß ich? Jedenfalls bin ich im Alter unkomischer geworden.

Wieso das?

Ja, eben allgemein: Schluß mit lustig! Ganz einfach. Der Spaß, im Sinne von Esprit und Gewitztheit, ist vorbei! Versteht sowieso keiner mehr. Man kann keine Witze mehr machen, keinen Klartext, keine frohe Frechheit mehr verkünden, ohne daß sich einer schwerstens beleidigt fühlt und klagt. Die ganzen widerwärtigen Moralzeigefinger und Unrechtsleider, die sich nicht um die kranke Mutti kümmern, weil es mindestens schon Dritte Welt sein muß, diese Tugendwächter und Berufsgekränkten, die haben doch hier die Stimmung verdorben. Diese humorlosen Leute deutscher Bauart. Und diese deutsche Humorlosigkeit hat Tradition, einen wie Lawrence Sterne gibt es in Deutschland nicht, na ja, immerhin Jean Paul, Wezel, Heine, Lichtenberg. Aber die nimmt man nicht ganz so ernst; nur die Hochernsten, die Mahner und Warner, die nimmt Deutschland ernst. Die Geschwollenen und Wichtigtuer. Und wenn sie was Komisches erleben wollen, müssen sie eine Rede vom Bundesuhu anhören, so weit ist das gekommen.

Jetzt werden Sie aber auch schon ganz unlustig und verbiestert …

Leider, leider.

Wer ist denn Wezel?

Johann Carl Wezel. Der ist etwas früher als Jean Paul geboren und mindestens so komisch, und auch der führt eine großartige Sprache. Aber er ist auch ein Künder der menschlichen Gemeinheiten, der Niedertracht, des Neids, und ich nehme an, darum ist er abgelehnt worden, sowas will keiner andauernd lesen. Die Leute haben Angst vor ihm bekommen, und er wurde auch etwas verrückt. Also bloß schnell vergessen, und Jean Paul kennt nun jeder. Die Literaturgeschichte ist, wie jede, bisweilen ungerecht und gemein. Und diese menschliche Boshaftigkeit war eben Wezels Thema, der hat sich den Galgen selbst gemalt. Arno Schmidt hat vor Jahrzehnten seinen Belphegor bekannt gemacht und geschwärmt. Hermann und Ulrike ist ein ganz köstlicher Roman, amüsant, und nach jedem Satz dachte ich: Wer kann so noch schreiben? Er war kurz berühmt, Wieland hat ihn geliebt, Gellert, dann ist er blitzschnell vergessen worden, völlig verarmt, Psychokrüppel, Wrack. Und Schluß und weg. So wird mir das auch gehen!

Wie kommen Sie denn darauf?

Ja, wer liest mich denn? In Deutschland, Österreich, Schweiz vielleicht dreitausend Leute. Und wer liest denn bald überhaupt noch? Und kann noch lesen? Vielleicht werden mal ein paar chinesische Germanisten an mir rumlutschen, bis sie da auch nicht mehr lesen wollen, sondern lieber daddeln und beten wie hier.

Beten?

Ja, was zum Anbeten, Teilung der Welt in Gut und Böse, und dann gib ihm Saures! Gnosis. Ist schön einfach. Kann der Digitalgott sein, der Islam, was Klassisches, Nationalherrlichkeit oder die Ökoreligion oder der Sozialismus, Hauptsache schön manichäisch und dumpf. Na, ich will jetzt nicht theologisch werden, ist ohnehin eine verstiegene Marotte von mir, da wird's immer etwas zu außerirdisch. Man kann auch metaphysisch sagen oder transzendent, klingt aber hochgeschraubter als außerirdisch.

Was lesen Sie gerade?

Verschiedenes immer gleichzeitig. Die Aphorismen von Karl Kraus habe ich zum ersten Mal jetzt allesamt gelesen.

Gut, oder?

Das finde ich gar nicht. Der hat so einen apodiktischen Gestus, so was Rechthaberisches, das ist schon mal abstoßend. Drei Sprüche in dem Buch waren richtig gut. Sonst ist es fad, überholt, zu zeitverhaftet. Aphorismen sind hohe Kunst.

Wer kann es?

Cioran, Gomez Davila? Der erste ist allerdings Berufsweltschmerzler und der zweite hat es arg mit den Katholiken. Da muß man durch, dann geht es und ist schön.

Nietzsche?

Der hat gute Ideen und extemporiert sie auf ein bis zwei Seiten. Ein guter Aphorismus umfaßt zwei Sätze, und er spricht damit die halbe oder die anderthalbe Wahrheit aus. Das ist übrigens einer der guten Sprüche von Kraus.

Ein paar gute Sprüche haben Sie auch kreiert.

Es sind drei, wenn ich recht zähle: Gute Kunst setzt sich durch, weil man gut nennt, was sich durchsetzt. Wenn Sport der Bruder der Arbeit ist, dann ist Kunst die Cousine der Arbeitslosigkeit. Und dann noch: Kunst ist schlimmer als Heimweh. Der fällt schon ab.

Es gibt noch welche, aber die wollen mir jetzt nicht einfallen.

Dann sind sie nicht gut.

Was lesen Sie noch? Können Sie auch was empfehlen?

Die Memoiren der Markgräfin Wilhelmine von Bayreuth.

Sowas lesen Sie?

Das ist das Frechste und Intelligenteste, was ich seit langem gelesen habe! Sie war Tochter des Soldatenkönigs Friedrich Wilhelm, und Friedrich der Große war ihr kleiner Lieblingsbruder. Eine freche, humorvolle Person. Was die so über die Zustände am Hof berichtet, paßt weder den antifeudalen Revolutionären noch den Monarchisten ins Bild. Als ihre Aufzeichnungen lange nach ihrem Tod veröffentlicht wurden, wollte es keiner glauben. Sie schildert Intrigen, Mißgunst, Launen, ist von brutalen Erzieherinnen umgeben und hungert und friert oft, der Soldatenkönig war geizig und furchtbar launisch, brutal bisweilen. Und die Kutschfahrten, ständig fallen die um, im Winter kalte, endlose Reisen. Feine Sprache. Eine großartige Frau.

Lesen Sie gerade einen Roman?

Gogol habe ich wieder gelesen, aktuelle Belletristik lasse ich aus. Ich gucke mir zehn Seiten von Kollegen an. Das war's dann meist. Ich lese Theorie, Theologie, Biographien. So viele Bücher im Leben schafft man nicht.

Da muß man eine Auswahl treffen.

Man muß sie nicht alle lesen, es reicht, einige zu haben.

Die stehen dann als Schaustücke in Ihrer Bibliothek rum?

Ja. Meine Denkschule vertritt nämlich die Ansicht, daß auch ungelesene oder herumgetragene oder um einen Menschen herumstehende Bücher ihren Gehalt sehr wohl abstrahlen. Da wirken interaktive und passive Kräfte.

Ernsthaft?! Ist das auch theologisch fundiert?

Die gewissenhafte Literaturtheorie geht nicht ganz ohne Grund davon aus, daß ein Text nur als vollständig gelesener im Leser lebendig werden kann und den Leser belebt, wie auch immer. Das stimmt, aber da habe ich höhere, gewissermaßen überirdische Erfahrungen. Ich empfehle, nie ohne Buch herumzulaufen, nie ohne Buch zu reisen, auch wenn man sie dann nicht liest, und man soll üppige Bibliotheken besuchen, auch wenn man dort nur breit grinsend rumsitzt, und man halte sich auch eine stattliche Buchsammlung zu Hause. Es müssen gute Bücher sein, eine schlechte Bibliothek verdirbt, eine gute befördert, lektürisch wie atmosphärisch. Da walten aktiv interpassive Strahlkräfte.

Hm. Sie behaupten, über Ihrer Sippe läge ein seelischer Fluch, der en masse manisch-depressive, durchgeknallte Menschen produziere.

Erwähnen Sie das jetzt, weil ich was von interpassiven Buchstrahlungen habe verlauten lassen?

Nee, weil ich das in Ihren Gottesbeweisen gelesen habe.

Na ja, diese etwas überzogenen Äußerungen meine Familie betreffend konnte ich mir nicht verkneifen, als ich Vollwaise wurde. Von dem Moment an dachte ich: Das waren prima Leute, aber du mußt ihnen literarisch noch mal einen ordentlichen Arschtritt verpassen, weil man sich das vorher immer verkneifen mußte. Meine Mutter saß doch im Alter immer in der ersten Reihe und untersuchte meine Bücher psychoanalytisch, woran ich selbst schuld bin, weil ich ihr Freud nahebrachte. Ich bereue diesen Schmäh aber, sowas macht man nicht. Es reicht, wenn ich mir den eigenen Irrsinn vom Hals schreibe. Die Ahnen soll man lassen ruhen und gebührend liebhaben, denn das haben meine unterm Strich allemal verdient.

Was steht denn bei Ihren Eltern auf dem Grab?

Nur Kapielski. Meine Mutter dachte da praktisch: Wer weiß, wer von uns allen da noch ins Loch passen muß? Jetzt ist dieser Friedhof aber vor kurzem als Bauland ausgewiesen worden, und wir mußten das Feld räumen. Das läuft ganz schnöde ab, du bekommst vom Friedhofsamt einen Brief: entweder Umbettung und dort dann Liegerecht für weitere zwanzig Jahre und sechstausend Umzugskosten – wollte meine Schwester nicht, meine Nichte nicht, wollte keiner –, oder wir, das Amt, räumen das kostenlos, wenn Sie uns den Stein überlassen und einfach verschwinden. Da versteht man doch gleich, was die Friedhofsherrschaft wünscht. Da haben wir zugestimmt, und den Stein wollte ich wenig später klauen, aber wie? Der wiegt fast dreihundert Kilo, und wohin damit? Alles sehr schnöde. Die Toten sind Abfall. Etwas Gehabe noch und dann weg. Die meisten schleichen sich sowieso davon, anonym wollen sie beerdigt werden.

Und Sie?

Ich arbeite dran, daß ich ein Ehrengrab des Berliner Senats bekomme, die harken das dann auf ihre Kosten, und meine Nachfahren sind fein raus.

Und welche Inschrift soll auf Ihrem Grabstein stehen?

Ich neige derzeit zu: Macht bloß so weiter!

# 2. Maas, Merve, Müll

# 1.

Wie war Ihr erster Verleger Erich Maas? Er ist so früh gestorben; ich hatte nie Gelegenheit, ihn kennenzulernen.

Vor Erich Maas, der Verleger meines ersten, na, sozusagen echt literarischen Werkes Aqua botulus war, was auch nicht ganz stimmt, denn es ist ja fast auch ein Fotobuch, also vor Erich Maas kannte ich einen Verleger, den ich schon geschätzt habe, bevor ich ihn, oder besser sie beide dann kennenlernte.

Sie meinen Peter Gente und Heidi Paris vom Merve Verlag?

Ja. Aber ich fange mal kurz und etwas umwegig damit an: Ich war von später Kindheit an von tiefster philosophischer Wißbegierde beseelt, wenn man das mal so schwulstig und eitel sagen darf, was aber auch schwierige Seiten hatte, weil ich meine Lehrer und meine Eltern natürlich und sonst welche Bibliotheksleute und Onkels mit Fragen und Einwänden irre machte, und der beste Gesprächspartner war da neben einem Freund mein Großvater, ein schlesischer Förster, der die ganzen vier Jahre Ersten Weltkrieg im Schützengraben verbracht und überlebt hat, sonst gäbe es meine Mutter gar nicht und mich auch nicht! Der Mann trug immer seine Forstuniform und hatte vom Wald und vom Krieg her so eine unglaubliche Ruhe und Bedachtsamkeit, das war ein Waldstoiker, ein praktischer wie theoretischer, und er war ein alter Krieger im besten Sinne noch, ein wohl- und gut selbsterzogener Mann, vertraut mit Tod und Angst und Weltübel, und er war ein gottesfürchtiger Agnostiker, wenn es sowas überhaupt geben kann, aber bei ihm gab es das; den liebte ich sehr, und dann sprachen wir so über den Sinn des Lebens und Gott, daß sich alle nur wunderten.

Erzählen Sie mal, Großväter interessieren mich, weil ich einen hatte, den ich auch sehr mochte.

Das war so ein Mann, dem sich mal eben im Wald ein Vogel zutraulich auf den Hut setzte, und dann sprach er etwas mit ihm und man trennte sich einvernehmlich. Heute sind die Menschen zu nervös für sowas, aber er hatte eine ganz besondere Ruhe. »Warum soll man den Tod fürchten?« fragte er mich. »Ich fürchte ihn nicht!« erwiderte ich. »Du bist noch jung, die meisten fürchten sich später.« »Ist er denn so schlimm, der Tod?« fragte ich. »Ach was, man löst sich auf im Weltall und ist dann ohne Schmerz und Nöte, ohne Zeit und Raum.« »Aber das Weltall ist doch ein Raum, der in der Zeit ist.« Sowas sagte ich. Und er sagte: »Davon weiß das Weltall aber nüscht, das denken sich die Menschen hinzu, und die krallen sich an den Mühen des Lebens fest, weil sie wissen, daß sie sterben werden und Angst davor haben.« Sowas sagte er, blieb dabei stehen und blickte dann so hinauf in die Bäume, ob sie ihm zustimmen, und dann stimmten tatsächlich die Vögel zu und wahrscheinlich auch das Weltall. So, dann war ich wieder dran: »Ich schätze, einer Qualle oder so einem Käfer da geht es besser.« »Mag sein. Dieser Fichte hier geht es sogar sehr gut!« meinte er und klopfte mit seinem Stock dran. »Woher weißt du das, Opa?« »Das sehe und höre ich.« So gingen wir immer im Wald spazieren, aber meistens schwiegen wir einträchtig. Und was den Tod betrifft, empfinde ich heute noch ebenso wie er. Was ich stark erinnere, ist, daß er so angenehm, so wohlig gerochen hat.

Das erinnere ich auch stark. Meine Großeltern waren einfache Bauern, da roch es immer so gut. Die Küche, wo man wohnte, da roch es nach eingewecktem Obst, nach Brot, nach dem Herd, der mit Holz geheizt wurde. Auch milchig und nach Dörrobst hat es gerochen und mittags nach gebratenem Speck. Im Sommer kamen Düfte von draußen rein, und es herrschte eine milde Kühle. Und mein Opa selbst hatte einen unglaublich angenehmen Körpergeruch, dabei wuschen sie sich damals nicht so viel wie heute.

Leute, die sich ständig duschen und waschen, fangen an zu riechen, und dann kleistern sie sich Parfüm drüber und es ist ganz aus mit dem natürlichen Körperduft.

Wenn mein Opa verschwitzt und dreckig vom Feld kam, hat ihn die Oma mit einem Schlauch mit kaltem Wasser abgespritzt. Und dann hat er sich höchstens mit Kernseife gewaschen. Er stand da in der nassen Unterhose, die Scham mußte immer bedeckt sein, und wir Kinder durften zugucken und wurden im Sommer auch naßgespritzt. Meine Oma hat ihre intimen Wäschen immer allein erledigt, da durfte keiner zusehen. Im Winter wurde warmes Wasser vom Herd in eine kleine Wanne geschüttet. Beide Großeltern rochen unterschiedlich und einfach gut, so menschlich und behaglich. Beide sind längst tot; der ganze Lebensstil ist tot.

Die um 1900 Geborenen haben zwei ungeheuerliche Brüche mitmachen müssen: Nach langem, gleichbleibendem Frieden den Ersten Weltkrieg, und da war dann die Monarchie weg, und es wurde eng und turbulent in den Städten und es wurde industrieller …

Was man auf dem Land nicht so mitbekam, da schien noch alles so wie immer zu sein, und auch zu bleiben.

Mein Großvater war ein schlesischer, kaisertreuer Preuße, vier Jahre war er im Krieg, und dann Revolution. Da hat er sich dann in Schlesien im Wald verkrochen und die Familie gegründet. Aber nach dem Zweiten Weltkrieg war auch noch Schlesien weg, und dann kamen die Landmaschinen, die Mähmaschinen, Düngemittel und der Fortschritt.

Meine Großeltern hatten auf dem Bauernhof im Grunde alles selbst gemacht, und dann wurde plötzlich viel eingekauft. Da gab es dann Persil statt Kernseife und Soda, und die Seifen waren parfümiert.

Man hat mir erzählt, daß mein Großvater in Schlesien nie daheim auf das stinkige Plumpsklo hinten im Garten ging, man wunderte sich schon, wie der das macht.

Aber er war als Förster täglich im Wald und gab das Seinige dort zurück in die natürlichen Kreisläufe. Er schickte das schon mal ins Weltall voraus oder einstweilen in den Limbus, bis am Jüngsten Tag die Endlagerung im Himmel oder in der Hölle entschieden wird.

Hat er das geglaubt und Ihnen erzählt?

Nein, das habe ich kürzlich gelesen; das hat der Benediktiner Honorius von Autun im 12. Jahrhundert eingehend erörtert in einem Elucidarium, einer Erleuchterschrift also. Ich bitte um Nachsicht, das ist so ein Spezialgebiet von mir, theologische Spinnereien, die muß ich dann irgendwo anbringen …

Warum nicht, wenn sie unterhaltsam sind?!

Also Förster Nickel war Preuße im besten Sinne, von altfritzischer, echter und gelebter Toleranz beseelt, keiner laschen Toleranz, sondern einer, die sich zu bewahren und wehren weiß; er war sehr diszipliniert, sehr tugendvoll, höflich und genügsam. Da wurde kein altes Brot weggeworfen, aus der Weihnachtsbaumspitze hat er einen Holzquirl geschnitzt und die Reste verheizt. Wobei auch sparsam geheizt wurde. Das warme Bad gab es einmal die Woche, im Sommer stieg man in die Oder. Da macht man sich heute lustig über diese ollen Tugenden, aber wenn Pünktlichkeit, Zuverlässigkeit und die Mühe, Gutes zu tun, futsch sind, dann gucken alle blöd in die Röhre und stehen an der Bushaltestelle und warten.

Wie hat denn ihr Vater das gefunden, der war doch wohl eher links?

Mein Vater war Proletarier und Großstädter und ehedem Kommunist, und meiner Mutter Vater, also sein Schwiegervater, der Waldmensch, das waren beträchtliche Gegensätze, aber sie erkannten diesen jeweils guten Kern beim anderen und schätzten sich. Mein Vater war als Kommunist bei den Nationalsozialisten in Haft gewesen und wurde enorm schikaniert; mein Großvater war als Patriot und Honoratior des Dorfes in die NS-Partei eingetreten. Mein Vater hat es dann irgendwie nachvollziehen können und ihm nachgesehen, und meinen Großvater hat es gereut, das hat sein ausgeprägtes Gewissen sehr belastet; er hätte preußisch-kaisertreu bleiben wollen und sollen, das hat er sich zum Vorwurf gemacht. Aber mein Vater sagte: »Der Mensch macht Fehler und kann sich irren, im Herzen ist er ein guter Mensch, der gelernt hat und büßt.«

Das ist hochherzig.

Waren beide. Im Zweiten Weltkrieg war mein Großvater dann nicht mehr Soldat. Als die Russen anrollten, hat er seine Frau und die jüngere Tochter nach Westen gebracht, meine Mutter war schon Krankenschwester in Berlin, und er ist gleich zurück und hat versucht, sein Haus und den Garten zu retten, und hat seinen Wald beschützt bis zuletzt. Als klar war, was passieren wird, hat er das Haus in der Hoffnung auf Rückkehr etwas gesichert und vernagelt und ist zur Familie nach Westen marschiert, täglich fünfzig Kilometer bei wenig Nahrung, ein Soldat eben, und schneller rollten auch die Panzer nicht hinter ihm her. Dann wohnten die Großeltern bei Torgau, gingen später dann in ein Dorf bei Uslar, wo ich oft in den Ferien war. Den Verlust seiner Heimat hat er nie verwunden, das kann ein Städter und Globalnomade nicht nachvollziehen, aber eine Revanche wünschte er nicht, und auch von den Vereinen der Heimatvertriebenen hat er sich ferngehalten und gemeint: »Wir haben den Krieg verloren, das müssen wir würdevoll und demütig und mit Haltung ertragen.«

Das haben meine Großeltern ähnlich gesehen, aber sie haben ihren Hof nicht verloren.

Mein Vater gehörte letztlich zu den Siegern, hatte recht behalten, hat aber davon gar nichts gehabt und auch kein Aufheben davon gemacht, obwohl er sehr beschädigt wurde. Später bekam er mal etwas Geld, einen Lastenausgleich, eine Wiedergutmachung, so hieß das in den sechziger Jahren. Weniges läßt sich mit Geld wiedergutmachen oder zurückkaufen. Die schönen Jahre zwischen dreißig und vierzig waren hin und futsch für ihn.

Und Ihre Großeltern wohnten dann wieder auf dem Dorf bei Uslar?

Da hatten sie eine kleine Mietwohnung am Dorfrand von Dellihausen. Er war immer Privatförster bei Adligen gewesen und nun im Ruhestand, aber er trug immer noch die Forstuniform. Er hatte da in der Wohnung einen tragbaren Schallplattenspieler, in den Deckel war der kleine Lautsprecher eingebaut, und er besaß drei Platten mit Marschmusik und eine Matthäuspassion. Die Märsche hörte er gern, und wenn ich, als Kind noch, zu Besuch war, gab er mir einen Besen über die Schulter und exerzierte mit mir. Ich liebte das, und es war das mein intensivstes und euphorischstes Körper- und Musikerleben vor der Beatmusik, die mich dann mit fünfzehn durch und durch packte und aufflammen ließ, wobei da noch die Erotik hinzukam.

Was hat denn Ihr Vater zur Marschmusik gesagt?

Meinen Vater hat's irre gemacht, dieses Marschieren, aber er hat es akzeptiert; er hatte im Grunde auch so eine preußische Toleranz, das hatten gerade auch Arbeiter. Auch dieses preußische Dienst- und Pflichtethos, das ich auch stark habe und wozu ich stehe. Spielzeugpanzer gab's nicht bei ihm, auch Pistolen nicht, aber: »Soll der Junge doch bißchen exerzieren und sich bewegen lernen!« Später schaffte mein Vater auch einen Plattenspieler an, und er hatte auch drei Platten, von James Last, darunter eine mit Weihnachtsmotiven. Die hörten wir immer unfreiwillig an – na, was wohl? – Weihnachten und schon im Advent.

Beide Richtungen nehmen sich im Grunde nicht viel, jeweils Körperbewegung mit Zeitgefühl oder Zeitgeist vermengt.

Tja, wat ist nu besser? Wobei James Last später bei der Jugend noch mal groß in Mode kam. Da war mein alter Herr aber schon tot. Und auf diesem Plattenspieler liefen dann auch meine und meiner Schwester ersten Singles: No Milk Today hörte Schwesterchen und ich so Sachen wie Wild Thing von den Troggs. Das war dann schon 1965, 66, da waren wir dreizehn und vierzehn Jahre alt.

Sie haben von den Eltern der Mutter erzählt, was waren denn die Eltern Ihres Vaters für welche?

Das weiß keiner, das wußte nicht mal meine Mutter; er war unehelich geboren, hat vom Vater nichts gewußt und von seiner Mutter nichts wissen und nichts erzählen wollen. Er kam aus dem Nichts, ein Mann ohne Herkunft, nur der Name ist auf uns gekommen und geblieben: Kapielski. Mit mir stirbt er womöglich aus.

Hatte Ihre Mutter auch so ein beseeltes Gemüt wie Ihr Großvater?

Das habe ich noch nie so betrachtet, aber wenn Sie das so sagen, ja, dann war sie auch so ein niedergefahrener Engel, herabgeschickt, um den entsetzlichen Weltzustand damals etwas zu heilen und auch meinen Vater zu trösten, der stark beschädigt war durch die Weltumstände, durch Haft und Angst.

Wollen wir jetzt auf Erich Maas und Merve zu sprechen kommen?

Ja, ich war, wie gesagt, ein ziemlich vergrübelter Bursche, der unter der Bettdecke nicht aufhören konnte zu lesen und sich so die Augen verdorben hat. Da stehen wir so an der Bushaltestelle: »Mutti, ich sehe um die Lichter so schiefe Kreise und es ist unscharf.« »Na, da müssen wir mal zum Augenarzt, Thomasow!« So wurde ich geschlechtsreif und bekam eine Brille. Eine schwierige Kombination damals, aus der uns John Lennon rettete, weil der dann offen die Nickelbrille trug und das in Mode brachte. Nur die Optiker hatten Schwierigkeiten: »Mein Gott, diese Fahrradgestelle, die gibt's doch seit dem Krieg nicht mehr, wir haben jetzt modische Gestelle!« Ich wollte aber keine modischen Gestelle, und Sechzigerjahre und modisch, du liebe Güte! Ich war immer schon Ästhet und recht stilsicher, bis auf pubertäre Ausrutscher, aber auch eigensinnig. Modisch war, vor allem damals, grauenvoll. Also: »Eine runde Brille, sonst jakeene!« Da hat mir der Opticus dann was besorgt, und ich war schick. Der Brillenträger war nicht mehr der doofe Heini bei den Frolleins, die auch mehr und mehr Brillen brauchten.

Ich weiß, was Sie meinen, obwohl in meinem Jahrgang dann schon über die Hälfte, auch der Mädchen, eine Brille tragen mußte. Damit konnte man keinen mehr aufziehen.

Es paßte dann schon. Als junger Mann habe ich immer schon mehr Philosophen, Theologen und Historiker als reine Dichtung und Romane gelesen, und mit sechzehn schon Hegel, den ich damals besser verstanden und leichter gelesen habe als heute. Und Marx natürlich, wobei Engels der bessere Stilist ist, der bessere Dichter.

Eine jetzt naheliegende Frage: Haben Sie Karl May gelesen? Die Jahrgänge vor uns haben wie besessen Karl May gelesen.

Nein, Karl Marx habe ich gelesen und von Karl May nie was, nichts! Werde ich auch nicht. Das Buch über Karl May von Arno Schmidt, von dem ich ja alles lese, war insofern interessant, daß ich gar nicht recht wußte, worum es eigentlich geht. Selbst die Winnetou-Filme habe ich nicht gesehen. Also das Ding ist verabsäumt. Während meines Studiums habe ich im Grunde nur gelesen, natürlich exzerpiert und viele Notizen gemacht; früh bin ich hin und habe gelesen, bis sie einen abends aus der Germanischen Bibliothek rausgeschmissen haben. Da habe ich dann neben meinem wissenschaftlichen Zeug die komplette deutschsprachige Literatur gelesen. In der Schule verleiden sie einem das eher. Und später dann, so 1974 etwa, bin ich nachtwandelnd auch an die Bände des Merve Verlags geraten, der die neuen französischen Denker ins Land gehievt und den orthodoxen Marxismus abgeschüttelt hat. Es war nach der Frankfurter Schule und dem so verstiegenen wie angeschimmelten Marxismus-Leninismus oder den glorreichen Mao-Tse-tung-Ideen auch sowas wie eine Befreiung, das waren neue Denkkontinente. Wir hatten in Deutschland sonst nur noch die von den Linken verpönten Skeptiker, Ritter-Schule, Odo Marquardt; Luhmann kam erst langsam in den Blick. Freud war noch wichtig. Der wurde über Wilhelm Reich und Bernstein auch gleich marxistisch vereinnahmt, Freudomarxismus hieß das. Damals habe ich jeden Merve-Band gelesen, habe schon auf den nächsten gelauert. Und so hatte ich Foucault, Baudrillard, Deleuze, Virilio, diese ganze französische Legion, bald gut drauf. Einige habe ich später auch kennengelernt. Mit Baudrillard war ich sogar in der Peepshow.

Was!? Na, das erzählen Sie mal!

Später. Erst noch das: Um die gleiche Zeit, während meines Studierirreseins noch, Mitte der Siebziger, fing ich an, mehr zu schreiben, aber keine Theorie und Wissenschaft, sondern literarische Texte, mit Fotos, mit Zeitungsausschnitten und Zeichnungen illustriert. Diese Montagen lagen in der Luft. Mein Zeug sah wilder aus als Brinkmanns Rom, Blicke und ging mehr Richtung Collage, Comics und Charly Hebdo, den ich 74 in Paris entdeckt hatte. Und Leute wie Brinkmann, Jörg Fauser, Jürgen Ploog, Jack Kerouac und Bukowski kannte ich aus einer Zeitschrift namens Ulcus Molle Info, die ab 70 in Bottrop herauskam und Texte aus dem literarischen Underground brachte, aus USA, Deutschland. Ulcus Molle hatte ich bald abonniert, man gehörte dann zu den Eingeweihten und konnte in Bottrop diese Bücher und solches Underground-Zeugs bestellen. Sowas hat mich beeinflußt, und dann auch Arno Schmidt stark, stilistisch und sprachlich; im Alter fing der dann auch an, Schnipsel und Fotos in seine Schreibmaschinengebirge reinzukleben. Schmidt hatte ich in der Germanistischen Bibliothek entdeckt, zuerst die Gelehrtenrepublik. Schmidt war für mich der Größte. Dann Expressionisten. Brinkmann auch. Das waren so meine literarischen Lehrer, oder meine Handwerkslehre war das damals. In der Germanistik lernst du ja nicht schreiben, sondern da klemmen die sich einen Dichter und kommentieren das vom Hochsitz aus, wobei sie oft selbst gar nicht schreiben können, und dichten schon gar nicht. Das ist eigentlich eine Frechheit.

Das ist die Macht und Ohnmacht der Hermeneutiker. Sie können selbst selten dichten und malen, aber sie kommentieren, mehr oder weniger gut, und mehr oder weniger gut bezahlt, und da kosten sie ihre Macht zum Verriß oder zum Hochjubeln aus. Eine ganz asymmetrische, beinahe parasitäre Beziehung ist das.

Und wenn wir mitspielen, ist es eine sadomasochistische und religiöse.

Wieso das?

Du bist als Schreiber oder Künstler darauf angewiesen, daß du ins Gespräch kommst, und das machen Journalisten im Feuilleton oder, wenn es hoffähiger wird, Germanisten und Kunsthistoriker in Fachkreisen. Das ist die Priesterkaste, die das Privileg genießt, Schriften auszudeuten, da kommt sie doch her, die Ausdeutekunst. Das mußt du dir gefallen lassen, was die absondern. Und das wissen die.

Früher hätte man sie zum Duell fordern können. Heute ignorieren das viele.

Ach, das glaube ich nicht. Jeder japst doch nach Anerkennung, wenn er sich da ewig die Finger wundschreibt. Man kann es sublimieren und einen auf Adel machen und Sprüche bringen wie: »Jener Pöbel dort hüte sich, mein Werk anzutasten! Er beschmutzt es nur!« Sowas, nicht.

Wie sind Sie denn darauf gekommen, selbst literarisch zu schreiben? Durch Brinkmann und Schmidt?

Nee, ganz verrückt, über den ollen deutschen Martin Walser, und zwar ganz dumpf und dergestalt, daß ich gesagt habe, das ist ja soweit ganz gut so, denn 74 oder 75 hatte ich die Taschenbuchausgabe von Halbzeit gelesen, aber ich dachte mir: Das können wir auch, das können wir besser! Der blubbert doch einfach nur drauflos. Das können wir auch, aber sprachlich-formal moderner, sprachbestrebter. Der Walser fiel ja, wie die meisten Schreiber heute, vor Döblin, vor Stramm zurück, die Heutigen fallen vor Sternheim zurück, vor Arno ohnehin. Wenn ich mir im Buchladen mal zehn Seiten einer gelobten Neuheit durchlese, dann denke ich oft, das ist doch von gestern, das ist Courths-Mahler, die über Wohngemeinschaft und Beziehungsproblemchen schreibt. Und bestenfalls ist es noch Gustav Freytag auf zeitgenössisch …

Aber Gustav Freytag ist doch gut …

Nichts gegen Soll und Haben, im Gegenteil, aber das haben wir schon und soll auch so sein. Und den klassischen thomasmannschen Satzbau, den stemmt heute auch keiner mehr. Aber, egal. Jedenfalls hatte ich nun schon so dicke Manuskripte in fiebrig-fleißiger Heimarbeit getippt und geklebt, die wie Brinkmann plus Letraset mit Schnipsel und Zettels Traum geteilt durch drei aussahen, die finde ich übrigens heute noch erstaunlich. Das hat dann bei mir lange rumgelegen, und langsam wurde ich unruhig, da mußte mal was passieren. Also habe ich 79 einige gute Seiten daraus kopiert und wie Doofi an Verlage verschickt, also an Zweitausendeins, die fand man damals schick, und da bin ich ja später sogar verlegt worden, was sie hätten früher haben können, und auch an Suhrkamp schickte ich damals, die gleiche historische Komik später, und ich glaube an Kiepenheuer noch, mit denen ich später in Köln auch mal verhandelte, aber ich ging damals auf Anraten Gentes zu Zweitausendeins, weil es die nicht störte, daß Merve die Erstausgaben meiner Bücher weiter nebenher verkaufte. Ja, und zuletzt schickte ich meine Seiten noch an Merve, weil ich doch großer Fan war, obgleich ich wußte, daß das jetzt gar kein tauglicher Verlag für meinen Text ist.

Und gab es Reaktionen?

Ach was, da kam natürlich gar nichts. Nichts. Was auch sonst? Mich fragen ja junge Schreiber und Künstler bisweilen, wie man an Verlage rankommt oder an Kunstgalerien. Dann sage ich denen: »Ich weiß es nicht! Aber so läuft das schon überhaupt nicht! Es muß sich fügen, es ergibt sich!« sage ich denen. Und dann schieben die natürlich immer enttäuscht ab und denken: Der will's uns nur nicht verraten. Aber nun kommt's: Einige Wochen später steckte im Briefkasten eine Post vom Merve Verlag, von Heidi Paris geschrieben, mit der Hand, ich habe das noch: »Wir haben Deine Texte gelesen und finden sie ganz gut.« Es träfe sich mit Plänen für eine Zeitschrift, die sie machen wollten, wir sollten uns treffen!

Sowas kommt unerwartet und verändert ein Leben ...

Kann man wohl sagen! Da stand ich nun am Berliner Winterfeldtplatz mit Peter Gente, dem großen Merve-Verleger, und mit Heidi Paris, der großen Verlegerin, sie waren ein Paar, da standen wir da in einer Kneipe rum, Slumberland heißt sie heute, damals war das der Dschungel, der Ur-Dschungel, aus dem die Edeldisco dann wurde, über die ich mal gestolpert bin; diese Kneipe war, wie alle Kneipen damals, von nachmittags bis in die Nacht proppevoll, alle standen da rum, sitzen ging gar nicht, und man redete und manche glotzten stumm nach passenden Geschlechtshälften oder waren sonstwie berauscht oder abwesend. Da gibt es einen Film im Zeitraffer auf YouTube, wie der Laden abends voll wird und früh wieder leer, ein Super-8-Film von damals. Das war dann mein Schaltjahr oder besser Jubeljahr: 1979, Anfang meines Dritten Lebens. Das erzkatholische Jubeljahr findet alle fünfundzwanzig Jahre statt, als heiliges Jahr und evangelisches Aufschwungjahr, und ich war nun auch etwas oder einiges über fünfundzwanzig Jahre alt, es war also Zeit. So, und da soffen wir nun so gemeinsam Bier im Stehen und haben uns bestens unterhalten. Wir kamen gut klar miteinander. Ich hatte hohen Theoriestand, war in Musik und Kunst mehr auf Trab als sie. Diese neue Musik- und Kunststimmung in den Siebzigerjahren hat den ganzen Lebens- und Denkstil damals beeinflußt. Und so kam es auch, daß Merves, die ja extrem theoriebesessen waren, gemerkt haben, daß es da noch was anderes gibt auf der schönen Welt als Texte, und so sind sie dann über John Cage, der auch stark theoretisch sinniert und sich als Brücke eignete, und über Harald Szeemanns Documenta, die zwar schon 72 stattfand, aber die sie besucht hatten und die mit Verzögerung wirkte, dadurch sind sie dann etwas geweckt und entspannt worden und haben eine neue Weite, einen neuen Überblick gewonnen. Virilio, Serres sind ja auch sehr optisch-ästhetische Weltbeobachter, man denke an Foucaults Bilderfreude über Velázquez' Meninas oder zu Manet, das waren Einflüsse, Virilios Bunkerfotos, sowas. Es gab also eine Hinwendung zur Kunst und Musik. Darum auch diese Zeitschrift, die es vorher bei Merve nie gegeben hatte; überdies hatten sie ihr zehnjähriges Jubiläum, das war der Anlaß. Und es häuften sich im Verlag kurze Texte, Artikel, Essays – für ein Buch zu wenig, gut für eine Zeitschrift. Und da sollte ich also mittun.

Das war dann Schlau sein – dabei sein. Es heißt oft, das sei ein Projekt von Kippenberger bei Merve gewesen.

Kippenberger sollte dieses nur einmal erscheinende Blatt für Merve gestalten, und weil Kippenberger sehr raumgreifend war, wollten sie da Kontrapunkte setzen, andere Leute noch, theoretische Texte, Musiksachen reinbringen, damit es am Ende nicht eine reine Kippenberger-Aktion, sondern Merve war. Das hat Heidi Paris ganz geschickt hinbekommen, aber Kippenberger hatte ein starkes Kraftfeld. Wir hockten da beisammen mit ihr und Kippenberger und mit Conrad Schnitzler, dem Musiker, und mit noch anderen New-Wave-Köppen, Dieter Hormel war dabei und ab und an Walter Seitter; so tagten wir in irgendeiner Kneipe im Nebenverlies und brüteten die Zeitschrift aus. Ich erinnere, daß Kippenberger auf Conrad Schnitzler rumhackte; der war damals irgendwie schon großer, verdienter Avantgardemusiker und Künstler, bekannt durch Kluster, über Klaus Schulze, Tangerine Dream und das Zodiak, ein sehr angesagter Club 1967, den er mit Roedelius aufgezogen hatte und wo ich als Schüler fast jede Nacht rumhockte und Musik einsaugte: Ash Ra Tempel spielten da, Plus/Minus, Agitation Free traten oft auf und Klaus Schulze, Tangerine Dream, Curly Curve. Ich habe da übrigens auch den ersten Film von Andy Warhol gesehen, acht Stunden Empire State Building; anfangs hatte man Angst, beim Bierholen was zu verpassen, und als klar war, was lief, stand man doch lieber vorn im weißgetünchten Vorraum beim Bier und lief nur ab und zu in den schwarzen Konzert- und Vorführraum, um zu gucken, ob was passiert war. So. Im Brotberuf war Conrad Schnitzler nun allerdings Hausmeister, um Geld zu verdienen. Das schlichte Doppelleben, nichts Ehrenrühriges. Aber Kippenberger fing an zu sticheln: »Ihr seid gescheitert! Ihr habt es nicht geschafft!« sagte er zum Schnitzler. Er meinte aber wohl Schnitzlers Kunst, und Schnitzler verstand wohl immer nur Hausmeister und nahm das persönlich, klar. Es war auch so, daß Kippenberger die feste Absicht hatte, das Heft zu gestalten, aber Schnitzler war auch ein Macher, also mußte er den wegbeißen. Kippenberger ärgerte also ständig den Schnitzler, das konnte er ja gut, wenn er jemanden nicht leiden mochte. Und ziemlich dumpf: Aus dir ist nichts geworden, du hast es nicht gepackt! Ich weiß nicht, was die da noch auszufechten hatten. Sowas deutet immer darauf hin, daß Kippi, der damals noch nichts groß darstellte und sich wie blöd nach oben mühte, Eifersucht hegte oder nur die Hierarchie klären wollte. Es war jedenfalls lästiger Konkurrenzblödsinn. Und Heidi Paris, die ziemlich energisch auftreten konnte, hat das dann in eine produktive Richtung gebogen; sie konnte schamlos offen sein und richtig unangenehm werden, Leute zurechtstuken und auf unverschämte Weise ehrlich werden. Darum kam sie mit Kippenberger letztlich gut klar; der war ansonsten auch ein zuverlässiger Arbeiter und Macher, hatte einen guten Blick für Layout, Druckverfahren, hatte eine gute Hand und den richtigen Instinkt, und da hat er die Merves oft beraten, ganz sachlich. Gente hielt sich raus aus diesem Arbeitsstuhlkreis und betreute die Theorietexte lieber allein oder nur mit Heidi im Verlag. Es wurde auch bald nicht mehr getagt, zumal Gente verlautbarte: »Jetzt nicht weiter diskutieren, sondern endlich machen!«

Und dann kam die Zeitung nach endlosen Gefechten endlich raus?

Letztlich ging es dann zügig und professionell. Die Zeitschrift hieß dann typisch kippenbergerisch Schlau sein – dabei sein, und sie sah auch nach Kippenberger aus, und es wurde das nicht nur eine Zeitung, sondern auch eine Kampagne, eine Performance mit Kippenbergers Aufklebern und Party.

Und Sie hatten Beiträge drin.

Ich hatte einen Text drin über die Mathematisierung des Todes, so hieß der Text, der leicht theoretisch-mathematisch, im Grunde aber literarisch war und wo eine Gleichung drinsteckte, eine Variante der Navier-Stokes-Gleichung, die ich für eine Abschlußarbeit in der Physischen Geographie erarbeitet hatte. Da ging es um Simulation von Fließbewegungen. Da fließt und strömt es nicht real oder im Experiment, sondern im Rechner. Damals ganz rudimentär, heute nahezu perfekt. Heute wird das Strömungsverhalten von Schiffen und Flugzeugen vorab nur noch berechnet und simuliert; dann baut man die Dinger und guckt, ob sie fliegen, und sie fliegen auch immer.

Und dann kam die Zeitschrift endlich …

Es gab zur Herausgabe von Schlau sein – dabei sein eine große Party in diesem ehemaligen Jazz-Club auf der Bundesallee, gegenüber vom alten Magic Cave, wo ich, neben dem Zodiak, meine Jugend- und Schuljahre zugebracht habe. Irgendwann war's kein Jazz-Club mehr, sondern eine Punk-Halle im Stil des SO36, heute ist da so ein Guinness-Laden mit Schunkelrock und irischer Blockflöte drin. Da gab es die Feier zur Herausgabe der Zeitschrift. Wer auf die Idee gekommen ist, es dort zu machen, weiß ich nicht. Jedenfalls gab es zwischen Kippenberger und den dort dauerhaft ansässigen Punkern Krach. Erst mal, weil da nun etwas anderes noch lief als Punk, und dann mochten die den Kippenberger nicht und mochten vielleicht auch die ganze intellektuelle Merve-Gemeinde nicht. Beim Eintritt bekam man eine Merve-Zeitschrift dazu, und die lagen nun von den Punks zerrissen überall rum. Kippenberger wurde damals von vielen als Angeber und Schnösel empfunden; später haben Punks ihn mal ziemlich verdroschen, und er hat gleich eine Aktion draus gemacht, Dialog mit der Jugend hieß sie, und auf einem Plakat dazu hat er sich dann furchtbar verbeult mit Kopfverband im Krankenhausbett gezeigt. Das war eine gute Reaktion und Wendung, finde ich, das konnte er. In seinen Sachen und Titeln steckt immer so ein Dreh mit drin, ein mehrfacher. Er war schon der Beste damals, ziemlich treffsicher und trefflich.

Haben Sie sich da zum ersten Mal gedruckt gesehen?

Mit diesem Gewicht, ja! Der Text wurde dann gleich noch mal abgedruckt von einer naturwissenschaftlichen Zeitung, Wechselwirkung hieß die. Die fanden das gut, weil es wissenschaftlich kein Quark war, aber mal ganz anders vorgeführt. Das hat mich sehr gefreut alles und beflügelt. Und so startete meine Schreiberlaufbahn und mein Drittes Leben.

Sie wohnten doch dann auch zusammen mit Peter Gente und Heidi Paris in einer Wohngemeinschaft.

Weil zur gleichen Zeit zufällig ein Zimmer frei wurde, und da bin ich sofort eingezogen in die Güntzelstraße und war dann da voll und mittendrin in der Merve-Kiste.

Vorher hatten Sie die Wohnung, Ihre erste eigene, in Neukölln gehabt?

Ja, meine Studiergruft mit Ofenheizung, unten Eckkneipe mit Akkordeonmusike, Altberlin, und der S-Bahnhof Hermannstraße gegenüber und die Einflugschneise vom Tempelhofer Flughafen. Da habe ich vom Balkon den Flugkapitänen zugewunken, und wenn ich im Winter nach Hause kam, duftete der Bratapfel aus der Ofenröhre. Sonst Schreibtisch und Bett, und es gab nur kaltes Wasser, aber Duschen und Baden ging einmal die Woche im Ganghofer Stadtbad, das noch mit abgeschlossenen Einzelduschen und Wannenzellen ausgestattet war, weil die Leute früher eben solche rudimentären Bäder und kleine Wohnungen nur hatten. Da konnte man dann im Überfluß baden.

Kann man sich gar nicht mehr vorstellen. Ich habe mein Leben lang Zentralheizung und Warmwasser zu Hause gehabt. Einen Kamin gab es später, den hat mein Vater zu Weinachten oder sonntags ab und zu befeuert.

Heute wollen sie alle ökologisch nachhaltig leben, was immer das sein soll, weil nichts nachhaltig ist, und wollen Energie sparen. Das haben wir damals naturwüchsig bis zwangsweise betrieben. Kann sich keiner mehr vorstellen, was das für Strapazen sind: Kohlen schleppen, Asche schleppen, Staub, früh in der Kälte Feuer anmachen, nur kaltes Wasser, eiskaltes Bad. Wie auch immer, ich wohnte gern dort in der Neuköllner Einfachheit. Ich kann noch heute mit etwas Papier und zwei Stöckchen ein Feuer anzünden. Aber nun mußte eine Veränderung her. Und nun kam die Güntzelstraße, und das Dritte Leben fing an, wo es natürlich Zentralheizung und warmes Duschen gab. Da bin ich mit Büchern, Bett, Klavier und Schreibmaschine in die Güntzel gezogen. Damals hatte man noch die Schreibmaschine, das Magnettonband, die Schallplatte, das Drehscheibentelefon an der Strippe oder unten die Telefonzelle. Vordigitales Zeitalter. Im Merve Verlag stand dann schon so eine luxuriöse IBM-Kugelkopfmaschine, bei der man die Schreibköpfe und damit den Schrifttyp oder die Schriftgröße wechseln konnte, daran habe ich die Texte meines ersten gedruckten Buchs getippt. Und da dran hat Heidi Paris sämtliche Merve-Bände in Reinfassung getippt, bis die Rechner kamen, und diese getippten Seiten wurden dann montiert und fotografiert und Offset-Druckplatten hergestellt.

Das ist alles einfacher und anders geworden, da sind viele Fachleute in der Druckindustrie überflüssig geworden.

Ich habe festgestellt, daß Leute, die mit der Hand oder mit der mechanischen Maschine schreiben mußten, sehr diszipliniert und besonnen schreiben. Man muß eben vorher gut überlegen, was man schreibt. Verschreiber kann man sich bei privaten Briefen mal leisten. Sonst mußt du ständig ein neues Blatt Papier einlegen und neu anfangen. Diese alte, technisch erzwungene Schreibdisziplin und diese Konzentration, das ist am Computer verlorengegangen; da wird losgetippt, was durch den Kopp schwirrt, alles bleibt provisorisch und kann geändert werden. Das hat enorme Vorteile, aber der gute Schreibstil geht flöten. Gelernte Hand- und Maschinenschreiber bringen noch hypotaktische Schreibkunst fertig, komplexe, halbwegs fehlerfreie Schachtelsätze, Sachen, die komischerweise oder paradoxerweise junge Digitalschreiber mit all ihren Möglichkeiten selten mehr hinbekommen; da kommt meist ein Kurzsatz nach dem anderen, Telegrammstil.

Womöglich kommt das auch vom vielen Twittern und Simsen und Kurzfassen.

Ich empfinde das als Verlust. Ich schätze den Komfort des Computers, aber ich bin froh, daß ich mit der Maschine und auch mit zehn Fingern schreiben gelernt habe. Alle Abschlußarbeiten und die frühen Sachen, Briefe, alles habe ich an der mechanischen Gabriele von Triumph-Adler getippt, auch die ersten literarischen Manuskripte, und es waren noch Manuskripte, also Handarbeiten mit Schreibmaschine, mit Schnipseln, Uhu, Letraset-Buchstaben. Leider sind mir viele Papiere und getippte Seiten verlorengegangen, auch Briefe. Heute hast du sie im Rechner. Das Gedächtnis der so fragilen Rechner ist da solider als Papier. Auch widersinnig, aber es ist so.

In Jahrtausenden gedacht, könnte es allerdings sein, daß dann doch nur Schriftrollen in Tonbehältern und Schellackplatten in Fragmenten überbleiben. Also bei Merve konnten Sie dann schon die Kugelkopfmaschine benutzen?

Wenn sie frei war, ansonsten die Gabriele.

Wie war denn das Wohnen mit Merve?

Für mich war das weniger Wohnen als durchlauferhitztes Leben und Machen, und es ging wohl auch anderen so, die näher in Kontakt mit Merves kamen. Da habe ich einen ungeheuren Schwung entwickelt, Musik gemacht, Kunst, Tonbandexperimente, und so habe ich auch mein erstes Buch einfach mal selbst rausgebracht. Wie Gente immer sagte: »Nicht warten und alles erwarten, sondern machen!« Dieses erste Druckwerk habe ich selbst verlegt im EVS-Verlag, den ich mir ausgedacht hatte, das ist die Abkürzung für: Eigenverlag stinkt! EVS. Und das Buch hieß dann etwas übermütig: Kapielski grüßt den Rest der Welt! Man kann sich heute kaum noch vorstellen, wie beschwingt, experimentell und unternehmenslustig die siebziger, achtziger Jahre waren, wie extrem versuchs- und erfindungsfreudig, voller Entdeckerdrang in der Musik, im Film, in den zugänglichen und erschwinglichen analogen Techniken.

Während dieser Jahre fand ein stiller, technisch-digitaler Umbruch statt, Apple-Macintosh und Microsoft bauten um 75 erste Kleincomputer. Das bekam kaum einer mit.

Unterdessen haben wir aber alles ausgereizt, was analog geht. Es gab damals schon, durch die Konkrete Poesie und Fluxus in Gang gesetzt, diese Schreibmaschinengedichte, die Grafik mittels Schreibmaschine. Da gab's die Konkrete Poesie, von Artmann über Dieter Roth bis André Thomkins. Dann die Experimente mit Tonbändern und den damals noch einfachen Tonstudiomöglichkeiten. Da sind Sachen entstanden, gegen die zeitgenössische Hörsachen langweilig und uninspiriert wirken; man bedenke, was Stockhausen aus den damaligen Möglichkeiten machte, dabei könnte man heute mit der digitalen Tontechnik viel mehr anstellen. Aber ich höre da nichts. Am Tonbandgerät wurde mit Loops experimentiert, die Bandgeschwindigkeit konnte man bremsen oder schneller drehen, Rückkopplung hat man genutzt.

Nam June Paik hat so sechzig Zentimeter lange Stücke Magnettonband kreuz und quer an die Wand geklebt, und da konnte man mit einem Tonkopf drüberrutschen und zuhören; das war eine großartige Idee, Random Access Music hieß das, das habe ich mal gesehen.

Dann gab es diese Sofortbildkameras, da war eine ganze Polaroid-Kunst entstanden. Und mit erschwinglichen Super-8-Kameras und Filmprojektoren war eine heute noch unglaubliche Filmerei möglich. Da gab es Leute, die das letzte an Möglichkeiten aus der Analogtechnik holten. Filme von Thomas Kiesel zum Beispiel; Butzmann hat die dann live vertont. Das war Gesamtkunst, Synästhesie. Und alles schnell und intensiv. Heute kommt es mir vor, als ob die Musik in Zeitschlaufen ohne Ausgang feststeckt und endlos Sachen von gestern wiederholt; man hört längst angeschimmelte Stile, Glattrock und solchen Scheiß, der damals, beim ersten Mal perfekt und gut so war, aber nicht zum zehnten Mal aufgegossen werden sollte. Heute könnten die Musiker sonstwas sampeln und Klänge synthetisieren, aber dann sampeln sie ein doofes, gewöhnliches Schlagzeug, um sich die Kosten für den Schlagzeuger zu sparen.

Mir fällt auch auf, daß die digital basierte Technik immer besser wird, aber die Inhalte verdrängt das und macht sie zweitrangig oder sogar überflüssig.

Erklären Sie mal!

Die TV-Apparate waren noch nie so perfekt und bildstark wie heute, aber es läuft nur Mist. Die Fernseh- und Kinofilme heute sind hervorragend fotografiert, Ausstattung und Bilder sind toll, die Animation beeindruckt, aber die Drehbücher sind schwach und die Schauspieler wirken wie gepixelt, es gibt keine Typen mehr.

Ja, blasse Burschis und hübsche Hülsen ohne Beulen, Sprechpuppen. Und wie jetzt alle reden. Ist Ihnen auch aufgefallen, daß die jungen Frauen heute so eine piepsige Stimme oft haben, so eine Mickymaus-Stimme, gar keine schönen dunklen, reifen Stimmen mehr, keine Altstimmen. Ich weiß gar nicht, wie ich das sagen soll, die fiepsen so.

Ich weiß, was Sie meinen. Das hört man oft.

Claudia Schiffer hat mich richtig erschreckt, die habe ich immer nur gesehen und hatte eine etwas tiefere Stimmlage erwartet, ein reif-apartes Sprechen, und dann kam sie im Fernsehen und hat was gesagt, auch mit so einer Kinderstimme. Und dieses Quäksen und Quackeln hört sich immer so leicht weinerlich an, im Subton leicht klagend hört sich das an. Selbst reife, sehr große und kräftige Frauen, die ein Kind haben, reden mit einer ganz unerwarteten Piepsstimme, wie kleine Mädchen.

Woran mag das liegen? Ob sich die Kehlköpfe verändert haben?

Könnte sein. Der Stimmduktus folgt aber auch Moden und dem Zeitgeist, denken Sie mal an den strammen Ton der Sprecher im Radio der Fünfzigerjahre. Militärisch irgendwie.

Auffallend auch, daß Frauen so bis vierzig aus mehr intellektuellen Milieus jetzt Vokale, vor allem das O oder den Umlaut Ö, mit einem A verschleifen, wenn ein R folgt.

Bringen Sie mal ein Beispiel, sonst verstehe ich das nicht.

Die sagen nicht Wort, sondern Woat. Oat sagen sie, nicht Ort, und statt Körper sagen die Köapa, Köapabewußtsein. Auch mit I geht das, also nicht Wirtschaft, sondern Wiatschaft. Oder Pfiasichkeane.

Hm. Vielleicht eine regionale Mundart, die in Mode gekommen ist? Im Studentenmilieu habe ich in den Siebzigern erlebt, daß sie anstelle von schlecht, scheiße oder gemein plötzlich alle immer schofel gesagt haben: »Du, das find' ich jetzt aber ganz schofel von dir, du!« So, ja. Ich dachte, das kommt aus Münster oder so einer provinziellen Universitätsstadt, wo sie so reden, aber das war der alten Gaunersprache entliehen und war irgendwie in Mode gekommen.

Heute wachsen ja alle so groß, was an der Nahrung liegen soll, da kann es doch sein, daß manche weiblichen Stimmwerkzeuge irgendwie nicht so schnell mitwachsen und infantil bleiben.

Könnte sein. Ich habe noch nirgendwo was drüber gelesen, nur die Großwüchsigkeit der Jugendlichen ist untersucht; das liegt am Futter, am Komfort und wohl auch an Hormonen, die im Wasser und im Essen in Spuren vorhanden sind. Andererseits sehe ich oft französisches Fernsehen, das wir über Kabel bekommen, und da ist mir das bei den Frauen nicht aufgefallen, daß sie so quäken, und das spräche ja dann für eine deutsche Eigenheit, für eine Stimmode, vielleicht eine Welle der

Achtsamkeit oder der Infantilität, oder es ist ein gemein gewordener Alternativjargon vielleicht.

Ja, das können wir wohl jetzt nicht klären, also fahren Sie doch bitte mit Merve fort, damit wir doch noch zu Maas kommen.

Ja, kurzum, in der Zeit bei Merve hat sich viel ergeben; ich bin zum Musiker geworden, bin wie von selbst in die Kunst geraten und hatte nun auch schon so ein komisches New-Wave-Buch gemacht. Und im Hintergrund rauschte und brummte schon die technisch-digitale Revolution, die nun wirklich mehr verändert hat als viele politische, und so kann man das wohl auch Revolution nennen. Wer kann sich denn heute ein Leben ohne Mobiltelefon vorstellen?

Mir hat ein Lehrer erzählt, wie er im Deutschunterricht Briefromane behandelt und versucht hat, den Schülern nahezubringen, wie sehr und wie lange Liebespaare damals auf die ersehnte Post warten mußten. Und da soll ein Schüler ernsthaft eingewandt haben, warum die sich nicht einfach angerufen haben, anstatt umständlich blöde Briefe zu schreiben wie im Deutschunterricht.

Wie Schiller den Goethe einmal nachts am Telefon beschimpfte und wie die Günderode sich über Whatsapp wieder übel einmischte. Das wäre doch ein Deutschthema fürs Abitur.

Oder ein Titel für Henscheid.

Sowas, ja. Also ich hatte in dieser bewegten Zeit viel bei Kunstzeitschriften mitgemacht, war auch künstlerisch auffällig geworden, und ein Verleger, der auch Künstler und Drucker war, hat mir angeboten, ein Künstlerbuch bei ihm in seinem Vogelsang Verlag zu machen. Der druckte das selbst. Das Buch bestand aus einigen Texten, vor allem aus Abbildungen, Fotos und hieß Bestwerliner Tunkfurm. Das war dann schon 84. Und 87 hat mir das Künstlerhaus Bethanien in Berlin eine Ausstellung und Geld für einen Katalog angeboten; da habe ich den Einfaltspinsel = Ausfallspinsel gebastelt, auch so ein Text-Bild-Buch und kein klassischer Katalog. So hatte ich dann doch schon einige Bücher gemacht, bevor Maas 91 auftauchte.

Da waren Sie schon über dreißig Jahre alt.

Vierzig schon! Aber ich bin ja erst mit dreißig zwanzig geworden. Zehn Jahre war ich von heute aus gesehen irgendwie weg. Also von 70 bis 80 war ich weg, irgendwo dahinten, transmontan beschäftigt. Das war mein Zweites Leben. Da habe ich studiert und mich in Paris und Holland rumgetrieben. Und 91 erst, da war ich schon vierzig Jahre alt, rief Erich Maas an, da war ich schon viel mit Musik und Kunst unterwegs, aber irgendwie auch ein Spätzünder in vieler Hinsicht, weil mein komisches Zweites Leben nun mal gedauert hatte, ja, und da rief Erich Maas bei mir an, hat kurz gesagt, was er macht und ob wir uns mal treffen können. »Können wir. Morgen, Yorkschlößchen, sieben Uhr?« »Gut, bis dann.« Der Mann hatte keine Zeit zu verplaudern.

## 2.

Als ich Erich Maas zum ersten Mal traf, wohnte ich schon nicht mehr in der Güntzelstraße mit Merves zusammen. Aber kurz noch mal zurück in die Güntzel: Das war so eine Vier-Personen-Wohngemeinschaft, was man so funktional WG nennt, dabei ist es meist eine schwierige Sache. Eine Fünf-Zimmer-Wohnung, Peter Gente wohnte dort, Heidi Paris war oft bei ihm, die wohnte mehr in den Verlagsräumen, war aber oft da, und wir aßen abends alle zusammen und redeten dann immer noch viel in der Küche. Mit den beiden Verlegern konnte man wohnen und leben. Aber das war nicht nur ein Zusammenwohnen. Beide versorgten mich ständig mit Texten, mit Musik, und ich konnte mich mit anderem revanchieren, mit Platten, Konzerttips, sowas. Die zwei hielten die nötige Ordnung, kochten ordentlich an ihren Tagen, und früh gingen sie zur Arbeit in den Verlag; also Psychoproblemchen und therapeutische Stuhlkreise oder endlose Frühstückerei mit Verwahrlosung gab's nicht. Montags hatten wir dort eine Lesegruppe, zu der auch andere kamen, da war ich schon bei, als ich noch nicht dort wohnte; wir lasen den Anti-Ödipus von vorn bis hinten, immer sechs, acht Seiten und dann reden. Es war ein bißchen wie Oberseminar. Als mal einer die damals noch dicke, tragbare Videokamera anschleppte und wir uns reihum filmten, sah man erst, was das für eine komische Nummer war, ein akrobatischer Tiefsinn, ein hermeneutischer Eis- und Eiertanz …

Au ja! Filme können sehr drastisch spiegeln und Sachen offenbaren, die sonst unsichtbar bleiben.

Eitle Oberseminarverrenkungen waren das. Dennoch eine sehr tiefe Lektüre; mich hat's immer auf gute Ideen gebracht. Dabei waren auch immer gute Leute noch: Übersetzer, Psychoanalysten, ein Drogenakrobat, ein überstudierter Stadtschamane. Und dabei waren auch immer die zwei anderen Mitbewohner: Frank Mecklenburg, der steckt derweil in New York am Leo-Baeck-Institut. Der saß da den ganzen Tag in seinem Zimmer, rauchte Balkongewächse und schrieb an seiner von Foucaults Überwachen und Strafen inspirierten Dissertation über das preußische Gefängniswesen. Als ich Gente mal fragte, was der Frank da eigentlich den ganzen Tag macht und schreibt, sagte er: »Der rangiert da seit Jahren die Vokabeln seiner Doktorarbeit hin und her.« Derweil hat er sie fertig. Das war ein freundlicher Mann, der auch gut gekocht und aufgeräumt hat und so eine ruhige Ausgewogenheit in den Betrieb brachte. Mit solchen Leuten kann man wohngemeinschaften, aber es gibt wohl keine WG ohne den Einen. Womit wir zum vierten, zum Rainer kommen, der war da der Problemfall, den vermutlich jede WG, jedes Kollektiv hat, weshalb ich beides seither meide. Der badete den halben Tag seinen Kater weg, blockierte also das Bad, kochte nur widerwillig, und wenn, dann so, daß danach die Küche renoviert werden mußte. Solche Leute schaffen einen, die bringen einen gut laufenden Betrieb ans Ende. Der war nicht dumm, so ein zwischendurch Belesener, geistvoll, aber extrem ichbezogen, ein Nassauer. Später ist er wohl verunglückt, wie ich mal hörte. Also gut damit, er ruhe in Frieden und bade im wohltemperierten Himmelreich! Frank Mecklenburg ist dann irgendwann ausgezogen zu einer Frau in die USA, und in sein Zimmer zog die jüngste Tochter von André Thomkins, ein noch ganz junges, heiteres Wesen, etwas schmetterlingshaft, obgleich sie mehr einem Brummer ähnelte. Die hob die Stimmung, war dann aber auch bald wieder weg, und dann zog die Freundin von Heiner Müller in das Zimmer oder er hatte es gemietet. 82 hatte Merve Rotwelsch von ihm rausgebracht, da war er oft bei uns.

Heiner Müller hat da gewohnt?

Der durfte aus der DDR raus, seine dortige Frau oder Freundin aber nicht, die wurde bewacht vom antifaschistischen Schutzwall. Und da reiste er, wann er mochte, nach Westberlin und hatte hier eine Mätresse, eine frische Liebe in das Zimmer gesetzt, die er dann auch ins Theatergeschäft protegiert hat, obwohl sie keine Gelernte war, wobei die ungelernten Schauspieler oft die besseren sind und den Fehler machen, dann doch Unterricht zu nehmen, und diese Dame, das ist sie ja nun, die sieht man bisweilen noch heute, wohl nicht untalentiert und ganz erfolgreich, im Fernsehen. Ich kann's schlecht beurteilen, denn ich habe dabei das Problem, daß ich Leuten, die ich kenne, nicht beim Schauspielern zusehen und das ordentlich beurteilen kann. Ich schalte dann um oder aus. Das geht mir bei ihr so oder auch bei Hanns Zischler, da muß ich dann lachen, an was anderes denken und kann es nicht ernst nehmen und nicht ertragen. Müller und seine Freundin führten so ein ausgiebiges Lotterleben mit Whiskypullen und Aschenbecher und ausgelöffelten Eiern um die Bettstatt. So wie man sich WG im TV vorstellt. Es tangierte aber keinen, der Gammelbrei quoll noch nicht zwischen den Türzimmerfugen durch. Solche kuriosen Erinnerungen sind mir geblieben, und man weiß nicht, ob es so stimmt.

Tja, so ist das eben mit Erinnerungen.

Ja, sonst dürften keine Erinnerungen notiert und veröffentlicht werden. Dann käme freilich gar keine Historie in die Welt. Oder Historie ist zu großen Teilen immer Fiktion, oder Dichtung. Einigen wir uns auf Dichtung?

Egon Friedell hat sich ähnlich erklärt in seiner Kulturgeschichte, er hat sich gute Gedanken darüber gemacht, er sieht auch mehr Dichtung, im guten Sinne.

Also die zwei genialischen Existenzen werden zwischendurch Bedeutendes geleistet haben, waren aber damals etwas ausschweifend beseligt, und sowas findet in den heftigen Passagen meist zu Hause statt, und das war die Wohngemeinschaft, soviel steht fest, und da stehst du unter Beobachtung. Sowas mögen die Filmleute, und darum gibt es wohl auch diese WG-Soaps im Fernsehen, wo sie irgendwelche Dumpfhorden zusammenpacken und filmen, wie denen die Samenstränge platzen und die Eisprünge und das Gezeter schwillt und die Fäuste fliegen, wenn die kritische Masse erreicht wird. Das gab es in der Güntzel nicht, trotzdem bekam man mit, wie es sich hätte entwickeln können. Die Tendenzen waren zu ahnen. Gente fand das alles dann nicht mehr so gut, hatte auch Ärger mit dem Vermieter, wurde teurer die Wohnung, was weiß ich, er machte Schluß mit dem WG-Zauber, zog auch in den Verlag in die Crellestraße, und wir andern zogen dann aus; es blieben Schauspieler, die übernahmen die Wohnung, und irgendwelche wohnen da wohl immer noch. Das Geld, das Theater und der TV-Ruhm siegten über die Philosophie und die edlen Künste.

Wie war denn Heiner Müller so?

Ich saß damals ab und zu mit ihm in der Küche, und der erzählte dann endlos Witze, gute Witze, mitunter echte Brüller; im Osten waren sie sowieso besser, heute sind sie, aus Angst vor den neuen Tugendwächtern, unbekannt verzogen, und da erzählte Müller einen nach dem anderen, rauchte kubanische Zigarren und soff feine Whiskys, also wurde er bisweilen tiefsinnig und etwas nach innen gestülpt, dann knurzte er so vornübergebeugt und wurde immer leiser. Heidi Paris hat die Witze oft nicht ausgehalten und gesagt: »Kapielski, geh du mal zum Müller in die Küche, der hat auch guten Whisky.« Ich nehme an, daß seine Westberliner Zeiten für Müller so libertäre Schulferien waren mit Bücherkaufen und freiem Rumrennen und Treffen und daß er im Osten dann wieder gut dotiert gearbeitet und fleißig Theater gemacht hat. Es blieb undurchsichtig. Irgendwoher mußte sein bisweilen frappanter, sehr luzider Tiefsinn ja kommen, vermutlich aus der Kreuzung von Dusel, Witzgedächtnis und Belesenheit, und er war ein bekennender Einfach-nur-so-Rumsitzer, die haben Beobachtungsgabe, die sehen gut. Seine Stücke finde ich nicht besonders, mit Theater kann ich nichts anfangen, aber er hat famose Interviews gegeben und Essays geschrieben. Mit Alexander Kluge hat er sehr kluge Gespräche geführt. Man glaubt es kaum, wenn man ihn kennt.

Da war oft prominenter Besuch in der Güntzelstraße?

Einmal komme ich früh aus meinem Zimmer und sehe neben der Tür einen Koffer stehen, so einen biederen, handlichen Reisekoffer aus Nappa mit so einem dumpfen Namensschildchen dran. »Na, wer bist du denn?« brummel ich so: »Was bist du denn für ein liebes kleines Köfferchen?«, und da steht da auf dem Schildchen: »Paul Virilio« drauf und »Paris«, rue soundso. Ich gleich den Fotoapparat geholt: Virilios Reisekoffer! Fahren, Fahren, Fahren, so hieß ein früher Merve-Band von ihm. Bewegung, Beschleunigung, Dromologie, das war sein Thema. Virilio auf Reisen, gelandet im Flur in der Güntzelstraße. Sowas passierte da. Das Foto ist im Bestwerliner Tunkfurm, nur leider schlecht reproduziert, man kann das Schildchen nicht gut lesen.

Ja, und dann war Schluß mit dieser Wohngemeinschaft. Wie lange wohnten Sie da?

Zwei Jahre, aber ich muß sagen, daß das die intensivste Zeit meines Lebens war, und sie kam mir ewig vor, eine gedehnte Zeit in Höchstgeschwindigkeit.

Waren Sie damals irgendwie politisch zu verorten?

Jein. Erst war man besser eher links, dann war man es besser eher nicht mehr. Heute ist Links-Rechts zur Phrase verschmiert und taugt nur noch, um Brandzeichen zu verteilen. Die linken Studenten waren mir damals schon zu dämlich und borniert. Diese Mischung aus glitschiger Mitfühligkeit und einer geradezu calvinistischen Borniertheit und Obermoralität, das konnte ich nie leiden: einerseits Selbstverwirklichung, Duzen, multisensibel und Thaiküche, andererseits ideologische Unduldsamkeit, Exkommunikation und Zwangsvegetarismus. Es gab aber auch alltägliche Schnödigkeiten unter Studenten: Da hast du dich mit einem gut unterhalten und im nächsten Semester kannte der einen nicht mehr oder hat so getan. Und die damals schon starken Fräuleins verhielten sich noch schleierhafter: Pullover stricken in Sommersemesterveranstaltungen, schwedische Holzpantoffel zum Minirock, da mache dir einen Reim drauf. Dann kamen auch noch so Arbeitsgruppen auf, kollektive Zwischenprüfung erwünscht, du machst die Arbeit, die anderen quatschen und schieben Panik. Nein, an der Uni war ich der völlige Außenseiter und Einzelkämpfer, meine Welt war die normale, die gewöhnliche außerhalb.

Die in Kneipen?

Durchaus! Meine Freunde gingen früh arbeiten, also abends nicht zu spät ins Bett. Um elf, zwölf war Schluß mit Kneipe. Also lief auch ich heim schlafen; früh hoch, heizen, Bibliothek, Uni, wie besessen studieren. Die wollten mich am Institut immer bereden, zu promovieren, aber das hat mich nicht interessiert, ich habe nur die notwendigen Abschlüsse gemacht, auch weil ich beschlossen hatte: »Nu is ma Schluß mit studieren!« Als ich mich da ordentlich abgemeldet hatte, bin ich richtig beglückt das letzte Mal über den Campus zur Mensa geschlendert, hab mir das alles noch mal so angeguckt und dachte: Na, dann macht mal schön weiter euern Scheiß hier!

Sie reden jetzt aber wieder über Ihre Studienjahre, über Ihr Zweites Leben, die Jahre vor Merve?

Ja, es lag oder saß vor dem Dritten und war darum seine Voraussetzung, man sagt ja Voraus-Setzung, also gibt es Wechselbeziehungen, wenn ich davon erzähle, da muß ich springen.

Was heißt besessen studiert?

Besessen studiert, sagte ich? Na, das stimmt schon. Aber ganz aufrichtig ist es nicht. Denn da war noch die Kneipe. Im plebejischen Freundes- und Zigarettendunstkreis habe ich meinen Geist geschärft, die Freimütigkeit schätzen gelernt. Ich saß oft nach der Arbeit oder nach dem Studieren dann im Leinestübchen, einer Kneipe in der Leinestraße in Neukölln. Kneipen spielten in den siebziger, achtziger Jahren eine enorme Rolle. Wir guckten doch nicht fern oder spielten Tischtennis, nee, wir saßen zusammen und redeten, alberten rum, machten Quatsch und sinnierten uns hinauf bis in die dünnen Lüfte, wo die Erleuchtungen und Erscheinungen erblühen, und das geht nur beim Saufen in der Kneipe. Andere machten sogar ihre Geschäfte in Kneipen, verkauften Häuser, besprachen krumme Dinger, und dazu wurde ordentlich getrunken. Die Politfritzen hatten ihre Kneipen und die Proleten, wobei mir diese lieber waren. Also gab es da ein gewichtiges Doppelleben, das Wilhelm Busch so schön beschreibt: »Heut bleibt der Herr mal wieder lang. / Still wartet sein Amöblemang. / Da kommt er endlich angestoppelt. / Die Möbel haben sich verdoppelt.« Man kam mitunter recht wohlig heim und hatte einen Abend lang die wunderbarsten Ideen, Einfälle und Geistfunken wie Feuerwerk in die Luft geschossen. Die waren dann weg; das war Verausgabung. Es war wohl auch Tribut an meine extreme Hirnexistenz. Jeder Rausch, gleich ob durch Arbeit oder Bier, wird geahndet und aufgewogen. Dann kommt die Niedergeschlagenheit, die man zu beherrschen lernen muß.

Ist diese Kneipenseligkeit dann auf Ihr Zweites Leben beschränkt geblieben?

Nein, mit Merves war ich in der Kneipe, dann hatte ich jahrzehntelang den Stammtisch bei Hoeck und war mit Freunden, mit Bernd Kramer, Jes Petersen in Kneipen, und da habe ich auch Erich Maas zum ersten Mal getroffen.

Das zieht sich durch bis heute?

Es wird einem zunehmend verleidet, aber ich bleibe eisern.

3.

Botho Strauß schreibt irgendwo mal über das Kranksein: »Vielleicht wäre die Krankheit entbunden vom Schmerz der weitaus erstrebenswertere Körperzustand, der uns von der Existenz viel mehr spüren läßt durch die sanfte, anregende Begleitung des Todes.« Was sagen Sie dazu?

Das hört sich sehr nett an, aber ohne Schmerz? Wie soll das gehen? Das ist Quatsch. Der Tod, entbunden vom elenden Sterben und Verfaulen, das wäre dann der erstrebenswerte Körperzustand. Dann kann man gar nicht genug davon bekommen, weil es so schön ist zu sterben? Also Quatsch!

Hatten Sie mal so eine Krise und Todesnähe durch Krankheit?

Ich bin sehr leidensfähig, was Schmerzen betrifft. Das hat sich auch im Krankenhaus bewiesen, wo ich mal so zwischen eins und zehn ankreuzen mußte, wie weh es tut, und es tat schon sehr weh damals. »Was?« wunderten die sich: »Nur drei? Kann nicht sein!« Und weil ich gut gelaunt war, erklärte ich den entgeisterten Weißkitteln: »Wenn jemand zeitlebens solche Kater wie ich weggesteckt hat, dann tut dem nichts mehr sonderlich weh. Ich bleibe bei drei!«

Was hatten Sie denn da, wenn ich fragen darf?

Herzklappe war hin, ich sah schon aus wie ein halbtoter Waschlappen, weil das verbrauchte Blut nicht durch das sauerstoffreiche ersetzt wurde, bis es dann endlich eine charmante Kardiologin, die Madame Sastre, erkannt hat. Da wurde ich anderntags notoperiert und habe schon mal mit meiner Frau besprochen, wo meine Geheimzahlen stehen und wer meine Hüte bekommt. Die größte Erfahrung war, daß ich überhaupt keine Angst hatte, weder vor der Operation noch vor dem Sterben. Ich habe mich da im Krankenhausbett auf Rollen einfach heiter beobachtend durchschieben lassen, und wenn ich da krepiert wäre, hätte ich es nicht mal gemerkt. Man steckt dann in einer ungeheuer entlastenden, welt- und zeitlosen Narkose, das ist eigentlich schon der Tod. Ich bin aber wieder aufgewacht.

Ist das länger her??

Nee, 2016 erst. Ich führte damals übrigens nicht nur ein Doppelleben zwischen Kneipe und Studium, sondern sogar ein Tripelleben oder sogar Quadro …

Springen wir jetzt wieder ins Zweite zurück?

Kurz nur, ist aber wichtig. Denn zum einen war ich neben Studium und Kneipe sehr viel mit Musik beschäftigt, hatte viele Platten, war oft auf Konzerten und hörte Musik, die meine Kneipenbrüder eher befremdlich fanden, die hörten Smokie und sowas. Und das andere war: Ich mußte immer Geld ranschaffen; meine Eltern waren nicht vermögend, die unterstützten mich zwar, was mir aber zusehends peinlich wurde. Also ging ich arbeiten. Ich war bestrebt, autark zu sein, und das ging damals auch gut und einfacher als heute. Bei der Post war ich Briefträger, das habe ich gern gemacht, dann war ich viel als Fahrer beschäftigt und oft in einer Elektrobude, wo ich der Fuzzi für alles war, immer tageweise, wenn man klamm war. Später machte ich auch eine Art Sozialarbeit und betreute stundenweise schwierige Familien, schwierige Kinder. Das waren alles Erfahrungen. Und das wurde gut bezahlt, das Leben war billig, eine Traumzeit; wobei völlig außer acht gelassen wurde, daß sowas wie Altersvorsorge wichtig werden könnte. Und die größte Widersinnigkeit bestand wohl darin, daß sich während dieser fetten Jahre eine Unzufriedenheit extrem politisierte und den Untergang beschwor. Die wohlgenährten Studenten brüllten rot angelaufen auf der Straße rum, als seien sie kurz vor dem Verhungern und Verelenden: »Wir wollen tausend Mark mehr für alle!« Das war eine dieser unmäßigen Parolen. Das Volk brüllte unterdessen besoffen vor den Kneipen am Straßenrand: »Denn jeht doch arbeeten! Jeht in Osten, denn habta euern Kommunismus!« Radikalopposition ist vermutlich ein Luxus, den man sich nur während fetter Jahre leisten kann. Das war mir alles zu blöd, und zu dieser Zeit wohnte ich ohne Geldprobleme ein gutes Jahr nebenbei noch in Paris und später auch länger in Holland, in Nijmegen, und da habe ich dann mehr gelebt, aber auch viel gelesen, auch etwas geschrieben. Das war noch mein Zweites Leben. Und aus diesem etwas orientierungslosen Lese- und Studierirrsinn hat mich dann endgültig der Einzug bei Merves geschleudert.

Das war nach der Kindheit und Jugend, also meinem Ersten Leben und nach dem Zweiten dann endlich mein Drittes.

Wo befinden Sie sich denn jetzt?

Ich zähle schon nicht mehr, aber es wird schon das Siebente sein, also letzter Akt vielleicht. Die endliche Berufung und Sinnfindung – nicht Sinnsuche, diese ist sowieso unsinnig und verlorene Mühe, man findet da ja nüscht! –, die fand dann kraft dieser Begegnung mit Merve statt, mit enormer Wucht gleich, eine mäeutische Explosion. Wenn das nicht passiert wäre, dann wäre ich vielleicht … ach, man weiß es eben nicht! Was soll's?

Schicksal und Fügung.

Schön gesagt.

Wo haben Sie nach der Güntzelstraße gewohnt?

Über schwierige Umwege bin ich an eine kleine Wohnung in der Neuköllner Weserstraße gekommen, blieb aber natürlich in engem Kontakt zu Merve und war alle zwei Tage im Verlag. In dieser Wohnung habe ich dann meine Kunst gebastelt, alles in der Küche. Die Unterseite meiner Küchentischplatte, die auf zwei Böcken lag, war ein Bild, ein gelagerter 160-x-90-Schinken. Wenn das ausgestellt oder verkauft wurde, mußte ein neues, gleichgroßes Bild her. Im Wohnzimmer stand mein Musikzeug: Tonband, Recorder, Rhythmusmaschine, elektronische Bastelarbeiten. Aus dem Studio mit Butzmann lieh ich mir hin und wieder einen Vocoder aus oder einen Sampler und tüftelte da vor mich hin. Sind wunderbare Bänder damals entstanden, die ich kürzlich alle habe digitalisieren lassen. Aus diesen Bändern ist auch meine Spur auf der Platte mit Sven Johansson zusammen entstanden, die 2019 bei Laura Mars rausgekommen und gleich in den Seuchensumpf geplumpst ist, weil sich alle Welt in Coronastarre befand, und da wurde natürlich auch mein Kotmörtel zur Moorleiche.

Meinen Sie, das hat solche Totgeburten bewirkt? Die Sachen wurden doch reichlich besprochen.

Ja, aber seither habe ich Probleme mit Nebeneinkünften, es hat den Luxussektor Kultur beschädigt, und übrigens auch die Kneipen. Ich brauche Nebeneinkünfte bei meiner Kleinrente.

Die Musik ist seither auch verstummt?

Na, das ohnehin schon länger. Aber ab und zu mache ich noch was mit Butzmann. Wir akquirieren nicht, wir warten, bis wer anruft und was will.

Wie sind Sie mit Frieder Butzmann zusammengekommen?

Über Merve, 1980. Gente gab mir damals eine Musikkassette von Butzmann zu hören, Spanish Fly war das, da sollte ich mal was zu sagen. Ja, was soll ich sagen, großartig war das! Gente war ein großer Anreger, ständig schob er mir Texte, Musiken und sonstwas zu, was mich geradezu zenmeisterlich bugsierte und auf Ideen brachte.

Wie war Peter Gente?

Der hatte so ein pfiffiges Gesicht, wirkte robust, war groß, hatte oben den festen, leicht welligen Ernst-Bloch-Haarwuchs, diese stabile Genialmähne, die auch Stefan George eignete. Sowas wirkt vital, und das war er auch. Er schien weniger rätselhaft als Heidi Paris, wirkte unkompliziert, hatte seine Hochbildungspanzerung, hatte aber auch Tiefen und Abgründe. Haben so Leute wohl immer. Als Heidi tot war, hat er die Klitsche verkauft, das Archiv verkauft und hat sich nach Asien, in den Norden Thailands zurückgezogen. Einmal habe ich ihn noch in Berlin getroffen, und da war er so heiter wie oft und meist. Er war ein verlegerisches Genie, er hatte den Instinkt, fand die richtigen Texte und Autoren, ohne zu suchen, das kam auf ihn. Und Heidi Paris war sein ständiger Widerspruch, die gute Skepsis im Gefüge, und sie war praktisch, hat den Laden organisiert, den Druck vorbereitet. Nicht nur der Feind ist unsere eigene Frage als Gestalt, sondern auch so ein Lebens- und Geschäftspartner.

Und dann lernten Sie Butzmann kennen?

Ich hatte damals für einen Artikel in der nächsten projektierten Merve-Zeitschrift, Solo hieß die dann, dafür hatte ich nach dem Musiker Robert Ashley gestöbert, der das großartige Stück In Sara, Mencken, Christ and Beethoven There Were Men and Women gemacht hat; ich habe nach anderen Sachen von Ashley und nach mehr Hintergrund geforscht, Internet gab's ja noch nicht. Und darum bin ich in den Zensor-Plattenladen von Burkhardt Seiler, weil die da immer Bescheid wußten, auch jenseits von Punk und Trend und Hauptstrom. Er stand vorn am Verkaufstresen und sagte: »Ja, den Ashley kenne ich, aber frag mal besser den Butzmann dahinten!« Und da saß dann hinten in einem Bürokabuff sehr wuchtig zwischen Bergen von Zetteln und Briefen Frieder Butzmann und schrieb Rechnungen oder sowas und fiepste vor Begeisterung, als ich ihm da mein Anliegen aufsagte: »Auf diesen Tag habe ich gewartet! Du bist der erste, der hier je nach Robert Ashley gefragt hat!« Wir haben uns unterhalten und sind dann gleich mal zum Jugo rübergegangen, über Musik reden und Räuberplatten essen. Zum Jugo gehen wir heute noch gerne, da gibt es immer viel gegrilltes Fleisch zu wohlfeilen Preisen, und vom Rest wird man satt. Bißchen »wie Currywurst deluxe«, wie Frieder mal sagte. Aber als Catchup-Ächter sah ich mehr die schlichte Grillpracht mit scharfen Zwiebeln vor mir. Daraus wurde bald eine Freundschaft, und wir haben dann bald zusammen Musik gemacht. Butzmann hat mir im Studio den Modulsynthesizer beigebracht, damals und heute noch ist das Prunkstück der Roland 100M; der sieht aus wie eine physikalische Versuchsapparatur mit tausend Kabeln dran, und das ist er auch. An dem Ding bin ich ziemlich virtuos und einfallsreich geworden. Ein gesuchtes Instrument, das lange nicht mehr gebaut wird und gebraucht teurer ist als damals neu. Heute gibt es als Ersatz einen Koffer von Doepfer, den M 100, der kommt aber nicht ran an den alten Roland. Butzmann hatte mit einem Filmer, einem Grafiker und mit so expressiv-modernen Tänzerinnen zusammen eine Fabriketage in der Windscheidstraße gemietet und dort den Lunapark aufgezogen. Butzmann hatte sein Tonstudio drin, im großen Saal übten die Tänzer, und abends konnten da Veranstaltungen stattfinden. Das war etwas kompliziert. Denn die Ballerinen mochten es sauber und frisch, die Veranstaltungen machten aber viel Dreck. Ich saß mal nach dem Aufräumen zusammen mit dreißig stinkenden Müllsäcken voller Pappbecher, Bierbüchsen und Kippen einen halben Sonntag im Lastenaufzug fest, bis mich endlich jemand befreite. Die sensiblen Ballerinas litten wohl ähnlich.

Da haben Sie also das Tonstudio mitbenutzt und Veranstaltungen organisiert?

Ich habe einfach mitgemacht. Und dann hatte ich da einen meiner ersten Auftritte, zusammen mit Nils Krüger, der aus gewendeten Staubsaugern sehr virtuose Blasinstrumente baute, und mit Rainer Winkelvoss, der Posaune spielte und heute Schauspieler ist, und ich saß am Roland und habe ihn brodeln und kreischen lassen. Das hörte sich an wie das La Monte Brötzmann Trio.

Lief er gut, der Lunapark?

Wenn der Laden richtig voll war, waren hundertsechzig Leute drin, meist kamen so fünfzig, sechzig. Konnte man nie voraussehen. Manchmal hatten wir Sensationen im Programm, und es kamen zwanzig Leute; dann war ein andermal um sieben Uhr das Bier alle, und wir mußten zum Zoo im Spätkauf Nachschub besorgen und die Massen ruhighalten. Als Veranstalter mußt du Nerven haben, das ist nichts für mich. Du bist für alles, für jedes Kabel, für jeden Sonderwunsch, jede Laune zuständig. Und wenn keiner kommt, ist nicht der Künstler verantwortlich, nicht das Theater, und das hochverehrte Publikum sowieso nicht, sondern du bist es. Der Veranstalter braucht ein dickes Fell und Talente, die mir nicht eignen. Daß ich mich im HAU-Theater später noch mal auf sowas eingelassen habe, war dämlich.

Ihr Internationales Verkanntentreffen im HAU war eine große Sache, ich habe mich mal umgehört, da schwärmen einige von.

Na, das freut mich. Beim nächsten Mal werde ich als Veranstalter einen anstellen, der das veranstaltet, dann geht es vielleicht.

Ja, so macht man das auch! Im Büro sitzen, mit den Künstlern essen gehen, Subalterne rumscheuchen, Interviews geben.

Schwierig, nichts für mich. Also im Lunapark ging es auf Dauer nicht, weil die Tanzgruppe und die Bierbüchsenfraktion nicht zusammenpaßten und sich getrennt haben. Und ich bin aus dem Verein raus und habe nur ab und an mitgeholfen oder mit Butzmann im Studio gesessen. Für Vereine bin ich auch nicht geeignet. Und im Duo haben Butzmann und ich dann bald Furore gemacht mit so neoteutonisch-elektronischer Krachmusik, sowas wie Yello, nur spröder, Industrial könnte man sagen.

Haben Sie da auch geschrieben zu der Zeit?

Dichter und Lohnschreiber war ich auch noch, schrieb nebenbei für Zeitungen, Underground, Kunst. Ich war im Kern mehr ein Sprachmensch. Das erste Buch bei Maas kam aber später. Und von da an schrieb ich dann hauptsächlich.

Jetzt sind wir doch endlich bei Erich Maas angekommen. Mit dem waren Sie um sieben verabredet im Yorkschlößchen.

Gut, also sieben Uhr, Yorkschlößchen; das war so eine Bohemekneipe mit Biergarten, in der viel Jazz und Blues live gespielt wurde, und weil das an der Yorkstraße lag und mal ein prachtvolles Plüschrestaurant gewesen sein mußte mit dunkelroten Granitsäulen drin, hieß es Yorkschlößchen. Gibt's heute noch. Ich wohnte um die Ecke in der Großbeerenstraße. Ich habe Leute immer gern dort im Yorkschloß getroffen, wo ich wußte, daß es gut ist und gefallen könnte. Erich Maas kam pünktlich, er kam immer pünktlich. Ein nicht sehr großer Mann, vierzig damals, in einem guten Nadelstreifenanzug, aber doch einem in Gebrauch befindlichen Anzug. Keine Verkleidung, nicht übertrieben, das war eher so ein Anzug als Arbeitskleidung; keine Krawatte, aber gute Lederschuhe, kreatives Hemd. Alles paßte. Dunkler Typ, gutes Gesicht, attraktiver Mann; er hatte was Verschmitztes im Gestus, humorvolle Weltsicht also, aber auch sehr energisch wirkend. Er war Sohn von Winzern an der Mosel, an der alten Mosella bei Augusta Treverorum, wo es den Karl Marx in die Welt gesetzt hat, der wohl auch tausend Jahre Wirkmacht noch hat. Die Winzerorte Cochem, Zell, Nikolaus von Kues aus Bernkastel-Kues, das war seine Heimat. In dieser Landschaft siedelten die Römer und kultivierten den Weinbau. Und da hatte Maas was Römisches her; man hätte ihn als Mime in einen Mafiafilm neben De Niro setzen können. Und einmal hat er das auch eiskalt ausgespielt, als sein Autor Harry Hass Ärger bekam mit Dealern in Frankfurt; da hat Erich sich aufgebaut, gab den bösen Blick und drei Worte, und die sind kleinlaut abgehauen, haben Angst bekommen, sich hier mit höheren und ganz finsteren Mächten anzulegen. Erich Maas also pünktlich, unser erstes Treffen. Das war 1991, die Mauer gerade gefallen, das Leben spielte sich nun im euphorisierten Ostteil Berlins ab, und da wohnte Erich nun auch, und Peter Wawerzinek war im Osten aufgewachsen, und den hatte er mitgebracht ins Yorkschloß. Erich betreute den irgendwie, er war frischer Autor bei Maas, hatte da sein Nix rausgebracht, und Maas war sein Trainer, sein Coach oder wie man das nennen will, jedenfalls sein Verleger. Wawerzinek stellte sich gleich als Schappi vor, so nannten ihn alle, warum, weiß ich nicht, weiß keiner.

Ein kleiner, etwas pyknischer Typ, sehr temperamentvoll, eloquent, aber mit knittriger Plastiktüte wäre er auch als Vorform eines Penners durchgegangen.

Wawerzinek ist ein bekannter Autor, er hat mal den Bachmann-Preis gewonnen. Er rennt viel rum, man sieht ihn oft im Osten Berlins.

Das ist seine Gegend. Das war ein merkwürdiges Duo; Maas hat den Schappi geistig, literarisch aus seiner muffigen Ostzone befreit, wo er sich so unter den Oppositionellen durchgeschlagen hatte, hat seine Schreibe etwas gelockert, gelüftet, und die beiden veranstalteten manchmal gemeinsam ziemliches Chaos. Das wußte ich damals noch nicht. Maas war ein eiserner, nüchterner Arbeiter, zog seine Sachen strikt durch, und dann kamen so Tage, an denen die beiden soffen, was Maas sich sonst mühte bei Wawerzinek einzudämmen, er selbst hatte kein Problem damit, und dann trieben die zwei den größten Irrsinn, und die waren auch schon gefürchtet dafür. Das ging ihrer Verrücktheiten wegen bis in die Ausnüchterungszelle, und darum habe ich sie in dem Zustand dann gemieden.

Was haben die denn gemacht?

Vor der Kreuzberger Markhalle stießen die beiden mal in Trance auf so einen harmlosen CDU-Stand mit Kugelschreibern, bunten Flugblättern und CDU-Schirmchen oben, und da mußten die zwei – gibt sogar eine Fernsehserie: Die Zwei, fällt mir ein! – da mußten die plötzlich die harmlosen Leutchen vom Stand ärgern und provozieren, und weil die zwei Parteirentner und der eine Jungunionist ruhig und defensiv blieben, haben sie gesteigert und bißchen demoliert und umgekippt, bis eben mal wieder die Polizei eintraf, bevor sie von den Marktfrauen gelyncht wurden. Und da fingen die aber erst richtig an, grantig zu werden, und landeten in der Zelle. Völlig überflüssige Aktionen, aber vielleicht therapeutisch wertvoll damals für einen ehemaligen DDR-Bürger aus Bad Doberan und einen überarbeiteten Rheinland-Pfälzischen Moselaner Verleger. Was weiß ich? Es war damals so und fiel nicht weiter auf. War eine wilde Zeit.

Und Sie waren dabei? Oder haben sich rausgehalten?

Eher dann rausgehalten. Im Ostberliner Künstlerhaus Möve sind wir mal zu dritt auffällig geworden: Ich habe am Flügel, der da rumstand, wie von Sinnen als berauschter Bravourpianist improvisiert, aber dieser Flügel war ziemlich erschrocken, war mehr Hanns Eisler und Ruhe gewohnt, und die zwei haben dazu rumgetobt, Twist getanzt und Schaumwein verspritzt, und da sind wir freundlich nach draußen gebeten worden von einem sehr netten Schauspieler ausm Westen, Wolfgang Völz heißt der, glaube ich, ich hab da wenig Erinnerung, aber der oder sonst einer hat uns ruhig verabschiedet und an die Tür begleitet. Also ging's auch ohne Staatsmacht, es war auch kein Schaden entstanden; nur der gewöhnliche Anarchismus jener Jahre nach dem Fall der Mauer hatte stattgefunden. Wie gesagt, ich habe diese Chaostage dann lieber gemieden, obwohl sie spaßig, vermutlich aber nur peinlich waren.

Und der wohl eher doch nüchterne Erich Maas hat das mitgemacht?

Er hatte so Tage. Eine typische Maas-Geschichte war auch die: Der geniale Kade Schacht, ein seltsames Genie, so genial, daß er nichts Großes zustande brachte, sondern einfach nur da und genial war, der litt damals schon stark an Multipler Sklerose, und wir waren unterwegs mit ihm und mit Schappi Wawerzinek in Erichs Fiat Panda. Kade saß vorne auf dem Beifahrersitz, denn der mußte schon umständlich verladen werden, und dann stöhnte er während der Fahrt plötzlich furchtbar: »Ich muß scheißen, und zwar sofort, Brüder!« Da war nichts mehr zu bremsen, er konnte schon kaum laufen und keinen Muskel kontrollieren, also hat Maas vor einer Kneipe angehalten, Schappi ist mit Kade rein zum Säubern und hat denen da sogar eine frische Küchenhose abgeschwatzt, und Erich hat kurzerhand den vollgeschissenen Vordersitz abgeschraubt, beim Panda ging das einfach, und hat den an den Straßenrand gestellt. Problem bereinigt! Und es ging lustig weiter, als wäre nichts gewesen. Erich fuhr dann noch ewig dieses Auto ohne den Sitz vorne.

Wovon lebte denn Maas, so ein junger Verlag trägt sich doch noch nicht?

Maas hatte vorher ordentlich Geld verdient als Gestalter von Titelseiten für die Wirtschaftswoche, für den Spiegel und Focus, große Sachen. Er war gelernter Graphiker, und zwar ein beachtlicher, er hatte gute Ideen, hat Auszeichnungen bekommen für seine Illustrationen. Aber er wollte einen Verlag machen, erst was mit Kunst, und war darum auch in New York gewesen, hatte da Kataloge für den Verlag Delano Greenidge gemacht, und hier wollte er nun seinen eigenen Verlag haben, aber mit Literatur. Maas hatte sich darum mit einem zusammengetan, der einen Druckereibetrieb besaß, Carsten Wettreck – Trigger heißt der Laden von ihm heute noch –, aber Maas hat das Programm gemacht, die Autorenauswahl, die Gestaltung, und er hat auch selbst gedruckt. Er war ein Macher. Manchmal fragte man sich, wann der schläft. Der ist wie ein Teufel an den Druckmaschinen rumgeturnt und hat nächtelang gearbeitet, weil er was fertig haben wollte, bis zur Erschöpfung. Schwere Augenringe, die waren beinahe normal bei ihm.

Hatte er auch ein Privatleben?

Maas hatte eine sympathische Frau damals, es sah manchmal nur wie Freundschaft aus, aber es war mehr, jedenfalls war sie da etwas Randfigur, und Eheleben war wohl nicht so seins. Er mochte mehr die Arbeit und problematische Autoren, und die hat er gern betreut, sie waren ihm im Grunde wesentlich näher, persönlich auch, als seine unproblematischen Autoren, wie auch ich einer war. Harry Hass, der dandyhafte Drogenkopp, und Peter Wawerzinek, der bisweilen zügellos am

Abhang Balancierende, das waren seine Fälle. Husen Chiawi, Fanny van Dannen, Schlotmann und ich, das waren die störungsfreien Selbstläufer, denen man nicht die Pulle und den Stoff verstecken mußte, damit sie ihr Buch endlich fertigbekommen. Einer seiner ersten Autoren war aus dem Osten Matthias BAADER Holst, Baader großgeschrieben; der war wohl auch schwierig, ein Hybrid aus Andreas und Johannes Baader, Terror und Dada, das bürgt für Problematik, aber ich bin ihm nie begegnet; er war 90 Oranienburger Ecke Friedrichstraße, im Epizentrum also, unter die Straßenbahn gekommen.

Wie ging es dann weiter beim Treffen im Yorkschlößchen?

Am Ende der Yorkschloßsitzung, wo man sich über dies und das austauschte und er mich wohl dezent durchprüfte, machte Maas mir sein Angebot: »Du kannst bei mir ein Buch machen im Maas Verlag, hast ein halbes Jahr Zeit, dann muß das vorliegen, sonst wird das nichts!« Ich habe eingeschlagen und dann wie im Rausch mein erstes Buch geschrieben und es fristgerecht abgeliefert.

Das war dann Aqua botulus?

Ja. Es mußte schnellgehen, also habe ich oben durch das ganze Buch, auf jeder Seite, Fotos durchlaufen lassen, die ich seit Jahren schon machte, damals noch mit Film in der idiotensicheren Japanischen Kompaktkamera Olympus mju-1; das war nicht so ein auffälliger

Apparat mit Fernrohr vorn dran und auch nicht so eine winzig-fummelige Angelegenheit wie die Minox. Da bin ich mit der Olympus durch die Stadt gepirscht, habe so den Fotografenblick, die ästhetische Übersicht entwickelt und Kuriositäten des Alltags geknipst: Bauunglücke, verklebte Autoscheinwerfer, optischen Wahnsinn, aber keine Menschen, nur Psychodingsbums, gemütskranke Dingwelt. Die durchnumerierte Fotoleiste oben habe ich dann durch Verweise mit dem Text darunter verknüpft. So kam ich dann, ohne Schummelei und Großdruck, auf gute und schwungvolle hundertachtzig Seiten. Der Fotos wegen ist es auch wieder kein rein literarisches Werk geworden, aber das zieht sich bis heute durch: Es gibt kein Buch von mir ohne ein paar Abbildungen, Fotos oder Zeichnungen. Das hat Maas sofort alles gut gefallen, und im folgenden Jahr, also 1992, lag das im Buchladen.

Was ist das für ein Titel?

Der Titel Aqua botulus gefällt mir nicht mehr, das Lateinisch ist im Grunde auch falsch und erfunden und besser wäre schlicht Wurstwasser gewesen. Das heißt sowas wie Wurstwasser auf Vulgärlatein à la Petronius. Es stimmt aber was nicht mit dem Genus: Aqua ist Femininum, müßte also Aqua botula heißen, so wie aqua viva, fließendes Wasser. Botulus ist Maskulinum und bedeutet Blutwurst, Saumagen, aber auch ein Schimpfwort. Hier ist das Wort wie ein Adverb gesetzt. Der Titel ist schlecht. Wurstwasser wäre besser gewesen.

Ja, das ist eine schwierige Sache mit lateinischen Titeln, das wirkt hochtrabend.

Das sollten die Leser auch denken, und dann kommt aber das Wurstwasser darunter zum Vorschein, und es wird um so banaler. Das hat nicht funktioniert, das war verpeilt.

Bei uns im Lateinunterricht ist mal was zum Brüllen Komisches passiert. Da sollte ein Schüler Hic Rhodus, hic salta übersetzen, und er steht auf und sagt sofort ganz heldenmütig und selbstgewiß: »Hast du Rhodos, hast du Salz!«

Das ist gut, das ist sehr gut! Das wäre der richtige Titel gewesen! Aber Maas ließ mir da völlig freie Hand; er hat auch nichts korrigiert. Freilich war er weder der Typ, der sich scheut einzugreifen, zu korrigieren oder was abzulehnen, noch war er einer, der in Verzückung geriet und mit Lob rumseimte, nein, er sagte einfach: »Is gut so.« Punkt. Und dann wurde das gemacht und gedruckt. Maas war der geborene Verleger; absolut treffsicher, was Autoren und Gestaltung betrifft. Er hat in kürzester Zeit nur gute Leute ins Programm geholt, dabei extrem unterschiedliche, und da gab es keinen Fehlgriff. Das sage ich mal mit Verlaub etwas eitel, weil ich ja selbst dabei war. Das ganze frühe Maas-Programm ist ein vollendetes Verlagswerk. Für mich war jedes Maas-Buch ein Gewinn; das waren alles Entdeckungen und verlegerische Großtaten, gewagte auch, Schlotmann etwa, wer hätte sowas sonst gemacht? Aber das ist gar nicht recht registriert und gewürdigt worden damals. Denn das Problem war seine Geschwindigkeit. Wenn Maas ein Musiklabel betrieben hätte, Musiker entdeckt,

Platten rausgebracht, dann wäre das die richtige Geschwindigkeit gewesen, und wenn im Musikgeschäft einer nur zwei Jahre lang solche bedeutenden Dinge in die Welt setzt wie Maas Bücher und Autoren, dann wird das von der Branche anerkannt, und dann kauft ihm ein Großer den Laden für ein Vermögen ab.

Das war nicht so, das hat nicht funktioniert?

Nein, nicht so im trägen Büchermeer, das ist eine lethargische, verklebte Kiste, und junge, neue Verlage wurden »erst janich ignoriert«, wie der Berliner sagt. Da hätte er zehn, fünfzehn Jahre geduldig drei, vier Bücher im Jahr verlegen müssen, und dann wäre vielleicht mal das Feuilleton aufgewacht und hätte gemerkt, da ist was. Maas' zweites Problem war seine Sprunghaftigkeit. Er hat dann dem Literaturverlag sogleich noch einen mit Krimis folgen lassen, dann noch was mit Vertrieb und Reklame im Internet, was visionär, aber damals zu visionär war, denn es hatte noch kein Mensch Internet und Ahnung, was da noch kommt. Und dann hat er noch Maas Media aufgezogen, Print on Demand, auch visionär. Er hat sich jeweils immer ganz der neuen Sache zugewandt, und darum habe ich wohl auch nur ein Buch bei ihm gemacht. Da kam keiner mit, die Reifung wurde zu früh unterbrochen. Erich Maas hat sich quasi immer spiralistisch überschraubt und selbst überholt.

Er ist dann so früh gestorben ...

Es gibt das Phänomen, daß Leute, die zu früh, die sehr früh sterben, unfaßbar eilig leben. Mit neunundvierzig starb er und war die Woche vorher noch überaktiv, vital, so wie immer, sein Leben lang. Der Zufall wollte, daß Thor Kunkel, auch eine Entdeckung von ihm, zu Gast bei ihm war, und der fand ihn da tot in der Wohnung liegen. Das war unglaublich damals. Heute verstehe ich einiges: seine Geschwindigkeit, seine Schonungslosigkeit; der hatte keine Zeit zu verlieren. Und da stirbt der plötzlich im Frühjahr 2001; er war ein Jahr jünger als ich und stirbt, keine fünfzig Jahre alt. Das war ein Hieb. Er hat einen Herzschlag gehabt, sowas, und es war ein schneller Tod. Was er zu seiner Zeit alles gemacht hat, ist beachtlich! Das schafft sonst einer in achtzig Jahren nicht.

Wo ist er beerdigt worden?

Zur Beerdigung konnte ich nicht hinfahren an die Mosel, hatte eine Verpflichtung, aber es wurmt mich heute noch, daß ich nicht da war. Es muß merkwürdig gewesen sein: Die Berliner Trauergemeinde trifft auf die dortige heimische; es war wohl wie ein Einfall und Ausfall der Außerirdischen ins traurige Weinland. Also habe ich damals einer Schwester und den Eltern Briefe geschrieben, weil die natürlich gedacht haben werden: Wäre der Junge doch bloß mal hiergeblieben und ordentlicher Winzer geworden, so wie wir hier! Und wahrscheinlich wäre er das auch, ein sehr guter Winzer geworden. Das sind doch auch Künstler und Botaniker, Chemiker und Zauberer, alles zusammen. Und da habe ich mich eben hingesetzt, um ihnen, als einer, der weiß, was Kinder bedeuten, zu schreiben und zu erklären, was ihr Sohn hier eigentlich so geleistet hat. Daß sie stolz sein dürfen. Aber das hat wohl mehr mich als seine Eltern und die Familie getröstet, denn wenn Kinder vor einem sterben, gibt es keinen Trost. So hat also Maas viele Dinge angefangen, in Gang gebracht oder erfunden und gefunden, die andere dann fortsetzten. Seine ersten Autoren sind weiterhin Schriftsteller, teils erfolgreiche bei anderen Verlagen, teils verstummte, aber auf jeden Fall alle sehr gute. Aqua botulus war mein erstes verlegtes Buch Literatur – er hat mich damit zum Schreiber gemacht! Und den Text habe ich an meinem ersten eigenen PC geschrieben. Es war die Zeit, als langsam die PCs unters Volk kamen. Maas war technisch und digital schon vorher Avantgarde. Gestaltung, Graphik, Druck, das alles ist rasch zur Arbeit am Bildschirm geworden.

Sie haben erzählt, daß Sie schon in den Siebzigern am Rechner Ihre Flußsimulationen betrieben haben.

Das waren noch so haushohe Dinger, und es gab spezielle Programmiersprachen. Die PCs waren wieder eine Revolution. Ich hatte damals einen Macintosh Plus angeschafft, so ein Lehrerwürfel; der hatte 128 KB Festplatte und 1 MB Arbeitsspeicher. Die Rechner im geographischen Institut, mit denen ich arbeitete, hatten 500 MB. Das sind heute ganz andere Nummern, heute geht nichts unter Giga und Tera! Mit dem Würfel konnte man sehr gut Texte schreiben; Fotobearbeitung oder Metteurarbeiten waren noch nicht drin, auch war man noch lange nicht mit dem Internet verbunden. Das änderte sich rasant. Maas hat dann am Rechner bald schon seine Verlagsreklame gestaltet. Aber für unser Buch mußte er noch sämtliche Fotos für die Offset-Platten rastern und montieren, den Text konnte ich ihm als Datei auf einer Diskette liefern. Den habe ich damals ohne Absätze geschrieben, ohne Luftholen, auch damit der Satz dann kompakt wie die Fotos drüber aussah: oben rechteckiges Foto, Querformat, unten rechteckiger Blocksatz, bündig. Das hat Maas auch gefallen, und so wurde es gemacht.

Es gibt dieses Buch von Phillip Felsch über die Merve-Epoche, Der lange Sommer der Theorie, von 2015. Beschreibt er die Zeit treffend?

Das hat natürlich seine Vorteile, diese zeitversetzte Außenbeobachtung, und ist auch gründlich geschrieben, aber ihm ist natürlich das Klima der Zeit entgangen, er war nicht dabei. Er ist zwanzig Jahre jünger als ich. Aber darum ist es gut, denn ich habe wahrscheinlich zu viele blinde Flecken.

Er hat andere.

Meine sind da, wo seine nicht sind und umgekehrt. Felsch hat nun eine beachtliche akademische Karriere aufs Merve-Fundament gesetzt. Er hat über physiologische Alpenreisen promoviert, und dann kommt eben der Aufstieg. Der Berg ruft.

Heidi Paris hat sich das Leben genommen, können Sie sich das erklären?

Tja, das ist nun der Fall. Schwierig zu sagen. Geradlinig war sie, eigenwillig, manchmal spröde, immer auch rätselhaft. Aber auch geläutert, licht und heiter. Große, strahlende Augen hatte sie, lachte viel, und das hörte sich oft etwas hämisch und spöttisch an, dann war's mehr so ein rauhes, mephistophelisches Gelächter aus dem kleinen Blecheimer. Sie war dünn, gelenkig, hatte Anmut. Später habe ich erfahren, daß sie mal Ballettanzen gelernt hatte. Sie konnte drastisch werden; es gab Leute, die sich fürchteten. Eine helle Seite hatte sie, freilich auch eine ziemlich finstere, paranoische, vielleicht sogar boshafte. Nicht daß sie böse war, sondern mit dem Bösen vertraut und darum boshaft. Als wir uns mal unterhielten, meinte sie, es sei an der Zeit, Vorsorge zu treffen, Vorräte anzulegen, Streichhölzer, Konserven, denn es werde alles furchtbar kommen und entsetzlich werden. Wenn das heute einer sagt, gut, aber damals? Und darum meinte ich zu ihr: »Wenn es so kommt, Heidi, und es kann immer so kommen, dann gucken wir uns das entspannt an. Bleiben wir gelassen! Wir sind mit fünfzig aus dem Gröbsten raus und brauchen bloß noch zugucken, der Rest ergibt sich irgendwie. Euer Laden läuft gut. Und sterben werden wir sowieso.« Es überzeugte sie nicht. Dieses Gespräch fand nach 2000 statt, als Europa noch kein Schatten trübte, als die Welt noch sorgenfrei vor sich hinlebte in der komischen Bundesrepublik und sich über irgendwelche Marginalien aufregte. Da sah sie womöglich viel weiter, und das Grauen, das sie am Horizont sah, hat sie dann ja selbst auf sich gezogen. 2002 hat sie sich zu halbherzig, jedenfalls verunglückt, das Leben genommen, oder nehmen wollen; das ging schief, sie landete im Dauerkoma, der Körper lebte beschädigt weiter. Sie hatte sich Insulin gespritzt und vorher Schnaps gesoffen, und dann hat das nur für ein schauriges Koma gereicht, weil sie auch einer frühzeitig noch entdeckt hat, der im Verlag zufällig was zu erledigen und den Schlüssel hatte. Der hat die Feuerwehr alarmiert. Gente war verreist. Und da steckte sie nun halbtot im Urban-Krankenhaus fest. Das alles ist sehr betrüblich und zu respektieren, fast zu bewundern, wenn einer nicht mehr kann und selbst ein Ende setzt; da gehört Mut zu als Schubkraft und Verzweiflung als Sog. Das war dann ihre tiefe, dunkle Seite. Zuletzt wurde ihr die Welt beängstigend unheimlich, es überkam sie eine uferlose Trostlosigkeit; das ahnten wir, und Gente wußte es. Sie versuchte es mit Arbeit, Ordnung, Disziplin, Aufgeklärtheit. Aber es wurde schlimmer, und Medikamente halfen nicht. »Wir werden einsam und verraten in schäbigen Altenheimen dahinsiechen«, meinte sie zu mir. Tja, und dann hat sie das Unglaubliche gewagt. Und nun lag sie da, beatmet mit geschlossenen Augen, im Urban-Krankenhaus. Ich war mal mit Hannes Böhringer da, und er sagte, sie sieht aus wie eine alte weise Indianerin, eine Schamanin. Und das war so.

Wie ist das denn ausgegangen? Ist sie dann doch gestorben?

Sie und Gente waren nicht verheiratet, also mußte eine Schwester entscheiden, was wird. Man hat dann noch Tests gemacht, die erst zweifelhaft ausfielen, aber im

Grunde bestand keine Hoffnung, daß sie je erwachen wird. Also wurden die Geräte abgeschaltet. Das hielten alle für das Beste. Und sie hatte die Abschaltung selbst gewünscht.

Selbstbedienung
ERDINGER

# 3. Mann meines Alters, Zille-Zwiebel, Goethe-Institut

# 1.

Haben Sie das Konzert erlebt? Waren Sie da?

Ich war nicht da, war nur nachmittags ein Bier oben an der Bude trinken und mal gucken, was da so los ist.

Also haben Sie Rammstein nicht gehört?

Da gehe ich nicht hin. Wir wohnen gut tausend Meter entfernt. Wenn der Wind günstig steht, können wir was hören, sowohl aus dem Olympiastadion als auch aus der Waldbühne, die weiter weg liegt. Kraftwerk konnte ich gut hören, die haben ganz eingängige, im Grunde simple Melodien und sehr klare, scharfe Mitten, synthetische Klänge, das ging sauber durch die Lüfte. Das Windhören verdeutlicht die Musikmache, den Effektaufwand. Neulich kam eine ganz dumpfe Infraschallplage geflogen, ein sehr monotones Gewummse. Ich habe extra nachgeguckt und mich gewundert, es war Seeed, in der Waldbühne.

Und Rammstein?

Da drischt einer wie auf dicken Waschmaschinenkartons rum, sehr viel Tiefen, Gewummer, leichte Orgelakkorde wehen manchmal drüber, seltsamerweise stimmlos, ohne Gesang, und der ist bei denen doch wesentlich, aber der weht nicht rüber.

Stand der Wind nicht günstig?

Doch, man hörte es bei offenem Fenster wummern, dann knallten Feuerwerksraketen, muß wohl sein heute bei Konzerten. Die Massen waren besser zu hören als das Wummsen.

Was hört man denn da außer Applaus und Jubel?

Ja, da gibt es feinste Unterschiede, enorme Abarten. Da habe ich ein Ohr für entwickelt wie früher die Volkstribune.

Hatten die ein Ohr dafür?

Klar, die haben sich ins Colosseum gesetzt und gehört, was los ist im Volk, ob der Pöbel brav bleibt oder ob sie mal besser gleich abhauen. Du mußt das Ohr am Volk haben, sonst ist es aus.

Und bei Rammstein?

Trunkene Massen, wie im numinosen Tremor, religiös verzückt. Jauchzet, frohlocket! Wenn sie Fußball spielen, hört man bei Toren auch so verzücktes Gebrüll, aber diesseitiger. Ich höre das dann und denke: O Mensch, o Masse, bewein dein Sünde groß!

Was soll das denn heißen?

Ach, ein resigniert verständnisvolles Gestöhne ist das, weil ich weiß, daß die Gattung nun mal so ist. Vor Jahrzehnten war ich das letzte Mal im Stadion, Hertha gegen Bochum, mit Frau und Kindern, die mit Bochum sympathisiert haben, und mit dabei war Post-Franki, der olle Herthaner, der die Karten besorgt hatte, weshalb wir im Feindblock saßen. Das war mir da alles plötzlich unheimlich, das war mir zu viel. Der Mensch als schiere Masse. Die harmlos-freundliche Currywurst vorher war noch das Trostreichste an der Veranstaltung. Die Bedingungslosigkeit, mit der die Masse für einen Verein dasteht, das hat mich angegriffen. Hier also schläft der Krieg, dachte ich, den wir so lange nicht hatten. Er schläft nur. Es gehört wohl zu den anthropologischen Mysterien, daß die Gattung alle zwei, drei Generationen mal wieder auf Krieg sinnt, vorher schläft er. An Ruhe und einen langweilig gewordenen Frieden in Wohlstand gewohnt, ist die Gattung dann leicht entflammbar.

Also haben Sie aus vorsichtiger Distanz Rammstein und die Gattung beobachtet?

Ich stand im Nahkontakt, denn gegen Mittag war ich an meiner Bude oben am Stadion auf ein Bier, mal gucken, was da für Leute rumgeistern. Um zwölf Uhr mittags liefen da schon Massen rum, und es ging erst gegen neun los! Aber sie saufen nicht so wie die Fußballer. Trotzdem, das Bier floß ab zwölf, und die Leute, die zweihundert Eintritt springen lassen, sind da nicht sparsam. Wenn Fußball oben ist, also Hertha, da saufen die auch schon wie die Stiere ab zwölf und fressen Unmengen Bratwürste, aber dann ist um halb vier Anpfiff.

Im Olympiastadion finden neben Fußball und Sport ungewöhnlich viele Musikveranstaltungen statt? Ist das normal?

Nach den Zwangsschließungen wegen der Pestseuche haben sowohl die Musikgruppen als auch die Eventmassen viel nachzuholen, die einen brauchen frisches Geld und die andern wollen es ausgeben und feiern. Und vor Weltuntergängen steigert sich die Feier- und Festsucht bekanntlich enorm.

Erwarten Sie den Weltuntergang?

Daß er kommt, ist unwahrscheinlich, meist ist es dann nur eine Wirtschaftskrise, eine Seuche oder ein Krieg. Aber immerhin.

Was kommen zu Rammstein für Leute?

Alle so mehr vierzig, fünfzig schon, aber auch ältere wie ich, ganz junge weniger, oder es war so, daß die Jugend unauffälliger wirkte, oder es waren dann im Grunde auch schon älter wirkende Junge. Ein verwischtes Bild. Einigermaßen uniformiert waren alle mit den schwarzen Rammstein-T-Shirts als Muß.

In der S-Bahn hier rauf habe ich gestern auch welche gesehen.

Gibt verschiedene Modelle.

Aber immer auf schwarzem T-Shirt, schwarzer Hintergrund.

Ja, sie wollen düster wirken. Ein Kreuz drauf oder sonst was Finsteres. Das Unternehmen, oder besser die Church of Rammstein muß enormen Umsatz machen mit diesen Nebensachen. Allein vom Verkauf der schwarzen Hemden, die man an den zwei Tagen hier rumlaufen sah und die man an einem speziellen Devotionalienstand da oben am Stadion kaufen konnte, falls man einer Uniform ermangelte, und wo sie Schlange standen, also davon könnte ich, sogar nach Abzug aller Steuern, und derer sind viele, meinen Lebensabend luxuriös bestreiten! Die Dinger kosten zwischen 25 und 30 Eumels. Und das Olympiastadion war zwei Tage gefüllt, ausverkauft.

Wie würden Sie die Leute beschreiben? Einheitlich?

Viele Leute vom Habitus etwas böse gestaltet, dunkel: Männer um fünfzig, kurze schwarze Hose, Bierbauch, Rammsteinhemd, Glatze, Bart, düstere Sonnenbrille. So Typus: dicke Biker. Andererseits vom Habitus und Habit her: zornige, übergewichtige, vierzigjährige Grundschüler in kurzen Hosen. Aber alles Attitüde, Verkleidung. Fahren wir Rad, brauchen wir grellbunte Kleidung und einen Klopfhelm. Gehen wir zu Rammstein, brauchen wir das T-Shirt und die Finsterbrille und bleiben etwas unrasiert. Pilgern wir zu Dieter Thomas Kuhn, machen wir auf Hippie. Ständig umziehen, andauernd Kostümfest. Mit den weiten, kurzen Hosen, den beschrifteten Hemdchen und Turnschuhen sehen derzeit viele aus wie Grundschüler, wie Riesenkinder, die das Erwachsenwerden verweigern. Prolongierte Kindheit und Jugend läuft so rum. Sie wollen lieber nicht erwachsen werden, lieber mit fünfunddreißig noch bei Mutti wohnen, nahe am Kühlschrank und im elektronischen Kinderzimmer, dann Cola oder Matetee und kiffen. Das kleine, lasche Glück.

Aber direkt Schüler waren keine da?

Die gehen zum Rap oder zu so akuten Kinderliedformationen wie Silbermond, oder zu Lollapalooza gehen die. Es waren verkleidete Facharbeiter und Angestellte da. Man sieht eine Unmenge an Tätowierungen, aber die haben inzwischen alle. Spießer, die etwas anrüchig und böse und normabweichend wirken möchten und längst zur Norm geworden sind. Es kreuzten dann sogar einige Irokesenstämme auf, verirrte Punker, die das enorme Eintrittsgeld haben, um nicht für neun Euro, also mit diesem 9-Euro-Ticket, nach Sylt fahren zu müssen.

Und die Frauen?

Ein wenig in der Minderheit; wahrscheinlich waren nicht weniger da, aber das Männergehabe dominierte so, daß sie nicht auffällig wurden. Selten außergewöhnliche Schönheiten dabei, mehr so die Mitgebrachte, die gewöhnliche Frau, aber zum Anlaß auch düster verkleidet, freizeitböse, verbeamtete Sachbearbeiterinnen mit geschminkten Augenringen. Oder kulturbeflissene Sozialfälle, man kann's nicht mehr unterscheiden.

Sie zeichnen da ein sehr boshaftes Bild.

Sie haben mich gefragt, was ich beobachtet habe. Im Grunde mag ich die Menschen, wie sie sind, und sie sind eben so. Was mich erschaudern läßt, amüsiert mich auch. Bei den Frauen waren übrigens, fällt mir gerade ein, kaum Zille-Zwiebeln zu sehen.

Zille-Zwiebeln?

Na, dieser Haardutt, den Sie auf Zille-Zeichnungen bei Arbeiterfrauen sehen, und diesen Dutt tragen sie jetzt alle wie eine große Gemüsezwiebel oben auf dem Kopp rum, früher sagte man Zwiebel; sogar gewisse Männer tragen das, bei denen ist die Zwiebel aber mehr nach hinten gerutscht, so der Typ Pferdeschwanz, der zum Bonsai-Dutt geworden ist. Die Mode wechselt, aber sie hat sich beschleunigt, und sie wechselt nicht nur im Laufe der Zeit, sondern gleichzeitig, vielfach parallel.

Also für jeden Anlaß andere Kleidung?

Diesmal ging's zur Church of Rammstein, da trägt man das Passende. Es hatte alles was Sektenartiges, Parareligiöses, auch was von Stammesriten. Adventsstimmung, bald werden sie erscheinen! Wie bei allen Massenaufzügen mit Verehrung und Bekenntnis zu sonstwas, ob Hertha, Rammstein, Kastelruther Spatzen oder irgendein Verein mit Wimpeln und Hemd. Aber eben temporär, nur zu diesem Anlaß. Und das hat was Tröstliches.

Sie waren von Jugend an selbst auf vielen Konzerten. Da war das anders?

Mir fällt gerade ein, daß ich früher stets auf Konzerten war, wo höchstens hundert Leute rumstanden, und zwar unverkleidet, oder in diverse Moden gewandet; sogar bei Hendrix oder den Ramones waren damals zuerst nur zweihundert Leute da, gemischtes Volk, modisch, aber nicht verkleidet. Punker waren nicht verkleidet, die liefen Tag und Nacht so rum. Die Halbstarken, die Rock'n'Roller, die haben gekämpft, daß sie ihre Elvis-Tolle auch in der Lehre tragen und zu Hause damit ins Bett gehen durften.

Was waren Sie denn für einer?

Ich trug immer schon einfache Kleidung, praktisch, Jackett, Männermode ohne Attitüde und Botschaft. War mir nie wichtig. Also sah ich immer aus wie ein junger, etwas eigenwilliger Edeka-Filialleiter mit Brille. Da haben mich immer viele falsch eingeschätzt. Oder auch nicht.

Welches war denn Ihr erstes großes Konzert?

Großes Ereignis oder große Besucherzahl?

Beides.

Einen Tag vor meinem fünfzehnten Geburtstag bin ich zu meiner Mutter und habe sie gefragt, ob ich mir noch was wünschen darf. »Ja, was denn?« »Ich will in ein Konzert.« »Was für ein Konzert?« »Na, schon was mehr für Jugendliche.« Gut, ich bekam zehn Mark. Das kostete etwa sechs oder acht Mark, und ich habe eine Karte an der Kasse in der Waldbühne bekommen. Da waren erst Rock'n'Roller zum Anheizen zugange und dann kamen als Hauptattraktion die Rolling Stones. Alles war aus dem Häuschen; vorn haben Halbstarke, so hießen diese wilden Rock'n'Roller damals, die haben da bissel randaliert, morsche Bretter von den Bänken gerissen und rumgeschmissen. Ja, und dann ist da die Polizei wie entfesselt in die Arena runtergestürmt, und es gab eine enorme Klopperei, denn die Halbstarken mochten Schlägereien, und die Polente hat gern mitgemacht. Gummiknüppel gegen Banklatte und Faust. Es war eigentlich nichts weiter, wir andern standen oben und haben zugeguckt. Zwei Tage später stand das groß als Riesenskandal aufgemacht in der Zeitung, und meine Mutter hat mich gleich nach Schäden untersucht und ausgefragt.

Da war es aber richtig voll, oder?

Na ja, es gab noch Karten. Diese frühen Sachen fanden alle noch in kleineren Sälen statt, in der Neuen Welt, in umgebauten Kinos. Später bei Zappa wurde es dann schon voll und unangenehm; da liefen lauter bekiffte Zappa-Wiedergänger rum. Und die zerzausten linken Vögel.

Das waren damals noch die Mothers of Invention. Das war noch eine Insidersache, oder?

Anfangs, aber die wurden schnell populär. Also meine ersten Platten habe ich Mitte der Sechziger bei Musik-Bading am Karl-Marx-Platz in Neukölln gekauft. Die verkauften Instrumente und paar wenige Platten. Dylans Blonde on Blonde habe ich 66 da gekauft in einem saukalten Winter, das erinnere ich. Es gab noch kein Internet oder an jeder Ecke Plattenläden. Dann hatte ich mit fünfzehn, sechzehn von den Mothers gehört. Bei Bading waren die überfordert. Die Plattenadresse für Klassik, Jazz und Exotica war in Berlin Bothe & Bock im Europa-Zentner, da bin ich hin, in die Jazz-Abteilung; da gab es einen Experten, großer schlaksiger schwarzer Mann, der wußte Bescheid. Der hat mir dann Freak out! bestellt, und vier Wochen später bekam ich eine Postkarte von denen: Ihre Platte ist da! Ich war etwas enttäuscht, bin nie so der Zappa-Fan geworden. Ich war noch bei zwei Konzerten, bei einer hat die Kommune 1 da rumgekräht und Zappa hat die Bühne verlassen; sie wollten ihn zu irgendwelchen Bekundungen zwingen, wollte er nicht. Zappa ist dann noch mal lustlos auf die Bühne gekommen, und alles war schnell vorbei. Die Zappa-Fans waren sauer. Was mich damals verblüfft hatte: Die Stükke waren satt instrumentiert und sehr komplex arrangiert, sowas muß geübt werden und hinhauen. Es war mehr Bigband als Rock.

Zappa nennt sich American Composer.

Nun war Berlin aber mehr so auf Rock, Blues, Improvisation und mit dem Kopf wackeln gepolt. Hey Joe von Hendrix, das hat einen umgehauen. In Berlin hat

Hendrix zum ersten Mal in der Neuen Welt vor höchstens zweihundertfünfzig Leuten gespielt. Der Bassist konnte einigermaßen Deutsch, und dann spielten die Strangers In The Night, dreißig Minuten Gitarrensolo. Nachts sind sie noch ins Old Eden. Rolf Eden hatte da so einen Nachtclub mit hübschen Damen, sehr unkonventioneller Club, so verruchte Whisky-Stimmung an Nostalgieschummerlicht. Nach Konzerten sind die großen Bluesleute und Rockgruppen immer noch da hin und wurden von Eden verwöhnt. Das wußte ich, bin aber leider nicht hin.

Also Zappa verweigerte damals das Bekenntnis zur Protestbewegung und ging von der Bühne. Was für ein Bekenntnis?

Fritz Teufel oder Horst Mahler, einer von beiden war damals inhaftiert, das wird 68 gewesen sein. Und die Kommune 1 wollte den Zappa zu irgendwelchen politischen Ansagen und Solidaritätsbekundungen pressen, indem sie auf die Bühne sind und dann viel Volk noch hinterher. Es gab noch keine Sicherheitsleute wie heute. Ein enormer Tumult oben auf der Bühne, weil da nun jeder mal wichtig sein wollte. Es wurde auch gleich was geklaut an Instrumenten, das war in Mode damals, Bücher klauen, Kleidung. Klau mich! hieß ein Buch von Teufel und Langhans, das auch gern geklaut wurde.

Bücher wurden viel gestohlen, habe ich gehört. Wer klaut heute noch Bücher?

Ältere, zwanghafte Damen, die Kinderbücher von Robert Habeck klauen, um ihm nahe zu sein? Ich weiß es nicht. Damals wurde gelesen, es war auch die Raubdruckzeit. Sogar Zettels Traum von Schmidt wurde nachgedruckt. Raubdruck war ein Ehrentitel, abends zogen Verkäufer durch die Kneipen und verkauften die linke Utopie vom Papalagi, die Drogenweisheiten vom Dürr und die erfundenen peruanischen Indianerweisheiten von Castaneda, alles mögliche. Alle lasen noch Bücher, wenn auch viel Blödsinn. Ich weiß sogar, wer Zettels Traum geräubert hat, es war ein Schmidt-Verehrer, der Kunst verlegte und eine Druckerei besaß. Verrate ich aber erst, wenn wir alle tot sind. Die Komik bestand dann später darin, daß dieser Raubdruck teurer gehandelt wurde im Antiquariat als das Original. Arno Schmidt war zu Recht wütend. Der haßte diese faule Enteignungsgeste. Der Raub wurde als Enteignung allgemein schick. Heute geht das wieder los. Wohnungen bauen ist unnötig, einfach enteignen, das ist dann die Lösung.

Kannten Sie die Kommune-1-Leute?

Klar, aber ich habe mich auf Distanz gehalten. Die Kommune-1-Leute und ihr Umfeld, allen voran Kunzelmann, die wurden damals schon zusehends penetranter, rechthaberisch, überall ganz vorne rumschreien, und Starallüren. Der Teufel war ganz nett, eher schüchtern, der hat gut geschrieben, und Langhans war mehr so das Model vorneweg, und die Damen waren mehr Schmuck und Groupies, waren auch alle nicht so hübsch wie Uschi Obermaier, die ja dann als Schönheit gleich untergehakt bei den Herren von den Rolling Stones rumhing. Mich hat das alles abgestoßen. Obwohl ich grundsätzlich sympathisiert habe und die Frisur vom Langhans toll fand.

Sind Sie auch so rumgelaufen?

So eine Drahtbrille hatte ich, und die Haare habe ich länger als heute getragen. Da habe ich oft zu den Nachläufern und Rechtgläubigen von denen gesagt: »Wenn die nach der Revolution eure Politkommissare werden, na dann guten Morgen!« »Aber nein!« wurde mir zuteil, »das sind doch Genossen, sowas machen die nicht! Wir sind auf der richtigen Seite.« Blabla. »Na, träumt schön weiter.« Da ging das schon los mit dieser Borniertheit und radikalen Intransigenz abweichenden Meinungen gegenüber, völliges Unverständnis für das andere. Und reichlich Blechparolen. In der Kommune 2 gabs so klebrige Fälle von Kinderfickerei, das hat sich bis zu den Grünen vererbt. Freund Kramer war bei den 883-Leuten, die hatten mehr Bodenhaftung, das waren Anarchisten klassischer Art. Bernd war ja gelernter Schriftsetzer. Und plötzlich wurden die damals alle größenwahnsinnig und fingen an, überall Faschismus zu sehen, und dann liefen viele von denen plötzlich mit einer Knarre rum.

Haben Sie sich auch bewaffnet?

Um Gottes willen, nein! Obzwar man damals wußte, wo man einen Püster herbekommt. Heute hätte ich schon gern eine Wumme, aber ich habe versäumt, mir während der Wende eine Makarow zu tauschen gegen West bei den Russen. Die haben ja alles verkauft.

Würden Sie heute eine haben wollen?

Wenn man Krebs im Endstadium hat, kann man sich wegblasen.

Puh! Kannten Sie so militante Leute?

Einen, aber der war so hart drauf, daß sich die Beziehung sowieso erledigt hatte, weil er untergetaucht ist. Und Freund Kramer habe ich mal gefragt, und er hat geantwortet: »Meine Feigheit war immer mein größter Mut!« Dabei war er sehr couragiert, aber er ist nie militant geworden und hat keine Waffe berührt. Sein Sohn durfte nicht mal mit Pistolen spielen, na, da hat er im Kinderladen mit Bananen rumgeballert. Kramer war kein Fanatentyp, gar nicht. Das war ein humorvoller, lieber Mensch. Das mit dem Anarchismus hat er auch privat ernst genommen, indem er libertär war und Genuß, Vergnügen und Spaß für alle wünschte. Die Welt war für ihn im Grunde eine urkomische Einrichtung, man konnte fressen, saufen, sich amüsieren. Aber die anderen, K 1 und so, ganz humorlose, verbiesterte Leute.

Was war nun weiter bei Zappa?

Ich wollte damals Zappa hören, alle wollten das, aber diese Avantgarde eben nicht, die wollten Verlautbarungen hören, oder rumschreien, die Massen aufklären. Dazu mußten sie sich bei Zappa anflanschen, weil sie selbst nie so viel Publikum hatten. So funktioniert dann der smarte Terror der Avantgarden, sowohl spektakulär als auch parasitär. Das Konzert war gut losgegangen, zwei Schlagzeuger, diverse Blechbläser, ganz ungewöhnliche Instrumentierung, Bläserarrangements. Dann der Sturm auf die Bühne, Zappa hat nicht verhandelt. Er und seine Leute sind von der Bühne. Und da haben sie ihn wahrscheinlich bequatscht, weiterzumachen und den Vertrag zu erfüllen. Derweil hat Kunzelmann weiter auf der Bühne rumgeschrien, der hatte so einen zähen Bamberger Dialekt, das war so ein Kreischer. Ich bin damals gegangen.

Was wollten die denn erreichen?

Gefangenenbefreiung, was weiß ich. Diese Erweckten, diese Aufgewokten und Aufrüttler kann ich nicht leiden. Noch nie. Na, nicht ganz. Früher, so mit sechzehn, war ich auch ein linker Träumer, ein Maoist.

Das hat sich gelegt?

Ich befand mich damals im ständigen Pubertätsgefecht mit meinem Vater. Große Brüllerei ständig. Aber er war Kommunist gewesen und darum bei den Nazis in Haft. Nach 45 haben sie ihm im Osten, in der sowjetisch besetzten Zone, dicke Posten gegeben, und da gab es sofort wieder Ärger. Er wollte endlich mal laut hören, was mit den vielen Genossen passiert ist, die während der Hitlerzeit in der Sowjetunion Asyl gesucht hatten und die 37, 38 zuhauf erschossen worden waren während der ständigen Säuberungsaktionen durch Stalin, das hat aber keiner zugegeben, oder sie haben was von Abweichlern, Trotzkismus und Verrat erzählt. Also haben sie meinen Vater erst mal degradiert, der hatte zu viele Fragen gestellt. Dann hat er gesagt, ich gehe lieber wieder arbeiten als Schlosser, diese Posten in der Politik sind nichts für mich, ich habe meine Meinung, ich arbeite lieber, basta! Da war er dann immerhin noch so ein Brigadeleiter, von einer Kolonne Bauschlosser, und als er dann mehr Prämie bekommen sollte als seine Mitarbeiter und die Putzfrau noch weniger, hat er mit seinen Leuten geredet, und dann haben die beschlossen: Bei uns in der Brigade bekommen alle die gleiche Prämie, auch die Hilfsarbeiter und die Putze! Also wieder Ärger. Man hat ihm Trotzkismus und anarchistische Gleichmacherei vorgeworfen. Er wußte, was das bedeutet, und ist sofort in die Westzone abgehauen, wo er dann auch meine Mutter kennengelernt hat. Er war ein Rebell, ein Kämpfer für Gerechtigkeit, illusionslos. Und mit dem mußte ich nun diskutieren, wollte ihn von Mao überzeugen …

Hat er Sie zur Vernunft gebracht?

Na ja, ich habe Mao für den Retter des Sozialismus gehalten. Daß das Schwachsinn war und Mao ein Mordbube wie Stalin, das hat gedauert, bis mir das dämmerte. Man ist stur mit sechzehn. Trotzdem hat er mich auf dem Boden gehalten.

Heute träumen viele Jugendliche auch wieder vom Sozialismus.

Kann man wohl sagen.

Wie hält sich das? Zumal es in der DDR, in der Sowjetunion gescheitert ist, in Venezuela, auf Cuba läuft es auch nicht. Nordkorea ist ein Alptraum.

Es gibt so eine romantische Revolutionsneigung. Es steckt sowohl Hochherzigkeit als auch Hochmut dahinter von Leuten, die keine Erdung haben. Und Jugendliche haben noch keine. Das sind Leute, die arbeiten meist nicht, wohnen irgendwie gut versorgt in der Stadt, bei Mutti, im Studentenheim, und sind nie zufrieden, weil sie dann was Unnützes studieren und nun Erdbeeren pflücken sollen. Da nörgeln sie rum, daß die Welt nichts taugt, daß sie es besser einrichten könnten mit ihren Programmen. Und weil es in der Politik nur noch untaugliche Pfeifen gibt, die nicht mal die Probleme lösen können, die sie ständig in die Welt setzen, ist das naheliegend. Also viel reden und fordern und verschimmelten Utopien anhängen.

Wie kommt das?

Aus Mangel an Erdung, an Erfahrung. »Laßt die anderen Idioten mal arbeiten und Klos putzen, wir entwerfen jetzt hier mal ordentliche politische und hochsoziale Programme.« Sie fühlen sich als Quasi-Aristokraten in der Sprache und an der Hochschule sicher und wohl, nicht im wirklichen Leben.

Können Sie das anschaulicher erklären?

Wenn ich mit achtzehn hätte Abgeordneter werden können, hätte ich es sofort gemacht und dort schwer vom Leder gezogen; da wäre ich als der dicke Weltverbesserer und Bescheidwisser aufgetreten. Also gut, daß es nicht passiert ist. Heute würde ich zögern, ob ich das stemme, ob ich fähig bin. Ich wäre wohl tauglicher als damals und würde vielleicht zusagen, wenn kein Fraktions- und Parteizwang herrscht. Und ich wäre auch froh, wenn das nach drei Jahren ein anderer macht, hoffe ich jedenfalls. Der taugliche Politiker sei meines Erachtens: erwachsen, berufserfahren, er soll möglichst Kinder und eine Ehe geführt haben und vielleicht alte Eltern versorgen. Geschlecht und Rasse seien schnurzegal, man wähle allein die Besten! Ob der dann ein guter Politiker wird, kann trotzdem keiner wissen. Aber massenhaft Studienabbrecher, reine Parteikarrieristen und Beamte in die Ämter zu hieven ist krank, das kann nicht gut gehen.

Was halten Sie von der Extinction-Rebellion-Bewegung? Die fordern viel, tun aber auch einiges.

Die kleben sich für die Zukunft fest und wollen sofort alles. Die könnten aber auch Klimatechnik oder Klimageschichte studieren oder eine Lehre in Heizungstechnik machen oder Landwirt werden. Oder sie könnten die Kernenergie verbessern, Elektroingenieure werden. Aber sie kommen mir vor wie kleine Doofis aus den Kinderstuben wohlständischer Familien, die »Ich will!« rumschreien. Sie könnten ihr Telefon abschalten, die Heizung im Kinderzimmer ausstellen und sich mit kaltem Wasser die Hände waschen und nur einmal duschen pro Woche, aber sie greifen lieber nach dem Höchsten, alles andere ist denen zu banal und zu anstrengend. Das sind so typische Weltuntergangsschreihälse. Himmelreich oder Tod.

Aber hat deren Programm nicht auch einen Kern an Notwendigkeit? Das Klima scheint sich zu verändern.

Alles soll sich verändern, Geschlecht, Gesellschaft, Verkehr, Landwirtschaft, alles, aber das, was sich immer verändert, nämlich das Klima, das soll stabil bleiben. Auch wieder so ein Hochmut. Wir hatten in der Erdgeschichte Eiszeiten, kleine Eiszeiten, extrem warme Epochen. Es gab in England mal Weinanbau, und den haben wir vielleicht bald wieder. Und da kommen die her und wollen die Welttemperatur begrenzen oder sogar senken. Das hat was von Größenwahn, das erinnert an so Programme wie Umbau der Alpen, Umleitung der sibirischen Flüsse nach Süden, da gab es Pläne in der Sowjetunion.

Jetzt beschleunigt sich das aber alles.

Erst mal Geduld. Und erst mal sollte sich die Menschheit freuen, daß keine Eiszeit bevorsteht. In den siebziger Jahren raunten die Katastrophentrompeter noch was von einer bevorstehenden Kälteepoche, es gab schon Filme drüber. So, und dann könnte man sich überlegen, was zu tun ist. Wie richten wir uns ein, was können wir machen? Die Klimaforschung sollte wieder irdischer werden. Und die Menschen sollten, bevor sie das Klima retten, erst mal ihre abnorme Vermehrung stoppen. Das ließe sich schon mal machen, da würden nicht mehr so viele Feuer machen, heizen, Futter und Fernsehapparate brauchen und Benzin. Überdies ist es dämlich, allein das Kohlendioxyd zum Bösen schlechthin zu küren. Die Pflanzen leben davon, die freuen sich über einen hohen $CO_2$-Luftgehalt, das wissen viele gar nicht mehr, und es hat ihn in der Erdgeschichte oft gegeben, da wucherten dann die Wälder.

Zur Zeit wird der Klimawandel beschworen, aber auch mehr Sparsamkeit in allen Hinsichten gefordert.

Je größer die staatlichen Gehälter und Pensionen, um so lauter die Trompeten. Die einfachen Leute und rationell arbeitende Betriebe sind doch längst sparsam. Und ich lebe immer schon schlicht und brauche nicht viel, so bin ich erzogen, und das finde ich auch richtig. Als alter Ofenheizer, der auch mal vor Armut sechs Wochen von Nudeln und Haferflocken gelebt hat, werde ich nicht zu den Leuten gehören, die jetzt rumflennen. Allerdings auch nicht zu denen, die alles stumm erdulden.

Na, dann machen wir doch mal besser Schluß für heute!?

Man redet sich noch um Knopf und Kragen.

## 2.

Wie finden Sie eigentlich Rammstein?

Manche Stücke von Rammstein finde ich nicht übel. Es ist natürlich eine ziemlich verschlagene Mache am Werk. Ich fand früher Feeling B ausm Osten hörenswert, das war Punk, da kommen einige Rammsteine her, der Flake etwa, er belebt die Musik von Rammstein mit der Orgel.

Wie würden Sie den Stil beschreiben?

Das ist so ein Gebräu aus Laibach, Metal und Pathos. Ich finde die oft ulkig, da steckt was Ironisches drin. Ob die das wissen und beabsichtigen, weiß ich nicht. Ein Sohn macht Rap mit den typischen Texten, er schreibt sie, und neulich frage ich ihn, ob er das alles ernst meint. Ja, sagte er. Ich war erschüttert; wenn er gesagt hätte, die Deppen wollen das so hören, dann hätte ich noch Hoffnung gehabt. Bevor ich es wieder vergesse: Beim letzten Mal hatte ich vergessen, noch eine Kunzelmann-Geschichte zu erzählen.

Dann holen Sie das bitte gleich nach.

Also die Mauer war längst weg, und Kunzelmann hatte schon Glatze, da ist er für die Grünen im Berliner Abgeordnetenhaus auffällig geworden …

Das erinnere ich. Er hat dem Bürgermeister Diepgen ein rohes Ei auf den Kopf gehauen …

Und dazu die historischen Worte gesprochen: »Frohe Ostern, du Weihnachtsmann!«

Und da kam der gleich wieder in Haft?

Der war immer in Haft. Dieses Geschick für Spektakel und Dramatik mit schlechtem Ausgang hat er bei den Situationisten gelernt.

War er da Mitglied?

Er war in München bei der Künstlergruppe SPUR, die hatten damit zu tun. Das ist dann politischer geworden. Und Clochard in Paris war er wohl auch mal.

Eine sehr verwegene Biographie und zwischendurch der Berufswunsch Clochard!?

Ja, so deutsch: Ich kaufe eine Zwei-Liter-Flasche Wein und lege mich in Paris unter eine Brücke und bin dann nicht Penner, sondern Clochard. Er war mal Jugendmeister im Bamberger Tischtennis, und in Haft hat er dann mit Einsatz um Essen und Christstollen oder Kippen gespielt und natürlich oft gewonnen. Das hat er erzählt. Aber ich hatte dann überhaupt keinen Kontakt mehr. Ich wußte nur von Helmut Höge, der für die TAZ schreibt und sonst ein netter Mensch ist, daß er, also Höge, rein zufällig bei einer Freundin im selben Haus gewohnt hat wie Kunzelmann. Die konnten sich über den Hof sehen. Nun hatte der Kunzelmann von den vielen Verhaftungen oder sonstwas einen erheblichen Verfolgungswahn entwickelt und hat nun den Höge für einen Beobachter gehalten, für einen Mann, der extra auf ihn angesetzt ist. Völliger Blödsinn natürlich. Höge ist vielleicht auch mal ein Anpasser, aber ein Spitzel ist der nicht. Und nun passiert folgendes: Ich war mal wieder aus Laune nach Bamberg mit dem Zug und laufe da durch die kleine Bahnhofshalle, und da sehe ich den Kunzelmann, auf dem Bahnhof in Bamberg! Und der sieht mich auch gleich. Der hatte so den gehetzten Blick. Ach, du Scheiße! dachte ich. Das kann doch nicht wahr sein, der hält mich jetzt für seinen V-Mann und Spezialagenten. Also bin ich direkt auf ihn zu und sage: »Was machst du denn hier, Kunzelmann? Bist du aus dem Gefängnis ausgebrochen?« »Nein«, sagt er ganz ruhig, »mein Vater ist gestorben. Ich habe zwei Tage Freigang für die Beerdigung bekommen.« Sein Vater war so ein biederer Bamberger Bankdirektor gewesen. Es muß eine lustige Trauerfeier gewesen sein.

Und? Hat er Sie als V-Mann auffliegen lassen?

Nein, gar nicht. Er hat mir die Tischtennis-Geschichte erzählt und was von Bamberg; damals war mir nicht klar, daß er Bamberger ist, und dann hat er sich normal verabschiedet und ist Richtung Stadt gelaufen. Und ich habe ihn mal vorgehen lassen und war froh, daß er weg war. Unsere letzte Begegnung war das.

Als ich aus der S-Bahn kam, war am Olympiastadion schon wieder eine Großveranstaltung, ein Sportfest oder sowas?

Da war ich auch schon gucken, da ist heute der Sport höchst ostentativ unterwegs.

Höchst ostentativ?

Das ultimative Kostümfest, ja. Ich war mittags oben an der Bude und habe mich vorn hingesetzt, wo die zwei Biertische stehen, da habe ich mir das angesehen. Erst vorn und dann vom Biergarten aus, hinten ist einer, und da kann man durch das Tor die Massen vorbeilaufen sehen. Der akute Sportenthusiasmus ist bedrückend, am schlimmsten die Verkleidungen, diese teuren Ausrüstungen erst mal, anstatt einfach mal bißchen loszurennen, nein, die müssen alle erst mal grellbunt ausgerüstet sein. Dazu so ein Angebergestus: Seht her, ich bin sportlich! Also keiner ist zu übersehen. Dann sah man noch diese knallengen Fahrradhosen viel, und die scheußlichen Fahrradhelme, unter denen zerknitterte Greise aus zwei toten Arschlöchern hervorblinzeln, wenn sie ihre verspiegelten Brillen abnehmen. Sehr eitel alles.

Es war doch ein Langlauf, nichts mit Fahrrad, oder?

Es waren flankierend viele obersportliche Radfahrer da, so Sportspanner älterer Bauart, meist mit dezentem Steckdosenantrieb, und dazu noch die vielen sportiv gekleideten Zuschauer, die Passivturner, die Fähnchenschwinger. Auch wieder alle uniformiert, aber völlig andere Verkleidung als bei Rammstein, wobei mir diese dann doch lieber sind. Diese Zeit ist dem Sportwahn verfallen, und dahinter steckt nichts als die Angst vor dem Alter und dem Tod. Sie joggen dem Tod davon und voraus. Eine ganz kranke, unheilvolle Askese ist das. Da entstehen so Bilder, Fotos, derer man sich wohl einmal schämen wird oder die dereinst extrem belustigen werden.

In der Stadt sieht man reichlich Leute, die mehr so gekleidet sind wie Norwegenurlauber oder Rucksackwanderer.

Karl Lagerfeld sagte mal, man sieht in Berlin überall nur Sport- und Wintersportmode, Anoraks, Rucksack, und man denkt immer, ein großer Bergsteigerverein tagt in Berlin. Aber das ist hier ständig so. Dieser meist schon etwas verpennerte Outdoor-Look ist das Zivil vieler Leute. Beim Sport tragen sie dann dieses extra grelle, enge Zeug. Ein gewisser grauer Schlabberlook als Alltagskleidung ist in der Stadt ohnehin üblich, Zeichen dauernder Freizeit, leicht verarmter Schmuddel-Look, auch Hartz-4-Habit. Und die Arbeitslosen tragen auch gern Arbeitskleidung, so wie auch die Ecstasy-Techno-Köppe. Die Alten treten gern forever young auf. Greise in Sneakers mit Baseballcap, kurze Hose, verspiegelte

Stromlinienbrille, und die älteren Damen quellen aus sexy Engwäsche, die sie im Werbefernsehen bestellen. Und alle sind tätowiert.

Mein Gott, was zeichnen Sie für Bilder!? Ich sehe das entspannter …

Ich im Grunde doch auch, aber ich sehe, was ich sehe. Was auch sonst? Ich bin heiterer Beobachter, kein Kulturpessimist.

Hört sich aber so an.

Es amüsiert mich. Ich habe schon so viele Jeckheiten in meinen siebzig Jahren erlebt, und das ist nun mal was Neues. Es ist grellbunt geworden, und irgendwie doch uniform. Wenn Sie alle Farben aus dem Tuschkasten mischen, wird ein schmutziges Grau draus. Und es riecht nach fröhlich verkleidetem Niedergang und Tod.

Also doch schwarzseherisch.

Wenn Sie meinen.

Was ist denn gewöhnlich los, da oben am Olympiastadion?

Nichts. Da ist so ein großer, weiter Platz mit nichts drauf und dann eine breite Paradestraße zum Stadion hin. Da sitze ich vor der Bierbude und beobachte; neulich etwa, wie sich eine dicke Beiköchin aus der Lehrküche gegenüber kurz vor die Tür stellt und eine Pausenzigarette wegsaugt, und dann ist sie wieder rein. So, dann nichts, nur Autos ab und zu. Dann kam Lord Kacke am Fahrrad des Weges in kurzen Hosen, mit Sonnenbrille, supercool. Er glitt vorüber und verschwand nach rechts aus meinem Blickfeld. Und dann sah man lange keinen Menschen mehr. Später hielt drüben noch ein Mädchen in einem atemberaubenden, himbeerfarbenen Minifaltenrock mit farblich passenden Turnschuhen; die entstieg mit arabeskem Beinschwung ihrem rosagestrichenen Fahrrad und ließ dabei kurz eine Pobacke aufblitzen, das war die Attraktion des Tages. Dann parkte sie ihr Rad umständlich an der Bogenlaterne drüben und machte Selfies, im Hintergrund das rosafarbene Rad an der Laterne, und dann stocherte sie lange am Händi rum. Dann stieg sie wieder auf und fuhr weiter ab nach links. Das war der Höhepunkt meiner Bierpause. Mein Erlebnis.

Das ist ja öde!

Nein, ich liebe diese weite Einsamkeit und das Betrachten seltener Ereignisse; ihnen gilt dann alle Aufmerksamkeit. Manchmal bin ich da völlig entrückt, also nicht besoffen, sondern ich gerate da ohne Absicht in so einen zeitlosen, fast unzeitlichen Daseinszustand, wo es keine Zeit und keine Dauer mehr gibt, also auch keine Langweile oder Kurzweil. Das ist kein Dämmerzustand, im Gegenteil, es ist hellwaches Schauen. Da liegt alles hell vor mir auf der Hand, alles ist augenfällig, der ganze Irrsinn, alles, was ist.

Da denken Sie nach?

Nee, gar nicht, es herrscht angenehme Gedankenleere, eine Enthobenheit. Es ist ja so, daß der Zuschauer findet und der Nachdenker sucht, und ich finde. Denken ist Anstrengung, es ist eine Mangelform. Sehen geht einfach so und steht drüber. Ich schaue entrückt und finde. So. Irgendwann schüttle ich mich verwundert und merke, daß ich vor meinem Bier sitze und über eine Stunde vergangen ist. Es hätten aber auch zwei oder es hätte eine Minute nur sein können. Und eine Zwischenzeit gab es eigentlich gar nicht. Sehr angenehm. Es geht meist nur da.

Wie lange sitzen Sie denn da normalerweise, also ohne Entrückung?

Eine gute Stunde. Oder eine halbe. Dann laufe ich wieder heim und schreibe weiter oder räume auf.

Und dann gibt es da manchmal die Entrückung?

Ja. Inzwischen kann ich's schon anschieben und aufspringen. Dann begebe ich mich in diesen Zustand.

Anschließend wird das Bier warm und schal geworden sein ...

Das Bier ist mit mir weg und mit dabei, nämlich da, wo ich mich entrückt befunden habe, und es ist dann, so wie ich, gut ausgeruht und erfrischt, und es fühlt sich wohl mit mir, etwas schal, aber glückselig. Ich frage mich ja bisweilen, ob Bier Durst empfindet? Und wonach? Dürstet das Bier nach einem Trinker? Ich bin überzeugt davon. Wir verstehen uns, wir sind Freunde.

Das meinen Sie jetzt ernst?

Na klar! Wer hat denn hier Sauferfahrungen? Wer ist denn neben einer Brauerei aufgewachsen? Wobei ich unterscheide zwischen Trinken und Schmecken. Das Trinken ist Glückseligkeit, das Schmecken ist Freude! Wenn du durstig bist und endlich Wasser trinkst, dann ist das doch der Himmel! Die Wonne des Trinkens ist das eine, die des Getränks das andere. Für manche ist es Wein, für mich Bier. Wenn ich es nicht trinke, beleidige und blamiere ich die Schöpfung, aber das sagte ich schon.

Und dieses Entrücktsein ist dann das Glück für Sie?

Was Glück sein soll, weiß ich gar nicht. Das ist so ein verwimmelter, verträumter Begriff. Eine mickrige Lotto-Hoffnung meist. Alle Welt hofft auf das Glück, das am Horizont leuchtet und in die Zukunft geschoben ist, und hier lebt man im Unglück. Glück kenne ich nicht, will ich nichts mit zu tun haben. Glückseligkeit gibt es, die ist anwesend und wunschlos, das kenne ich, aber nur für Momente. Die erste Geliebte, stundenlang daliegen und ihr in die Augen sehen und vögeln, da war Glückseligkeit. Aber glücklich? Freude empfinde ich manchmal. Ich sehe was und freue mich. Wenn ich auf eine bestimmte, schöne Art besoffen bin, dann empfinde ich Glückseligkeit. Aber da mischt sich gleich wieder das Wissen um den Tag danach ein, was einem aber auch wieder egal ist. Im Alter ist man zu abgebrüht für sowas. Die Schuldfühligkeit hat ihre Schuldigkeit getan. Ich bin froh, wenn alles läuft, mein Körper, mein Leben. Das läuft dann. Das reicht mir. Sachen und Dinge, Bäume sowieso, die leben immer in so einem Zustand, schätze ich, es läuft eben, und alles ist einfach Dasein. Tiere vielleicht auch. Weiß ich nicht.

Und wenn Sie ein Buch fertig haben, sind Sie nicht glücklich?

Ich bin begeistert, doch, entzückt, voller Freude. So ein gelungenes Stück, so ein gelungener Satz, da kann man sich bepinkeln vor Wonne. Aber am Ende nehme ich sozusagen doch nichts mit rüber zu mir. Es ist vollendet, und ich bringe ein Opfer dar, und dann latsche ich wieder durch das trostlose Leben, bezahle Rechnungen und sinniere über Zille-Zwiebeln.

Sie haben mal in den Gottesbeweisen von solchen Zuständen des Entrücktseins im LSD-Rausch geschrieben. Ist das so ähnlich, wie Sie es beschrieben haben?

Aua, damals saß ich in einer Zeitschlaufe fest. Da bin ich endlos mit der S-Bahn in den Bahnhof Tempelhof eingefahren. Also wir standen nicht, wir sind eingefahren, auf der Stelle, endlos. Das war verblüffend, und erst habe ich es genossen. Und dann schwante mir, da mußt du mal raus, sonst fährst du noch endlos in der Klapsmühle in den Bahnhof Tempelhof ein. Also bin ich aufgestanden, habe meine Aufmerksamkeit neu ausgerichtet und dann stand ich auf dem Bahnhof und war angekommen. Und da standen lauter Leute, sie sahen so nackt und brutal wahrhaftig aus. Irrsinnige Fratzen, brutale Typen, unterwürfige Mäuschen, ein Panoptikum der Wahrhaftigkeit. Und plötzlich war da eine Frau, die einfach schön und natürlich aussah. Die war so, wie sie aussah, und der wäre ich fast um den Hals gefallen, weil sie der einzige Mensch da war. Aber ich hatte immer so eine Kontrollvernunft, die sowas verhindert hat. Und das war dann die Bahnsteignummer.

Und dann?

Bin ich zurückgefahren, nach Hause, das war noch Hermannstraße, siebziger Jahre. Da hatte ich weitere harte Erlebnisse. Also diese Apriori – Oben/Unten, Vorher/Nachher, Irreversibilität, Kausalität –, das hatte sich alles an diesem Tag als Trug erwiesen, als unbeständige Hirngebilde. Es wäre interessant, was Kant unter Lysergsäureeinfluß erkannt hätte.

Der lebte völlig regelmäßig, nüchtern, ortsfest und beständig, der wäre sonst verrückt geworden.

Da haben Sie wohl recht, den hätte es direkt unter die Irrenhausbewohner geschleudert. Der Hamann hätte es vielleicht gut verknusen können. Und Hegels Schnupftabak soll stark opiumhaltig gewesen sein, Theriak war drin. Aber wie LSD wirkt, kann keiner vorhersehen, es kann einen enorm umhauen. Ich war einmal auch zur entmaterialisierten Gestalt, zum Geist geworden, ein Gespenst, das auf ewig unerlöst durch die Stadtfluchten winselte. Wenn das auf deine Seele zukommt, dachte ich, na, dann gute Nacht!

Und was hat Ihre Seele dann doch erlöst?

Drei Valium, die mir Frank Mecklenburg verabreichte, das war in der Merve-Wohngemeinschaft. Danach habe ich das Zeug nie wieder angerührt. Werde ich auch nicht, ich habe einen Eid abgelegt.

Haben diese Erfahrungen mit der Droge Ihre eben beschriebenen Bier-Meditationen oder Ihre Bier-Séancen, ich weiß nicht, wie ich es sagen soll, haben sie die gewissermaßen propädeutisch vorbereitet? Gibt es da Wechselwirkungen?

Nö. Das war eine völlig andere Nummer. Vielleicht hat es mich von Gewißheiten und Blockaden befreit, insofern war ich vorbereitet. Aber das eine war ein künstlich verursachter Wahnsinn, und das hier ist reines, nüchternes Schauen. Da blubbert nichts, da ist alles glasklar.

Wenn man Sie so hört, dann ist das doch alles ziemlich durchdacht und stark reflektiert worden von Ihnen ...

Quatsch. Es liegt alles auf der Hand, du mußt es nur sehen.

3.

Meine Lehrer trugen Anzug. Im Lehrerzimmer, erzählt meine Frau, sieht es aus wie auf einer Jack-Wolfskin-Messe. Für Leute, die keinen Blick für die feinen Unterschiede in der Mode haben, ist der Unterschied zwischen Lehrer und Schüler aufgehoben. Sogar mein Vater, der Arbeiter war, trug sonntags Anzug und Schlips, oft auch nach der Arbeit. Am besten war immer das Druckgewerbe gekleidet. Ein Freund von mir war Reprofotograf und ging weg von Berlin nach Düsseldorf; der erzählte mir, daß er sich dort als Berliner wie ein Penner vorkam. Seine Kollegen haben in der Pause Magazine für Herrenmode angesehen. Und die waren nicht schwul, das waren Düsseldorfer, Druckgewerbe.

Ich habe irgendwo gelesen oder gehört, Sie wären fast mal in Düsseldorf in die Werbung gegangen?

Ja, ich war kurz Werbefitti. In unserer Merve-Kommune war oft ein Lette zu Besuch, der Lette wurde er genannt, das war so eine Frohnatur, ein kommunikativer, kluger Typ, der hat gern geredet, frei assoziiert, man konnte gut mit ihm reden. Er hat dann erzählt, daß er in Düsseldorf bei der Werbeagentur GGK viel Geld verdient, nur indem er ab und zu dort erscheint, durch den Betrieb spaziert und mit den Werbefuzzis plaudert. Nichts weiter. Die leiden da unter Ideenlosigkeit, und dann läuft der da rum, redet mit denen, und sie haben wieder gute Einfälle. Dafür haben sie ihn eingestellt. Und weil ich ja nun als Künstler auch mal etwas mehr

Geld ganz gut brauchen konnte, dachte ich, das ist doch was für mich, gute Ideen und dafür viel Geld. Ich habe den Letten gefragt, und er hat gemeint, schreib mal da an den Schirner. Oder ruf den besser mal an.

Das war ein bedeutender Werbemann, Schirner …

Ja, Michael Schirner. Es war die heroische Zeit der Werbung, und GGK hatte die verrücktesten Kampagnen. Jägermeister und sowas. So, ich telefoniere nicht gerne; nun hatte ich damals gerade meine Denkblase herstellen lassen, das war ein Luftballon, wo Kapielskis Denkblase draufstand, und dazu gab es einen Text, der unten am Schniepel angebunden war. Das schwebte dann mit Helium gefüllt an die Decke. Da habe ich mir gedacht, die Blase packe in einen Karton, schicke das an den Schirner, und dann machen die das Paket auf, und die Denkblase steigt vornehm an die Decke, und damit bin ich so gut wie eingestellt. Es kam aber kein Echo. Also habe ich da angerufen, obwohl ich nicht gerne anrufe: »Habt ihr meine Denkblase nicht bekommen?« »Ach, wir bekommen so viel, ist wohl weg.« »Na, dann gebt mir mal den Schirner!« Dann war der in der Leitung, und ich habe etwas erzählt und Merve und Kunst und Bücher und so, und ich brauche Geld. Hat er prompt gesagt: »Dann komm mal nach Düsseldorf, wir zahlen den Flug, und dann gucken wir mal.«

Das ging ja einfach! Was die Leute sich heute mühen, um in die Werbung zu kommen. Und dann werden sie schlecht bezahlt, immer nur als Volontär und sowas.

Die Werber sind, seitdem sie nur noch langweiligen Mist und Effekte am Rechner produzieren, sparsamer geworden, verdienen auch nicht mehr so irrwitzig wie früher. Ich bin also hin, habe einen Tag lang da rumgehangen, mich mit Schirner unterhalten. Nicht über Werbung, sondern über Merve, Theorie und und. Die Werber verdienten alle ein wahnsinniges Geld und hatten dann auch dicke Autos, Haus oder sonstwas, und da reden sie dann am liebsten übers Aussteigen. Das kannte ich schon vom Art-Directors-Treffen, wo wir mal mit Musik aufgetreten sind: »Also nächstes Jahr will ich aufhören mit dem Mist, und dann mache ich Kunst und lese endlich in Ruhe Foucault.« Machen sie natürlich nie. Gut. Zum Schluß sagte der Schirner zu mir: »Ja, dann fang mal an bei uns. Probezeit, viertausend netto. Nächste Woche.« Kaum zu fassen!

So einfach ging das!?

Ja. Die waren gut, extrem erfolgreich, die haben völlig neue Ideen in die Werbung gebracht und die Kunden überzeugt. Dadurch haben sie viel Geld verdient und konnten machen, wie sie wollten. Die waren verrückt und erfolgreich dadurch, daß sie verrückt waren. Zum Beispiel hat einer der Bosse da so einen genialen Quatschkopp mit Schnapsideen in seiner Stammkneipe kennengelernt, und den hat er gleich eingestellt. »Ja, was soll ich denn da machen?« sagt der, »ich habe doch überhaupt keine Ahnung von Werbung!« – »Egal, komm mal einfach.« So lief das da. Es waren natürlich alles die sogenannten Kreativen, die anderen waren Fachidioten,

Fotografen, Grafiker und sowas, obwohl das auch Verrückte und die Besten waren. Und hübsche Frauen sind da rumgeschwirrt …

Und warum sind Sie dann doch kein Werber geworden?

Na, es kam erst noch besser. Ich war wie im Rausch. Viertausend netto! Das war viel Geld. Also bin ich in den Uerigen, in die Brauerei, wo ich immer hingehe in Düsseldorf, und habe da Alt gesoffen, intim gefeiert. Es war noch Zeit bis zum Rückflug. Und da setzt man sich immer so an lange Tische, und ich komme da mit einem ins Gespräch, einem Handwerker, und erzähle dem was, und da sagt der: »Ich habe eine Wohnung für dich! Kannste haben.« Dann habe ich mir noch zwei Literpullen Uerigen gekauft, in die Tasche damit und ab nach Berlin. Man konnte damals noch Flaschen im Gepäck haben.

Ein Fingerzeig des Schicksals …

Kann man wohl sagen. Nach einem Jahr hätte ich einen Porsche kaufen können. Die fahren alle Porsche. Und wollen aufhören und können nicht aufhören.

Und dann haben Sie es doch nicht gemacht?

Nein, ich habe mich gefühlt wie Lord Kacke, und dann habe ich gedacht: Siehst du, kannst du jederzeit haben, mußt nur wo anrufen und du hast eine gut bezahlte Stelle als Werbefuzzi! Aber was willst du nun eigentlich im dumpfen Düsseldorf? Ueriger hin und Füchschen her? Du verdienst in Berlin leidlich, aber du bist in Berlin und bei Merve erst mal gut aufgehoben. Du verdumpfst dort wahrscheinlich und träumst nach drei Jahren vom Aufhören. Also habe ich entschieden, lieber arm als mit Porsche und: hierbleiben!

Waren die da auch so gut angezogen? Sind Sie da im Anzug zum Schirner?

Kann sein. Habe ich damals öfter getragen. Man hat sich noch gut gekleidet, und ich bemühe mich noch heute. Aber Anzug trage ich selten; inzwischen ist man in Berlin auffällig damit. Feiner Pinkel, kriegste paar über die Birne, Freundchen! Die falsche Uniform. Andererseits ist völlig egal, wie einer hier rumläuft. Die Mode ändert sich schnell. Zöpfe bei Frauen waren Nazi, dann kam Greta und sie waren hip. Die Fähigkeit zur Wende und Wiederanpassung ist abnorm, das läßt mich manchmal schaudern. Ich akzeptiere und registriere das, aber im Falle des eisernen, deutschen Pazifismus wird mir schon bange, wie der über Nacht in Kriegslüsternheit umgeschlagen konnte.

Sind Sie denn Pazifist?

Um Gottes willen, nein! Ein Land sollte den Frieden bestreben. Aber es muß sich energisch verteidigen können. Es ist ein Trug, daß das Leben im Kern ein harmonischer, friedlicher Zustand ist, voller Güte und Friedfertigkeit. Schon jedes einzelne Menschenleben ist voller Gefahren und von Krankheit, von Mißgunst, Neid und Tod umstellt. Da ist Mühe und Kampf. Und weil die Menschen nicht gut sind, sondern Raubtiere, führen ihre Nationen und Völker und Banden Kriege. Das ist eine dauernde Tragödie, ein Schicksal. Das hat weder Sinn noch Ziel noch Moral. Krieg, Tod und Gefahr gehören zum Leben. Sehen Sie sich mal einen wirklichkeitsnahen Tierfilm an, da sind alle auf der Hut, jeder frißt den anderen, es gibt andauernd Kämpfe um Weibchen, um Orte, ums Leben. Wir sind etwas romantisch-naiv hier geworden.

Gestern hatten Sie vom Olympiastadion erzählt. Wollen Sie noch weiter davon erzählen?

Na ja, da war eigentlich weiter nichts, außer die Sportdeppen und ihr eitler Zirkus. Also ich habe da oben am Stadion unter den Sportlern mein Bier genippelt, wie immer in gepflegtem Zivil, und bin nach Hause und sage zu meiner Frau, die vom Fitness-Wahn auch schon leicht angetastet ist: »Du«, sage ich, »Frauen in deinem Alter laufen da oben gerade fünfundzwanzig Kilometer. Warum bist du nicht dabei?« Sie läßt sich weiß Gott nichts gefallen. »Andere Männer in deinem Alter«, sagt sie, »laufen da aber auch fünfundzwanzig Kilometer und glotzen nicht blöd zu und saufen Bier.« »Ja«, habe ich gesagt, »bin ich denn etwa ein Mann in meinem Alter?«

Und?

Ja, was soll man da sagen?

Fällt Ihnen sonst nicht schwer. Mir fällt im Zusammenhang mit den Veranstaltungen am Stadion auf, daß Sie von Ihren Mitmenschen häufig angewidert zu sein scheinen.

Daß mir meine Zeitgenossen so in Gänze, na, bis auf Ausnahmen, bis auf liebreizende und charmante Ausnahmen, wozu natürlich meine Frau gehört, also daß mir die Mitwelten mal so fremd, ja widerwärtig und ekelig werden könnten, hätte ich nie für möglich gehalten. Arschlöcher gab's immer, klar.

Was ist passiert?

Ja, sie haben den Verstand verloren, den gesunden Menschenverstand, den haben sie verloren.

Woran erkennen Sie das?

Beispiel: Draußen regnet es immer wieder seit zwölf Stunden, alle kommen naß und mit Schirm in die Kneipe. Und dann glotzen sie in ihre Händis und sagen: »Es dürfte gar nicht regnen!« »Ja, bei mir auch, es regnet nicht!« »Bei mir auch.« Und dann fängt einer an, zu berichten, was er im Fernsehen über die schreckliche Dürre durch den Klimawandel vernommen hat, und der ganze Jammerchor fällt ein: »Ah, es ist zu trocken, es müßte mehr regnen!« Und du sitzt da, draußen regnet es, und du glaubst, du spinnst.

Früher war es nicht so?

Auf die Proleten, die einfachen Leute war einigermaßen Verlaß, auf deren Instinkte, deren Lebenserfahrung. Aber sie sind inzwischen so gut wie alle sonst gut durchgespült, hirngeföhnt. Ich weiß nicht, was da passiert ist und wann das so gründlich und durchschlagend losging.

Irgendworan muß es doch liegen?

Beim Euro brummelten die Stammtische und Handwerker noch: »Die bescheißen uns! Vorsicht, das wird teuer! Das ist nicht vernünftig, das ist ein kostspieliges Wunschgebilde. Europa ist gut, EWG war in Ordnung, das hätte gereicht!« Und das war damals dann schon beinahe eine ketzerische Meinung. Bei Bundeswehreinsätzen sonstwo sagten sie: »Was soll das? Dahinten in Mali oder Afghanistan, da ham wa nüscht zu suchen! Wo die Amis wieder rumstochern, müssen wir nich mitmachen!« Das konnte man noch äußern, weil die Grünen und viele Sozis Pazifisten waren, aber wenn sie an der Regierung waren, haben sie trotzdem mitgestochert. Die von vielen prophezeite Niederlage in Afghanistan wurde dann in den Medien so nebenbei abgetan. Fehler zugeben geht gar nicht. 2015, als die Massen, meist junge Männer, als die herzlich bewillkommneten Flüchtenden aus Afrika und Nahost die Schulturnhallen fluteten, brummte der Stammtisch schon verhaltener und vorsichtiger: »Det jibt Ärja, det sind keene Flüchtlinge, det sind falsche Fuffzjer, det wird teuer, Wohnungen werden knapp.« Da sah man sich dann schon vorsichtig um. Für diese Aussagen, die den amtlichen Verlautbarungen aus den TV-Nachrichten widersprachen, konntest du schon geteert und gefedert werden.

Diese Witterung, wie Sie sagen, ist verdorben?

Tja, das mit den Instinkten, mit der guten Witterung, diese Erdung, das hat sich in den letzten, ja, etwa zehn Jahren geändert. Das ist bei vielen futsch. Aber es ist noch da. Wird aber weiter zäh und direkt bekämpft.

Wie kann das gelingen?

Zeitung, Fernsehen und Politik bilden ein großes Blasorchester, und diese andauernde und nie lockerlassende Berieselung mit enormer Wortfindigkeit, mit jeweils verkaufsgünstigster Sprachreglung, das verfängt durch dauernde Wiederholung und Gewöhnung. So hört man in Kneipen oft Sätze, die aus dem Fernsehen nachgesprochen sind, und zwar so, als ob's eigene, originelle Gedanken sind. Das funktioniert wie Werbung: irgendein Beraterfitti kommt auf die Idee, die schon lästige dritte Corona-Impfung Booster zu nennen. Krankes Englisch scheint in Deutschland sowieso zu verfangen.

Das treibt schon Blüten. Auf dem Lieferwagen eines Hausmeisterdienstes habe ich gestern gelesen: »Facility sucht Personality.«

Stark. Die führen dann ein Bewerbungsgespräch face to face. Englischsprecher lachen sich tot.

Warum haben am Anfang der Corona-Krankheit die Leute wie von Sinnen Toilettenpapier gehortet?

Weil sie Schiß hatten, ganz einfach. In den Kneipen haben sie vom Weißen Gold gesprochen. Und Geld und Gold bedeutet Kacke, das ist psychoanalytische Grundweisheit.

Bei Beginn des Ukraine-Kriegs war kurz das Speiseöl knapp, und alle haben wie von Sinnen Rapsöl gekauft.

Ölkrise. Da stehen jetzt allerorten zehn, zwanzig Liter Sonnenblumenölreserven in der Speisekammer rum und ranzen vor sich hin.

Was liegt noch so im Argen?

Interessante Kleinigkeiten. Gestern abend habe ich im Fernsehen zufällig hintereinander zwei Ichsucher vernommen. Auf DMAX, das ist so ein Auto- und Männerkanal, sie zeigen aber auch Frauen, die riesige LKWs kutschieren oder Gold schürfen, da sagte eine, die es mal im hohen Norden versuchen wollte: »Vielleicht finde ich in Alaska heraus, wer ich wirklich sein will.« Da habe ich umgeschaltet und bin bei ALEX gelandet, das ist so ein Studenten- und Stuhlkreissender, wo die Jugend schon mal in Medien macht und wo ein junger Bursche gerade sagte: »Meine Suche hat angefangen, als ich gemerkt habe, daß mir etwas fehlt.« Beachtlich, oder? Solche merkwürdigen Zufälle gibt es oft beim Umschalten. So kann man sich das Programm noch retten und selbst gestalten. Wenn ein Blabla-Onkel kommt, schalte ich um auf Tierreich oder Kochsendung, wo ein Fisch gerade vom anderen gefressen oder von Menschen gebraten wird.

Werden die zwei sich finden? Was meinen Sie?

Ach, mögen sie nur suchen, aber sie werden vermutlich wieder nichts finden. Wo soll sich denn im Menschen die gesuchte Identität noch verstecken, bis sie merken, daß es sie gar nicht gibt? Sollte die Dame tatsächlich in Alaska siedeln, dann wäre das schon mal was, und sie findet dort vielleicht einen Trapper mit Blockhaus, aber wohl kaum sich selbst.

Sie erwähnten was mit Baudrillard und Peepshow. Wollen Sie das nicht mal ausführlicher erzählen?

Der war zu Besuch bei Merves in Berlin, und da gab es etwas Ungewöhnliches noch, bevor es von den Tugendwächtern verboten wurde, es gab in Westberlin diese Peepshows. Die gab es in Frankreich nicht. Die Peepshows waren in so Pornoläden reingebaute Gucklochtheater. Da war ein Rondell, draußenrum waren lauter von innen abschließbare Kabinen. Da klemmte man sich rein, drinnen an der Wand hing eine Klorolle, so ein Wisch-wix-und-weg-Dings. Und zum Zentrum hin gab es eine außen verspiegelte Scheibe, durch die man von innen unsichtbar ins Zentrum gucken konnte, wenn man vorher zwei Mark oder was in einen Schlitz geworfen hatte, dann öffnete sich eine Klappe, und die Sicht aufs Zentrum war frei für einige Minuten, und da konnte man zusehen, wie sich auf einer Drehscheibe eine Frau auszog und sich nackt auf Plüschfellen räkelte und allen reihum ihre Muschi zeigte. Dazu wixte man dann. Das Ganze war so mit Geldschlitz und Wix-und-weg-Dingens natürlich sehr psychosymbolisch, und dann war das auch so eine Art gestülpter Panoptismus, wie er von Foucault in Überwachen und Strafen beschrieben war als machtoptisches Überwachungsarrangement. Das hat den Philosophen natürlich stark interessiert.

Und Sie haben ihn da eingeführt?

Heidi und Peter meinten, das soll ich mal machen. Frauen durften nicht rein in die Kabinen, und Gente war das zu doof, was weiß ich. Virilio wollte das dann auch sehen. Und da hatten die französischen Philosophen also ihren Feldversuch mit dem Guckkasten.

Meinen Sie, die haben sich da selbstbefriedigt?

Ja, warum denn nicht? Die waren doch nicht prüde, standen noch im Saft, und der Soziologe interagiert ja beruflich. Er beobachtet sich beim Beobachten.

Waren die damals schon an der heute so zentralen Umweltproblematik interessiert?

Nee, nicht so. Virilio war ohnehin Apokalyptiker, aber bei ihm bezog sich das auf die Beschleunigung. Ich war ja Experte für Umweltdreck, ich habe sie drauf angesprochen, aber es hat sie nicht so bewegt wie heute viele.

Wofür waren Sie Experte?

Mein Thema in der physischen Geographie waren Fließbewegungen. Dazu gehörte die Flußkunde, auch Meer und Seen, und damals wurden die Beimengungen stark beobachtet, die Schlämme, Erden, aber auch Abwässer, Düngemittel, Müll, der ins Wasser gelangt. Da sind wir Oberseminaristen gut vorbereitet zum Bodensee runter, da gab es quasi an jedem Flüßchen, an Schussen und Argen, Forschungsstationen, man sprach von drohender Eutrophisierung, also Überdüngung und Überernährung des Bodensees. Dann wachsen Algen wie verrückt, Sauerstoff fehlt im Wasser, Fische sterben, die Suppe kippt um. Ist aber nicht passiert, das ist verhindert worden, weil kurz gesagt die Klärwerke besser wurden und die Bauern ihre Düngeeinträge gedrosselt haben. Dann waren wir bei der Friedrichshafener Zahnradfabrik zu Gast, da wollten wir die kapitalistische Profitmacherei auf Kosten der Umwelt anprangern. Es war immer lustig: Der Prof sah aus wie ein typischer Feldgeologe: Rauschebart, Wurzelstock, Geländeschuhwerk, Rucksack mit Steinhämmerchen und Anorak. Und einer von uns Studenten lief immer im Anzug rum. Da sind die bei der Begrüßung immer auf den los, und der Professor Wurzelsepp stand daneben und hat sich einen gefeixt. Das war denen dann immer peinlich, und wir kamen dann mit unseren kapitalismuskritischen Fragen.

Haben Sie dem Kapital ernsthafte Schläge versetzt?

Ja, Pustekuchen. Die hatten einen Chemiker da, einen Biochemiker, der besser Bescheid wußte als wir und der nachweisen konnte, daß ihre Einträge oder Abwässer in den Bodensee sauberer waren als die der Klärwerke. Der hat auch gesagt: »Wir können hier nicht den See ruinieren, unsere Leute leben hier, wir haben die Pflicht, die Schöpfung zu schützen, wir finanzieren die Forschungsstationen.« Da haben wir schnell unsere Schnittchen weggefressen, die sie uns aufgetafelt hatten, und sind davongeschlichen. Und abends haben wir auf der Österreicher Seite den Stroh-Rum gekauft und das Gift gesoffen, also tagsüber Naturschützer und nachts, hopp, hopp, dieses Gift in Kopp! Als wir dann echte Schweinereien hätten anprangern können, waren wir kleinlaut.

Wo denn?

In Kalkutta.

Sie waren in Indien?

Grauenhafte Reise. Das Seminar war fünf oder sechs Tage nach Indien geladen, da gab es indische Fluß- und Umweltforscher.

Da fährt man mal eben nach Indien?

Die Geographen machen Exkursionen, Feldforschung, das ist normal, das wird bezuschußt. Es war eine bezuschußte Schreckensreise. Die Kollegen dort sind auch nach Berlin gekommen. Da gibt es Austausch.

Was war los?

Also wir landen da und steigen das Treppchen runter. Eine abnorme Hitze, eine feuchte Hitze. Weit über dreißig Grad, viel Regen, nichts trocknet. Dann rein in so einen Kleinbus zum Hotel. Schon ein Schock, du fährst da ins Zentrum, unfaßbar viele Menschen auf der Straße, die Kühe stehen überall dazwischen rum, Schrittempo. Ich nehme an, sie haben inzwischen Schnellstraßen gebaut. Ständig greift jemand durch die Scheibe ins Auto und bettelt oder versucht was zu schnappen, also sollst du, bei der Hitze, das Fenster nicht weit öffnen. Links und rechts der Straße nur Flachbauten, die sehen aus wie nach vorn offene Garagen, da wird was gehämmert oder feilgeboten oder gewohnt und geschlafen. Dazwischen siehst du dann mal einen hocken, der seelenruhig auf die Straße scheißt. Oben hängt ein unglaubliches Gewirr an Stromkabeln. Ein Chaos, aber alles läuft, alle hupen und du siehst keinen Ort, wo ein Mensch mal allein sein könnte. Dann endlich Hotel. Ganz nette Leute von der Forschungsstation, Essen, Trinken, und vor Verzweiflung über die feuchte Hitze hast du schon mal einen Whisky genippt. Dann haben sie uns eine Stelle in der Stadt gezeigt, wo die Lastwagen der Müllabfuhr Schlange gestanden haben, um den ganzen Tag rückwärts auf eine Mole zu fahren, die weit in den Fluß ragte, um dort ihre Müllfracht in den Hugli zu kippen. Der Hugli ist ein breiter Nebenfluß vom Ganges.

Sowas lief da? Das glaubt doch keiner!

Wir waren auch ganz entsetzt! Wir fummeln da jedes Kaugummipapierchen aus dem Bodensee und hier dann sowas. »Das ist ja schrecklich!« sagten wir. »Ja, ist es!« sagten die indischen Forscher freundlich, aber schon höflich-spitz: »Natürlich, aber Indien hat kein Geld. Wir könnten das teilweise auf Schiffe verladen und nach Europa bringen, wenn Europa das möchte und bezahlt.« »Gibt es keine Müllkippen?« »Wenige. Indien hat viele Einwohner und braucht Felder, keine Kippen.« »Kann man keine Heizkraftwerke betreiben, die Müll verbrennen und Strom gewinnen?« »Wenn die Europäer oder Amerikaner das finanzieren, gern.« So ging das hin und her. Aber sie waren stolze Inder. Sie haben da nicht das in Deutschland übliche Mea-culpa-Gezeter veranstaltet, sondern klargestellt: Hier ist dritte Welt, hier läuft das anders!

Ob das immer noch so ist?

Das glaube ich nicht. Auch dort wird viel getan. Aber es wird immer noch viel Dreck in die asiatischen Flüsse gekippt. Das wälzt sich dann in die Ozeane, wo europäische Umweltretter auf ihren komfortablen Yachten rumschippern und in Netzen Lenor-Flaschen fangen, und dann beschuldigen sie den Westen des Umweltfrevels, dabei kommt das aus den indischen Großstädten, wo es höhere Kreise gibt, die gut verdienen und auch so einen Lenor-Quatsch benutzen möchten. Die Leute dort wußten sehr gut, was im Westen läuft. Aber wir waren völlig ahnungslos, was da so läuft. Abends im Hotel haben wir uns vor Verzweiflung besoffen.

Das machen Europäer da. Es war irgendwie alles noch schlimmer als im Tschad, wo ich ja auch war.

Da steht was von Kamelen in Aqua botulus. Ich dachte immer, das ist Dichtung.

Das war Wahrheit. Und sie steht ja da.

Wie sind Sie dort hingekommen?

Im Bardai-Gebirge gab es damals eine Forschungsstation der FU Berlin. Da haben wir einen Unimog und einen Geländewagen hingebracht. »Kommst du mit?« hat einer gefragt, und ich kam mit.

Wie war die Reise?

Bis Italien alles normal, dann Überfahrt nach Libyen. Da schon Zollschikane. Dahinter steckt immer, daß sie bestochen werden wollen, wir hatten extra eine Kasse für Bestechungsgelder. Unser Reiseleiter wußte das, er war öfter hingefahren. So und dann wackelst du da über Pisten tausendvierhundert Kilometer nach Süden in den Nord-Tschad nach Tibesti. Überfallen wurden wir nicht, kann aber passieren, da kaufte man sich dann frei. Heute knallen sie einen gleich ab, habe ich gehört. Ich will es nicht weiter ausführen, es war auch alles im Grunde grauenhaft. Da verschulden sich Bauern und können nicht zahlen und dann geben die eins ihrer Kinder in Zahlung, das ist dann praktisch ein Sklave des Gläubigers, lebenslang. Das lief damals im Tschad so und in Niger. Was heute ist, weiß ich nicht. Die linken Vögel unter uns haben es wieder ignoriert: »Ach was, hier ist dritte Welt. Sklaverei haben die Europäer und Amerikaner betrieben, aber die Afrikaner doch nicht!« Dabei haben vornehmlich Nordafrikaner die Schwarzafrikaner im Süden wie Tiere gefangen und in die Häfen geschleppt. Wer denn sonst? Und wie sie da die Frauen behandeln. Es war alles furchtbar, ich wollte weg da. Habe Druck gemacht.

Wie sind Sie zurückgekommen?

Es gab so ein kleines Post- und Versorgungsflugzeug mit einem Propeller, da bin ich von Flugplatz zu Flugplatz nach Tripolis, dann Linienflug Air France nach Paris und von da mit dem Zug nach Berlin. Da bin ich dann in Minden einfach mal aus dem Zug gestiegen und in eine Jugendherberge zum Ausschlafen und dachte so auf dem Fußweg: Ach, ist das schön sauber und ordentlich hier und alles so wohlgefügt! Deutschland ist schön! Und dann saß ich da wieder in meiner Sauberwelt und dachte, wenn einer vorbeilief: Habt ihr ’ne Ahnung alle! Habt ihr eine Ahnung!

Haben Sie noch mehr so traumatische Fernreisen gemacht?

Nee, ich bin höchstens noch Steinekloppen gewesen in Eschwege, wo die Geologen hinpilgern und Steine begutachten, weil da in einer überschaubaren Gegend viele Gesteinsschichten und Erdzeitalter an der Oberfläche liegen. Und nach Mallorca oder Venedig wollte ich sowieso nie. New York hat mir dann auch schon gereicht. Da stehen auch wieder nur grimmige Zolleute und wollen wissen, was man da will. Und dann kannst du nicht sagen: »Ich male hier ein paar Bilder im Goethe-Institut, und Frau und Kind gehen derweil iPads kaufen«, sondern da lügst du schon wieder, daß du dir das schöne Amerika ansehen möchtest. Und der Sheriff grinst und denkt, da stimmt was nicht, aber lassen wir das harmlose Arschloch mal rein. Kassieren können wir ihn immer noch.

# 4. Ahnungslos, Grau, Polen

# 1.

Sie sind, ist ja selten genug, tatsächlich in Berlin geboren?

1951, kurz vor Herbstanfang. Einfach so, ja.

Einfach so?

Na ja, das sucht man sich nicht aus. Sowas passiert einfach. Die Eltern wußten natürlich, was sie tun, wußten aber nicht, was für ein Mensch kommt. Und ich wußte darüber hinaus nicht, daß ich ein Menschenleben anfangen und werde beenden müssen, auch nicht, wo und bei wem ich erscheinen werde. Du fällst aus dem Nichts irgendwann in die Seelingstraße 45, dann irrst du umher, schläfst, stehst morgens auf, alles lebenslänglich, bis Schluß ist. Aus, tot! Wer kann sich sowas ausdenken? Wie soll man damit leben?

Das ist das Schicksal. Die Menschen denken gar nicht viel drüber nach.

Ja, man lebt einfach und nimmt es hin, obwohl es doch ungeheuerlich ist. Was soll man auch sonst tun? Damals war das mit dem Kinderkriegen noch schnöde, blindwüchsige Generationenabfolge. Also wurde man einfach mal von den Eltern in Weihnachtsstimmung gezeugt und war dann im September da, und nun haste die Bescherung!

Heute wird mehr geplant und geregelt. Viele wollen gar keine Kinder. Es gibt, Verhütung, legale Abtreibung, künstliche Befruchtung, Samenkataloge, es läßt sich feststellen, ob Junge oder Mädchen, ob genetische Defekte da sind. Da wird dann interveniert und auch optimiert. Wären Sie unter diesen Umständen auch da?

Wahrscheinlich. Man hätte mich verhüten und abtreiben können, aber ich war erwünscht. Das Weitere lief naturwüchsig, und viel mehr Möglichkeiten gab es noch nicht. Heute ist vieles möglich geworden, und was geht, wird gemacht. Des Menschen Dünkel. Man könnte das als Emanzipation vom biologischen Menschsein deuten oder eben als grause Menschbewirtschaftung, als Hybris. Überdies ist vieles davon längst Programm, Geschäft oder politisches Kalkül. Ob Ein-Kind-Politik in China, Samenkatalog, Leihmutter oder Kindergeld, der Staat mischt sich in Dinge, die ihn einst wenig oder gar nicht kümmerten. Die Medizin, Pharmazeutik, die Genetik und Mikrobiologie stehen parat und ebnen gangbare Wege.

Es gibt diesen schönen Satz von Cioran: »Es wäre besser, nicht geboren zu sein. Aber wem passiert das schon?«

Uns jedenfalls nicht. Und alle, die man rumlaufen und leben sieht, haben sich entschlossen dabeizubleiben. Die meisten halten durch. Kinderwägen sehe ich auch viel. Neulich habe ich gehört, daß Eltern, die ein Kind mit irgendeinem Defekt, ich glaube es hatte dieses eine Gen zuviel, daß sie das Kind nicht abtreiben lassen wollten und darum schwer unter Druck gesetzt wurden. Nicht nur im Freundeskreis, auch die Ärzte sollen deutlich geworden sein und eine Abtreibung angeraten haben.

Wahrscheinlich hatte es das Down-Syndrom?

Was man früher mongoloid nannte und was man nun auch nicht mehr sagen soll. Fühlen sich da irgendwelche Mongolen diskriminiert? Wissen Sie's?

Es soll eine Verunglimpfung sein und eine Kennzeichnung als minderwertiger Mensch.

Und wenn man nun Down sagt, hänselt die Mongoloiden keiner mehr? Und alles ist gut?

Tja. Teilweise?

Schwachsinn! Ich mochte diese Menschen immer. Ein Jugendfreund hatte eine solche Schwester, die war rührend. Sie war immer noch mit anderen beisammen, die hatte ihren Spaß. Und wenn ich hier Richtung Tankstelle laufe, dann kommt mir immer eine junge mongoloide Dame vom Bus entgegen, sehr heiter vor sich hin brummelnd, und wenn sie meinen Blick sucht, lächeln wir uns immer an. Die sind den Engeln und Gott näher als wir. Ich schätze, sie haben Sensorien, die uns völlig abgehen. Die haben einen Draht direkt ins Metaphysische. Das sind Engel, die sich hier umsehen.

Meinen Sie?

Ich bin sicher. Eine gesunde Gesellschaft würde mittendrin komfortable Häuser für Mongoloide und Geisteskranke bauen, wo sie zeitlebens sein dürfen und verwöhnt werden, wie in Indien die Tempelaffen, die da machen können, was sie wollen. Geld darf keine Rolle spielen, Heiligtümer sollen das sein. Dann hätten auch die Eltern dieser Kinder nicht so eine Furcht, zu sterben und ihr Kind allein lassen zu müssen. Sie sind ja sehr abhängig. Aber diese Gesellschaft ist krank. Darum treibt sie diese Engelswesen ab und beraubt sich einer weiteren metaphysischen Verbindung. Es ist wie mit den Toten und den Friedhöfen. Das muß alles verschwinden.

Immerhin heißt es jetzt Down-Syndrom.

Die billigste Lösung. Und die Moralzeigefinger haben sich durchgesetzt, und das war wohl die Hauptsache. Geärgert werden Behinderte trotzdem.

Wer macht denn sowas noch?

Gleichaltrige. Charakterschweine. Die Menschen sind Bestien. Ich hatte früher für die Schulpsychologen vom Bezirk Berlin-Wilmersdorf ein Mädchen betreut, Natalja hieß sie, verunglückte Geburt, die war taub geboren, stark geistig behindert, auf einem Auge war sie blind, das andere brauchte so ein Lupenglas. Das war auch so ein Engel. Sie mochte Kirchenräume, davon haben wir in Berlin wenig schöne. Ich hatte damals vor, Kirchen in Franken mit ihr zu besuchen, Barock, Rokoko, Vierzehnheiligen, Bamberg.

So hätten Sie wieder mal nach Bamberg gekonnt.

Na ja, zugegeben, mein Hintergedanke war schon: Du Kirche, wir Kirche, aber ich Bier.

Haben Sie's gemacht?

Hätte ich. Der Fall war vorher beendet, weil die Mutter nicht mehr wollte. Die hatte ein schlechtes Gewissen, weil sie sich keine Mühe gab, keine Gebärdensprache lernte, da hat sie die Hilfen, die das kritisiert haben, beendet.

Und diese Natalja wurde geärgert?

Einmal von einer Horde Türkenbengels in ihrem Alter, sie war vierzehn, fünfzehn. Wir hatten vor Silvester etwas in Neukölln zu erledigen, da haben die sie richtig unter Beschuß mit Böllern genommen, und vor mir Betreueronkel hatten sie keinen Respekt. Nun hörte sie aber nichts. Also ist sie grinsend wie Frankenstein durchs Minenfeld auf die zugemonstert, ganz gutmütig und arglos, und da haben die es tatsächlich mit der Angst bekommen, denn ich stand hinten und habe gebrüllt und rumgefuchtelt wie wild, um sie zurückzuhalten. Aber sie hörte ja nichts. Sonst hatten wir viel Spaß. In der Günzel bei Merves hatte ich ein Klavier, da hat sie gern daran gespielt.

Sie hörte doch nichts.

Sie hat die Vibrationen gefühlt, und gespielt hat sie Muster, also links, rechts, schwarze Tasten, weiße, Symmetrien. Ich habe tolle Aufnahmen gemacht, das war wie Satie.

Die Angehörigen von Down-Kindern wollen es wohl auch nicht gern hören, wenn man Mongolismus sagt.

Weil diese Halb- und Vollzeitdemagogen denen so lange einflüstern, daß ihre Kinder auf diese Weise diskriminiert werden und alles endlich gut wäre, wenn man nur erst Down sagt und das andere Wort verbietet. Immer das gleiche Muster. Begriff kontaminieren, rumschreien, neuen Begriff erzwingen. Und Abgang.

Es gibt sehr ehrwürdige Leute bei den Behindertenverbänden.

Die meine ich doch gar nicht. Die Bentele vom VdK zum Beispiel, meine Frau ist ja Mitglied und ich lese die Zeitung immer, das ist eine engagierte Frau, die macht gute, dauerhafte Arbeit, die ist gewählt, und sie ist selbst behindert und weiß, worum es geht. Schon diese Verbandsarbeit, diese täglichen Mühen um kleine Erfolge, diese geduldige Beharrlichkeit, das wäre den Demagogen doch schon zuviel.

Wir sind vom Thema abgekommen, wir wollten über Ihre Kindheit reden.

Und sind bei den Geburtswehen hängengeblieben. Jedenfalls die Generation meiner Eltern hat das alles noch gelassen gesehen. Der Nachwuchs wurde dem Zufall überlassen. Es kam, wie es kam!

Es wurde aber schon immer abgetrieben.

Klar. In der bitteren Not hat man das, so gut oder schlecht es eben ging, immer schon getan. Sonst hätte ich vermutlich einen älteren Bruder. Meine Mutter hat es mir unter Tränen erzählt, als ich längst erwachsen war. Es muß schrecklich gewesen sein für sie, die als Krankenschwester einiges gewohnt war. Die Zwänge und Nöte des Lebens sind immerfort kalt und grausam, es war nach dem Krieg, es gab keine Wohnung, und sie hatte eben keine Wahl und hat das selbst erledigt, sie wußte als gelernte Säuglingsschwester, wie das geht. Sie hat es nie von ihrem Gewissen wälzen können.

Also sind Sie gegen Abtreibung?

Da ist keine Endweser-Oderbruch-Grenze, wo man sich klar für eine Seite entscheidet …

Entweder-was-Grenze?

Endweser-Oderbruch. Um das distinkte Entweder-Oder zu entschärfen, sage ich manchmal Endweser-Oderbruch, da haben wir im Westen den Endlauf der Weser und im Osten den Oderbruch, und da liegt viel zwischen. Denn es gibt die Nöte und Zwänge des Lebens, Frau wurde vergewaltigt oder hat schweren Krebs und dann ein Kind, das sind schwierige Entscheidungen. Und darum bin ich nicht grundsätzlich gegen Abtreibungen. Aber auch nicht dafür. Es kommt darauf an. Bei der Sterbehilfe ebenso. Ein guter Hausarzt oder ein guter, erfahrener Mensch vom Fach, wie meine Mutter einer war, haben gewußt, was ohne viel Aufhebens anzuraten und zu tun ist, weil sie die Leute und ihre Umstände und das Leben gut kannten. Jetzt ist das alles vermint und eine Kampfzone zwischen Verbohrten.

Gesetzt, der Staat und die Politik hielten sich da wieder überall raus?

Gerieten wir auch ins Grauen. Was gibt es denn noch für Instanzen? Gott ist matt und entkräftet, tot kann man wohl nicht sagen, er hält sich raus. Und die Ethik ist verwirrt und verzwickt wie alles Menschwerk.

»Sowas gehört sich nicht!« Diesen fassungslosen Imperativ hörte ich neulich im Vorübergehen. Er kam wie aus einer vergangenen Welt.

Er hat was gewissenhaft Naives und Aufrichtiges, aber auch was Hoffnungsloses, denn es ist kompliziert geworden. Solche Angelegenheiten wie Abtreibung, Sterbehilfe, Geschlechtsumwandlung oder Impfen werden moralisch besetzt und teils aggressiv und unnachgiebig entschieden. Bald jedes Thema wird von einem Riß durchzogen, der zur Kampflinie zwischen Verfechtern und Gegnern wird. Und es sind bald keine Gegner mehr, sondern Feinde. Man kann vieles gar nicht mehr entspannt besprechen oder verhandeln.

Aber hier zwischen uns doch?

Aber ja. Ich bin wieder abgeirrt, und was ich vorhin noch sagen wollte, ist, daß man, wenn man nun mal da ist, sich an sich selbst gewöhnt und sich als Ich auch für mehr oder weniger gleichbleibend hält. Der Personalausweis legt das nahe. Freilich ist das Ich aber eine sich ständig wandelnde … tja? … vielleicht ist dieses jeweilige Ich sowas wie eine Gattung? Konrad Bayer soll sich so geäußert haben.

Daß das Ich eine Gattung ist?

Ja, eine etwas rätselhafte, aber darum tragfähige Annahme. Das Ich, eine Gattung mit vielen Unterarten, bestehend aus mutierenden Subspezies. Jedenfalls eine sich ständig wandelnde Verschiedenheit mit dem Gefühl der Einheit. So verstehe ich das. Und innerhalb von sieben Jahren soll ja jede Zelle des Körpers schon wieder eine neue, eine ausgetauschte sein. Da sind wir also alle paar Jahre in der Substanz schon wieder ein anderer. Und dann allein die vielen Frisuren, Stile und Moden noch, die man sich zeitlebens so antut, und dazu kommen noch wechselnde Gesinnungen, die einem später befremdlich vorkommen können. Das Ich regeneriert, mutiert und … äh … metamorphosiert? – Komisches Verb, oder? Sagt man metamorphosieren?

Ich meine ja.

Eine Fremdverbmetamorphose.

Gewissermaßen.

Und wieder eine Erb- und Verbmutante, von der keiner wußte!

Es gibt verblüffend unveränderliche Typen. Bei einem Klassentreffen vor kurzem gab es einen, der sah noch aus wie früher, kaum älter, Frisur gleich, Kleidungsstil gleich, Ansichten im Grunde auch. Wie konserviert.

Oder mumifiziert. Unheimlich. Aber auch wenn einer so kochfest gleichbleibt, dann verändern sich doch die Zeiten und Umstände. Einer, der vor vierzig Jahren schick und hip aussah, wirkt heute vermutlich bemoost und schief, selbst wenn sein Stil wieder in Mode gekommen sein sollte. Denn die Retros heute sehen echter und besser aus als die Originale, sogar in Filmen über die Steinzeit. Was die bemoosten Originale betrifft, so sehe man sich nur alte Fotos an, solche aus der wilden Jugendzeit: die halbherzigen Frisuren, die selbstgenähten Schlaghosen, dann die vielen Kompromisse, weil es nichts Besseres gab. Heute ist die Kleidungsindustrie flexibel, die liefern dir alles, sogar schicke Verweigerungsmoden in allen Größen, allen Farben. Ich verstehe Herrn Keuner, der erschrickt, als man ihm sagt, daß er sich gar nicht verändert habe. Ich jedenfalls hatte verschiedene Leben nacheinander und einige zugleich.

Immer aber als eine Person ...

Unzweifelhaft. 1951, ein schöner Herbst, dann bitterer Winter; da gibt es Aufzeichnungen, aber wie bei Säuglingen üblich keinerlei Erinnerungen. Irgendwie prägt das trotzdem alles. Bis heute ist mir der Herbst die liebste Jahreszeit. Aber dann wird es Winter und kalt. Es gab bittere Winter während der Notjahre nach dem Zweiten Krieg. Knappes Heizmaterial. Dann das graue, zerbombte Berlin, alles nicht schön.

Haben Sie noch Spuren vom Krieg bewußt erlebt?

Wie denn bewußt erlebt? 45 war ja Schluß; ich kam sechs Jahre später. Dennoch gab es Spuren. Aber wann setzt die bewußte Wahrnehmung, die Erinnerungsmöglichkeit ein? So ein Kleinkind wird wohl eher gestimmt oder verstimmt von akuten Weltgeräuschen und Stimmungen. Und es fragt sich, ob man mit dem Säugling, der man vormals war, überhaupt noch was zu tun hat? Vermutlich ja, aber auf hochkomplizierte Weise. Erwachsensein bedeutet ja erwacht sein aus dem seligen oder unseligen Dämmer des Embryos und Säuglings, und das Kleinkind blickt sich schon aufmerksamer um. Jedenfalls fragt sich, ob es von diesen frühen Jahren her einen dauerhaften Nachklang gibt, ein bleibendes Hintergrundrauschen sozusagen.

Die Tiefenpsychologie meint: ja. Also gehen wir doch mal davon aus.

Ich tue das ohnehin. Also was rauscht da im Hintergrund? Noch heute fühle ich mich innen grau getüncht und bisweilen in eine etwas kalte, graue Welt gestellt, und zwar dauerhaft. Gemütsstimmung in Moll. Das könnten älteste Sedimente meines frühen Welterlebens sein. Es bleibt unklar. Fest steht, daß es einem eingangs an Relationen mangelt; alles ist, wie es eben ist. Für die Feststellung »Also, hier stimmt was nicht! Hier ist es ungemütlich!«, da brauchst du Vergleiche, merkliche Unterschiede. Heute weiß ich, die Trümmer rauchten 1951 nicht mehr, aber sie bröckelten noch und stanken rußig; die Menschen hatten überlebt und waren erschöpft. Mein Vater war verfolgt und in Haft gewesen, meine Mutter war überarbeitet, hatte während der dauernden Luftangriffe auf Berlin in der Kinderklink gearbeitet, und da mußten die Kinderchen bei Alarm in den Luftschutzkeller geschleppt werden und dann wieder hoch, paarmal am Tag. Meine Eltern waren liebe Leute, aber die waren fertig. Alle und alles war fertig, erschöpft und grau. Jeder, der in den sechziger, siebziger Jahren und noch bis weit in die Achtziger erst mals nach Berlin kam, war erschlagen vom Grau. Die kalte, graue Stadt. Ich war's gewohnt, mein blinder Fleck übersah das, aber es muß trotzdem gefärbt haben. Die frostige, graue Rauhputzstimmung.

Gab es in den fünfziger Jahren, also während Ihrer Kindheit, noch Bombenschäden?

Wir hatten noch eine unbewohnbare Ruine in der Seelingstraße, so ein zusammengebombtes Haus, ein

Trümmerhaufen mit Mauer- und Fensterresten. Da durften wir auf keinen Fall drauf spielen, was wir aber doch gemacht haben. Man fand da noch Bombensplitter. Oder es gab diese Brachen, die entweder unbebaute Flächen waren, das gab es noch oft in der Stadt, oder es waren geräumte Trümmergrundstücke. An einer Ecke zur Dankelmannstraße war bald schon ein erster häßlicher Neubau draufgestellt, so eine Fünfziger-Jahre-Katastrophe in beigefarbenem Rauhputz mit runder Ecke und Fahrstuhl. Auf diese Brachen zwischendrin setzten sich damals gern die Kohlen- und Schrotthändler, die Kartoffelgroßhändler. Man fraß doch anfangs im Grunde nur Kartoffeln, heizte mit Kohle. Das Schloß Charlottenburg war von Bomben getroffen, Löcher klafften in der Kuppel, ein Flügel war stark beschädigt, in Teilen war es ausgebrannt. Zum Heulen, was da so zerbombt worden ist!

Das Schloß Charlottenburg liegt nicht weit entfernt von der Seelingstraße?

Ja, da ging die Familie sonntags spazieren. Und am Schloß und im Park dahinter haben wir Kinder gern gespielt. Da gab es einen wunderbaren Spielplatz. Heute sitzt da ein Bezahlparkplatz für Schloßbesucher drauf. Da stehen wir manchmal, wie man so schepp sagt, wenn man meint, da parkt unser Auto. Nämlich da, wo ich mal mit Spielautos im Buddelkasten rumgebrummt bin.

Erkennt man da eine Tendenz?

Wenn ich bedenke, daß in der Säuglingsklinik, wo meine Mutter als Kinder- und Säuglingskrankenschwester gelernt und gearbeitet hatte und wo ich dann auch zur Welt gekommen bin, wenn man bedenkt, daß dort heute im selben Gebäude ein luxuriöses Altersheim untergekommen ist, das ich mir niemals werde leisten können, also dann meint man schon sowas wie eine Tendenz zu erkennen, auf dem Hintergrund der Altersstruktur, der unterschiedlichen Einkommen und einer gewissen Gebärunwilligkeit.

Waren Sie da mal drin, in diesem Altenheim, das jetzt vermutlich Seniorenheim heißt?

Pflegeresidenz heißt es. Senioren, das mögen die Nichtsterben-Wollenden vermutlich auch nicht mehr hören, und mit Pflege klingt's gepflegter. Zu einer Wahl hatten sie mal das Wahlbüro für meinen Wahlkreis dort eingerichtet. Es gab weibliches Pflegepersonal, die sahen aus wie Hostessen oder Stewardessen. Es gab eine noble Rezeption, wie im Hotel. Da latschte man dran vorbei in die schnöde Wahlkabine aus Senatssperrholz mit Kugelschreiber.

Auch eine Tendenz?

Ja, reiche Senioren und armes Volk. Dort überwachte Appartements und Airport-Ambiente und hier stinkige Zwei- oder Vierbettenzimmer. Eine wachsende Kluft dazwischen. Das Altenpflegeheim meiner Mutter sah wesentlich schlichter aus; das war so untere Mittelklasse, trotzdem sündhaft teuer. Die Lebensverlängerung um jeden Preis hat ihren Preis.

Da kommt was auf uns zu!

Ich werde versuchen, mich beizeiten um mein vorgesehenes Zehnbettzimmer zu drücken. Gegenüber vom Schloß, auf dem Klausenerplatz, gab es einen Luftschutzbunker, der so einige Meter aus der Erde ragte; da wurde Erde aufgeschüttet, oben Spielplatz drauf mit Jägerzaun drum, an den Seiten Böschung mit Hagebutten bepflanzt. Mir ist es bisher nicht gelungen herauszufinden, ob der Bunker von Anfang an mit dem Spielplatz obendrauf getarnt wurde, was schon perfide wäre, oder ob man den häßlichen Block nach dem Krieg mit einem Spielplatz entmilitarisiert hat, was wiederum liebenswürdig wäre. Zwei mögliche Tendenzen. Wie auch immer, soll ich Ihnen sagen, was wir da gespielt haben?

Nun?

Krieg!

Ging es also gleich munter weiter?

Man kommt ins Grübeln. – Doch anthropologische Konstante? Oder Wiederholungszwang, Wiederkehr des Verdrängten? Krieg als Ur- oder Erzzustand der Natur, verkörpert im Kind? Oder Kompensation, also eine Art Seelenkatharsis nach Kriegen im Kriegsspiel? Ich weiß es nicht. Während des Ukraine-Kriegs wurden aus Oberpazifisten über Nacht kriegsbegeisterte Haubitzen-Experten. Es muß eine Anlage da sein, eine Tendenz, daß es so schnell umkippt. Oben, der Bunkerspielplatz mit dem Zaun, das war natürlich eine großartige Burg, die verteidigt werden mußte. Von unten hat man sich als Indianer oder Ritter durch die Hagebuttensträucher angepirscht, und die Prinzessinnen haben oben im Sandkasten Sandkuchen in Sandförmchen gebacken. Das paßte alles! Wir haben den ganzen Tag da gespielt. Irgendwann haben sie diese Erhebung, diesen Bunker mühevoll eingeebnet. Vielleicht, weil es weniger Kinder gab.

Und haben einen Parkplatz draufgesetzt?

Nein, etwas historisiert Parkähnliches aus dem guten alten Berlin. Auch eine Tendenz. Die gute alte Zeit, die es so nie gab, Retro. Einen kleinen Spielplatz gibt es auch wieder, aber die Kinder hocken ja heute behütet zu Hause, und wenn da noch welche spielen, sitzen mehr überwachende Mütter, Väter und Omas rum als Kinder. Darum gibt es mehr Sitzbänke als Buddelkasten. So, und nun halten Sie sich fest: Polemos pantôn men patêr esti – Der Krieg ist der Vater aller Dinge. Diesen Satz Heraklits habe ich nie verstehen können. Aber polemos bedeutet auch Streit, Kampf, es weist auf den ewigen Widerstreit der Kräfte hin. Und nun dämmert es mir, daß es so ist. Leben ist Krieg.

Kann man das so bestimmt und entschieden sagen?

Bei der Geburt geht es los: Gefahr, Unfall, Krankheit, Hunger, vom Tod bedroht und umstellt. Und wenn man durchkommt, dann immer als ein Gewinner, um einiges stärker, besseres Immunsystem, mehr Vorsicht, mehr Klugheit. Dann die »primäre Feindseligkeit der Menschen füreinander«, die Freud feststellt. Also die Konstanz der Kriege. Der Zweite Krieg hat die agrarischen, die alten Reste, die den Ersten noch überdauerten, endgültig planiert, da ist kein Zugpferd mehr übriggeblieben, danach kam das hochindustrielle Zeitalter. Die neuen Kriege werden das digitale Zeitalter hinaufführen. Da bleibt kein Halm, kein Rest mehr stehen und auch keine Berliner Eckkneipe mehr. Vielleicht als Retrosimulation. Und die kleine Computerdrohne haut ein riesiges Schlachtschiff in den Grund. Aber dann kommt der Chinese, der Urvater, und räumt alles auf und um, mittels Kriegs!

Hm. Und Sie sind in den Umwälzungen und im Nachhall des Zweiten Weltkrieges groß geworden. Kann man eigentlich Mindestansprüche an das Leben stellen?

Als Kind gewöhnst du dich an die irrsten Verhältnisse. Mit so einer Art festem Apriori oder mit einem Grundanspruch auf Bestausstattung des Lebens von Anfang an gäbe es wohl nur Enttäuschungen für die Menschen, denn die Welt ist meist nicht so und auch nicht der Mensch selbst. Da läßt sich wenig schrauben. Ich fürchte, der Mensch würde bei garantiert bester Grundausstattung alsbald verblöden. Sowas gibt es aber nur als Ausnahme. Also muß der Mensch rege bleiben, arbeiten, sich anpassen und einrichten, sonst würde er eingehen wie ein wohlgemästeter Aquariumsguppy, den man ins Nordmeer setzt.

Sowas gab es im Fernsehen, als experimentellen Dokumentarfilm. Sie haben Menschen nackt im Urwald abgesetzt, da mußten die klarkommen.

Ich hab's mal gesehen. Da wurde bestimmt geschummelt, und die Geschlechtsteile wurden immer unkenntlich gemacht. Im Kamerateam gab's garantiert einen Arzt und paar Konserven für den Notfall und Decken. Die haben meist schnell aufgegeben; du kannst keinen Durchschnittsamerikaner nackt in den Urwald setzen. Andererseits können Menschen sich anpassen. Das hat was Tröstliches und was Schreckliches.

Inwiefern?

Die Anpassungsfähigkeit erleichtert das Leben, aber daß man sich dann in jedweden Irrsinn fügt, ist doch monströs.

Also Sie haben sich in diese graue Nachkriegsstimmung einpassen müssen oder sie erst gar nicht wahrgenommen aus Ermangelung an Kontrasten?

So etwa ist das, aber es gab eben doch fühlbare Bedrückungen. Man war in eine rußige und nun auch herbstlich ungemütlicher werdende Stadt und unheilvolle Welt hineingeboren, oder geworfen, wie das, drastisch verstanden, gar nicht schlecht ausgedrückt ist. Das tönt und färbt die Stimmung und das Gemüt, und dessen wird man sich dann auch irgendwann bewußt. Dann weiß man: Du bist Molltonart in fis-grau.

Sie erwähnen hierbei Ihr Elternhaus kaum. Die vermitteln doch anfangs alles?

Weil ich mir unsicher bin, ob nur sie einem die allgemeine Stimmung, die Weltstimmung übertragen. Sie sind selbst gestimmt durch die Weltverhältnisse, die Eltern übertragen dir einiges und deren Eltern ihnen, also hast du auch Reste an Stimmungen aus der Vorzeit in dir. Aber ob du in einer kalten Zweizimmerwohnung oder im zentralbeheizten Haus mit Garten aufwächst, ist zweierlei Mitgift. Ein einziger Draht zwischen Kind und Eltern und von da zur Welt, das ist mir zu simpel. Ich sehe ein Geflecht, in dem sogar ein Säugling direkt mit der Welt, der Weltlage, mit der Geschichte, den Vorfahren, den Zeitgenossen, mit den Stimmungen der Epoche, mit der Heimatstadt, der Zimmertemperatur und natürlich mit den Eltern verbunden und vernetzt ist. Also mit Sonne, Mond und Mutti. Ein Gespinst, alles verknotet und verworren.

Klingt beinahe astrologisch.

Na gut, aber dann meine ich mehr eine systemtheoretische Astrokunde. Inwieweit die Gestirne mich färben, weiß ich nicht. Ludwig Gosewitz hat mir mal ein Horoskop gestellt, aber nie ausgedeutet. Er kannte sich aus und hat das auf plausible Weise sehr ernst genommen. Ich weiß nur, wenn Vollmond ins Haus steht, neige ich stark zum Trunk. Da ist was mit der Springflut verknotet.

Astrologisch-systemtheoretisch betrachtet, greifen also familien- und einzeltherapeutische Behandlungen zu kurz?

Ich meine, ja. Meine Eltern, isoliert betrachtet, waren unauffällig. Da hätte mein Wesen eine gemütliche Färbung haben müssen. So graugemut wie ich waren meine Eltern nie.

Wie gewöhnt man sich nun an das Grau und das Grauen? Wie kompensiert man das?

Tja? Also wenn man ein rotgefärbtes Brillenglas trägt, habe ich gelernt, sieht man die Welt erst rötlich und mit der Zeit langsam wieder normal. Nimmt man die Brille dann ab, sieht man die Welt grüngefärbt. Das Hirn kompensiert, in diesem Falle mit Komplementärfarben.

Was ist denn die Komplementärfarbe zu Grau?

Ich fürchte, auch Grau. Zwei Komplementärfarben mischen sich zu Grau. Das ist quasi schon die Kompensation, so als laue Entropie, aber nicht lauwarme Entropie, sondern laukalte Entropie. Europa war in den Fünfzigern erschöpft und ersehnte Erholung, und da versucht der Mensch in so einem Entropiegrau aus Ruß, Staub und Trümmern zur Ruhe zu kommen, sich da erst mal hinzulegen, sich da erschöpft fallenzulassen in diesen Staub, und dann ist erst mal alles scheißegal.

Dann gibt es aber doch wieder Zwänge, neue Ordnungen, Notwendigkeiten. Es muß gegessen, gewohnt, gearbeitet und aufgebaut werden.

Das haben sie damals auch gemacht, gearbeitet wie entgeistert, Tag und Nacht haben die in den Trümmern gearbeitet, viele Frauen auch, die Männer waren ja tot oder gefangen oder Wracks, aber zunehmend ging es wohl unverzagter zu. Und man unterschätze die Kraft der Frohnaturen nicht. In den unzähligen Eckkneipen wurde schon mal ausgiebig gefeiert, eine frivole Geilheit und Lebensgier tobte sich aus. Da muß es wilder zugegangen sein als in den ach so befreiten Sechzigern und Siebzigern. Andererseits kamen etliche Leute seelisch nicht klar, die hatten den Krieg überlebt und krepierten danach an einer Mischung aus Befreiung und neuerlichen, völlig ungewohnten Strapazen. Darüber stülpte sich auch gleich wieder der Kalte Krieg, 53 war der Koreakrieg zu Ende, wo es auch schon wieder beängstigend nach Atombomben und Weltkrieg gerochen hatte.

Was wissen Sie davon noch?

Nichts. Über die frivole Kneipenstimmung nach dem Krieg weiß ich von Rentnern in Kneipen, und meine Eltern haben einiges erzählt. Die Brisanz des Korea-Kriegs ist mir erst später klar geworden. Was ich mitbekommen habe, war die Kriegsangst. General McArthur wollte die Atombombe in Korea und gegen China einsetzen, Präsident Truman hat es erwogen, aber verworfen. Es war knapp. Während meiner Kindheit und Jugend fanden ja weltweit oberirdische Atombombenversuche statt, so drei pro Jahr wenigstens. Meine polnische Tante schob alles Übel und jede Krankheit auf die Atombombenversuche und wurde belächelt damals, weil Atom, das galt irgendwie eher doch als modern und hoffnungsbeladen. Ich habe so mit zehn, elf leidenschaftlich Fahrzeuge mit Atomantrieb konstruiert auf Millimeterpapier, auch Raketen, atomar betriebene Motoren, Kleinkraftwerke. Sehr aktuell wieder.

Meinen Sie? Kernenergie?

Da gibt es technische und wissenschaftliche Entwicklungen, die in Deutschland lieber ignoriert werden. Auch in Deutschland wird's wieder Atomkraft geben, das nehme ich stark an, vielleicht erst, wenn die Generation der eisernen Gegner weg ist oder kirre gemacht, weil das Land eben Strom und Energie braucht und nicht weiter die unterirdischen Wälder verfeuern kann, das ist klar. Also langsamer Übergang und Einsehen, daß man so einen Großbetrieb hier nicht mit Windmühlen und bissel Sonnendächern betreiben kann, ohne bei Flaute Atomstrom aus Frankreich herbeizumauscheln. Es gibt da beachtliche Neuerungen, Flüssigsalz-Reaktoren und sowas. Da ist überall weitergeforscht worden, nur bei uns kaum. Die jungen Physiker gehen nach Amerika, hier können die keinen Blumentopf gewinnen.

Da wird es in Deutschland zähe Widerstände geben.

Man wird den Wiedereinstieg grün kleiden müssen: ganz neue, endlich saubere Atomenergie, nachhaltig, $CO_2$-frei, umweltschonend und divers natürlich. Gut, aber die vielen auch oberirdischen Atombombenversuche damals, das war schon krank, da kam ja die Skepsis, der Widerwillen her und ist dann auch politisch aufgegriffen worden gegen alles, was mit Kernenergie zu tun hat. Wobei die Natur doch wieder alles geschluckt und verdaut hat; Hiroshima ist weiterhin bewohnt, und um Tschernobyl schwillt die Natur, wie ich neulich in der Glotze sehen konnte, und es wohnen dort unbeirrt alte Menschen, die ganz munter aussehen. Die ständige Angst- und Panikpumperei ist widerlich, so kommt man nicht weiter. Jedenfalls diese ständige Kriegsbedrohung damals, mit Atomwaffen, und die Atompilze ständig, das war bedrückend. Das haben auch wir Kinder gespürt.

Also doch bedrückte Kindheit?

Das kann man nicht sagen. Teilweise. Gleichwohl und obzwar, es war eine durchaus selige Kindheit! Da kommen wieder die Relationen ins Spiel. Ich hatte zwar von Arbeit und Krieg und, im Falle meines Vaters, von Haft bedrückte Eltern, aber es waren herzensgute Menschen, insbesondere meine Mutter; mein Vater hatte so seine Schäden, aber egal. Und die Stadt war dann bald erstaunlich aufgeräumt, es ging aufwärts, es wurde gemütlicher, kein Hunger und im Winter warm. Die

Stimmung wurde besser. Für uns Kinder war bedeutend, daß es noch kaum Autos auf der Straße gab. Pferdewagen trabten da vereinzelt durch die Gegend, vor allem die aus der Engelhardt-Brauerei um die Ecke in der Danckelmannstraße. Da roch es immer so gut nach Bier, nach Maische; ich liebe das und bin vielleicht auch darum zum passionierten Biersäufer geworden, aufgewachsen im Dunst- und Lebensbereich einer kleinen Stadtbrauerei, mit dicken Holzfässern, mit faßdicken Bierkutschern und ebenso dicken Kaltblütern. Kartoffel- und Kohlenwagen wurden auch noch von Gäulen gezogen. Also sehr gemütlich und altmodisch alles. Ein Krieg zeitigt immer rasende Veränderungen, aber es gibt auch sowas wie Siedeverzug in Gestalt von Rückfällen ins Vorindustrielle, Agrarische, Primitive, insbesondere beim Kriegsverlierer. Die Straße gehörte uns Kindern, und es gab noch sehr viele davon. Die Autobahnstädte gab es bei den Kiegsgewinnern. Bei uns lagen noch Pferdeäppel auf der Straße und waren begehrtes Düngemittel für Schrebergärtner, die den Brauereipferden wie Hyänen folgten. Wir Kinder waren das ganze Jahr nur draußen und spielten, bis wir mit gewissen weitreichenden Pfeifkommandos nach oben gepfiffen wurden.

Nach oben gepfiffen?

Ja, jede Familie in der Straße hatte so einen speziellen Pfiff, so ein familiäres Kommandosignal. Rudimentäre Pfeifsprache, heute ausgestorben dank G5-Netz. Es gibt Pfeifsprachen, Hirten praktizieren sie untereinander über weite Strecken und als Kommandos für die Hütehunde. Die Sängerin Montserrat Caballé hatte vor Auftritten große Angst um ihre Stimme und sprach darum wochenlang nicht; da hat sie in der Familie mit ihren Kindern eine komplexe Pfeifsprache entwickelt.

Woher wissen Sie das denn?

Na, ausm Fernsehen, woher sonst? Da hat sie es erzählt und vorgemacht. Und wir hatten auch so ein Familiensignal: Fff-fft! Das hieß dann: »Sofort ma ruffkomm' Thomasow!« Und dann gleich wieder runter zum Einkoofen, Milch im Kuhstall holen, den gab's noch auf der Sophie-Charlotten hinten, da standen Kühe im Hinterhof, oder ich mußte immer Zigaretten holen.

Zigaretten dürfen Kinder gar nicht mehr kaufen.

Und Bier für den Papa auch nicht. Diese Zeit oder ihr böser Geist, der vermeintlich alles und jedes erlaubt und toleriert und alle klassische Gesittung für überkommenen Plunder und Gefängnis hält, betreibt gewiß ein umfangreicheres Verbotsregister als die angeblich so spießigen fünfziger und sechziger Jahre. Die disziplinierenden Mächte tarnen sich heute als Toleranz und Vielfalt mit bunten Fähnchen und schleichen sich im Gewande des Wohlmeinenden und der Gesundheitsfürsorge mit ihren Verboten und Einmischungen an.

Ist das nicht etwas vereinfacht?

Das sagen sie im Fernsehen auch immer, wenn ihnen was nicht paßt, dann ist das eine beschränkte Sicht, sagen sie, vereinfachte Sichtweise. Wie früher Thomas Mann im Osten abgefertigt worden ist: Er ist ein fortschrittlich-bürgerlicher Schriftsteller, hat aber eine verengte Sicht. Die Journalisten hingegen sind bei uns die großen Durchblicker mit Übersicht, die wissen besser Bescheid als die Leute, die anderer Meinung und vom Fach sind und uns die Händis und Steckdosen bauen, das steht schon mal fest, denn sie haben rechtzeitig abgebrochen, meist ein Studium, das sowieso Gurke war. Privilegierte ohne Verdienst werden unzufrieden, also latschen sie Programmen hinterher, die Lohn ohne Arbeit verheißen, und werden Politiker oder Journalisten.

O je. Und was ist mit mir? Wo ordnen Sie mich da ein?

Unter die Guten, Sie sind in Ordnung.

Dann arbeiten wir mal weiter. Sie arbeiten ja angeblich sehr viel ohne Lohn.

So ist das. Ich liebe meine Arbeit und verrichte sie sorgfältig und klaglos auch ohne Lohn.

Sie beklagen die vielen Studienabbrecher in den Medien und in der Politik.

Ja was denn sonst? Abbrechen. Abbruchunternehmen wäre zuviel Arbeit, also beizeiten Studium abbrechen, damit man sich beizeiten noch einen Plenarsaalsessel schnappt, das sei der Weg. Reich ohne Arbeit. Die Promotion schreibt dann ein anderer für Geld.

Jetzt kommt's aber dicke …

Ich habe doch selbst Magisterarbeiten geschrieben für Geld, für reiche Deppen, das ist gang und gäbe, und ich habe solide Ware geliefert, noch ohne Internet; da ist nie was aufgeflogen. Heuchler sind das, ich weiß, daß Abgeordnete heimlich im Rauchersalon des Deutschen Bundestags rauchen, denn sie müssen sich öffentlich für Entwöhnung und Rauchverbote einsetzen, und darum rauchen sie keine Zigaretten mehr, sondern teure Zigarren. Das ist der Kompromiß, und hier ist ein frischer Aschenbecher.

Sehr aufmerksam, danke! Während des Krieges scheint man dem kleinen Luxus des Tabakrauchens immensen Wert beigemessen und viel dafür geopfert zu haben.

In Film, Funk und Gesundheitsamt hat es auch nach dem Krieg noch ordentlich geraucht und gedampft. Ich weiß es von meinen Eltern und anderen, die älter sind als ich: Die Kippen waren im Krieg Mangelware und gleichzeitig ein stabiler und anerkannter Wert, und nun gab es die nach dem Krieg einfach so und überall für wenig Geld. Man rauchte im Bus oben, in der Bahn, überall. Der Tabakteer triefte die Wände runter. Alles qualmte, die Schornsteine qualmten, Ludwig Erhard, der brummige Wirtschaftswunderminister, qualmte seine dicken Zigarren, mein Vater qualmte seine Ernte 23, und diese 23 Ernten hat er auch komplett weggequalmt. Meine Mutter bevorzugte Lord extra. Also wurde der kleine Thomasow drei Stockwerke hochgepfiffen, dann drei runter, Kippen für die Alten holen.

Rauchen Sie eigentlich?

Ich habe mir die größte Mühe gegeben, einzusteigen. Es war schick damals während meiner Jugendjahre, Roth-Händle, Reval, Gitanes ohne Filter.

Also haben Sie als früher Sartre- und Foucault-Leser mit Gitanes angefangen?

Es ist mir das Rauchen trotz aller Bemühungen mit keiner Marke gelungen. Ich habe das nicht vertragen. Heute bin ich froh drüber. Mein Körper hat keine Toleranz, keine Gewöhnung entwickelt. Mein Freund und Kollege beim Maas Verlag, Husen Ciawi, hat mir mal bei Hoeck eine Zigarre angedient: »Hier, probier doch mal! Die ist klasse!« Ich rieche das so gerne. Ich träume davon, zwischen hübschen, gebildeten Zigarrenraucherinnen zu sitzen, um mit ihnen passiv zu rauchen und gesittet zu plaudern. Also habe ich mich überreden lassen. Und dann ist mir so schlecht geworden, daß ich mich auf die Bank am runden Tisch legen mußte, und Husen hat gottlob verhindert, daß sie den Rettungswagen rufen. Kreislauf, Blutdruck, es geht nicht! Vom Bier wird's einem anfangs auch schwindlig und schlecht, was sich dann legt. Dann ist man übern Berg, und hinterm Bierberg, da ist es dann ganz schön auf Dauer, da kann man sich dran gewöhnen. Und da kommt dann der Bierbauch her als Mittelgebirge, leichte Erhebung und liebliche Landschaft ...

Gab es Kneipen in der Seelingstraße?

Klar. Hinten, Ecke Sophie-Charlotte gab es eine Eckkneipe. In diesem Haus hatte Heinrich Zille gewohnt; mit dem jüngsten Sohn, Hans Zille, der schon 34 gestorben ist, war mein Vater befreundet gewesen. Später hieß die Kneipe dann Zille-Eck, wie auch sonst. Berlin war ja stolz auf seinen Zille, aber in romantisierter Fassung, und da ist mein Vater ab und zu mit mir rein. Er ging da aber schon nicht mehr gern in die Kneipe. Er fühlte sich als Außenseiter da.

Wieso das denn?

Die Männer erzählten vom Soldatenleben und zeigten besoffen ihren Arschschuß, und er war ja nicht im Krieg gewesen, sondern in Haft und Zwangsarbeit. Und das hat ihm dann schnell die Laune verdorben, wenn die Idioten mit ihren Heldentaten in Stalingrad protzten. Und wenn er da seine Meinung sagte, dann war schnell Schluß mit lustig. Er konnte ziemlich rumbrüllen.

Trotzdem ist er mit Ihnen in Kneipen?

Ja, ins Zille-Eck und zu Hoeck. Da nimmt man mal seinen Sohn mit und redet mit dem unter vier Augen. Er arbeitete in einer Schlosserei in so einem gemauerten

Fabrikhinterhaus; da habe ich ihn manchmal von der Arbeit abgeholt, und dann sind wir mit paar Kollegen von ihm, mit Gesellen, mit dem Lehrling zu Hoeck in die Wilmersdorfer.

Das ginge heute nicht mehr?

Nee, ein Vater kann seinen Sohn nicht mehr mit in die Kneipe nehmen und ihm da die Faßbrause spendieren und ihn in die Welt der Erwachsenen einführen, wo man lernt, wie man Trinker wird oder allenfalls Säufer, aber keinesfalls Alkoholiker, das lernt man nur dort.

Ist das ein Lernziel?

Durchaus. Denn da gibt es einen Unterschied zwischen Heimsuff, zwischen unkontrolliertem Hausalkoholismus und gemeinschaftlichem Zechen in Feststimmung. Ich schätze, heute darf auch der Lehrling nicht mehr rein. Wählen ab sechzehn, Kneipe ab achtzehn. Es wird nicht nur zum Aussterben solcher Familiengaststätten führen, wo die Oma mit dem Enkel tanzt, sondern es erodieren diese ganz eigentümlichen Kneipengesellschaften, die nicht vorm Fernseher sitzen, sondern lieber zusammensitzen und reden. Manchmal vermute ich da Absichten, die Leute sollen vereinzelt vor der Kiste hocken und die Verlautbarungen befolgen. Dazu saufen sie Schnaps und zanken mit der Frau rum. Oder sie daddeln.

In genau diesem Hoeck hatten Sie doch bis vor wenigen Jahren noch sowas wie einen Stammtisch.

Als Kind war ich schon drin und dann immer wieder, und Ende der Achtziger saß ich plötzlich am Stammtisch; Galerist Petersen hat mich da eingeführt. Damals war das Hoeck eine ganz einfache Berliner Kneipe für einfache Leute, eine Kneipe mit uralter Einrichtung. Zille hat die mal innen gezeichnet, darauf sieht sie aus wie heute, nur die Leute sahen anders aus. Sie hatten den Laden nie modernisiert, und heute steht die Einrichtung unter Denkmalschutz, dafür ist es aber auch eine Zille-Stube für Besserverdienende geworden und für Touristen, die ja immer spendabel sind. Man hätte auch die alte Kundschaft unter Denkmalschutz stellen müssen.

Sie haben doch mal eine Kneipe als immaterielles Kulturerbe der Welt vorgeschlagen, bei den Vereinten Nationen …

Mit Kramer habe ich es versucht. Das war der Goldene Hahn am Heinrich-Humm-Platz, wo ich viel mit ihm saß. Die Fürther haben es geschafft mit ihrer Kärwa. Uns haben sie nicht ernst genommen; immerhin hat die BZ, Berlins größte Boulevardzeitung, berichtet. Da kam extra ein Fitti mit einem Fotografen angewackelt und hat uns im Artikel dann Bernd Kapielski und Thomas Kramer genannt.

Was, wenn es geglückt wäre?

Kaum steht die Kneipe unter Denkmalschutz, spielen die Gäste verrückt. Bei Hoeck filmen sie oft wegen Alt-Berlin-Kulisse. Der Betrieb ist so um 2010 vom Proletarischen ins Touristische und Noble gekippt. Wie ganz Berlin. Und das liegt nicht an der Kneipe, sondern an den vielen Hotels nebenan und an den hohen Gewerbemieten, was den Bierpreis hochschraubt.

Gibt es den Stammtisch noch?

Ach, die sind doch alle tot! Manchmal gehe ich rein und setze mich an den runden Tisch, wo um mich herum dann all meine lieben Erlösten sitzen und mich bemitleiden.

Warum bemitleiden die Sie?

Weil ich den Scheiß hier weiter mitmachen muß, und sie haben es hinter sich, und die heroische Hoeck-Epoche ist mit ihnen gegangen. Ich gucke sie dann traurig an, oben hängen ja noch paar Fotos, und die sehen mich dann alle ganz mitleidig an, weil alles so verhunzt worden ist. Ich bin ein Übriggebliebener, ein Auslaufmodell. Es ist unglaublich, wie sich die Stadt allein im Laufe meines Lebens verändert hat. Oder nein, sie blieb lange gleich und hat sich dann ab 2000 rasend verändert. Und nur Mist.

Ist denn gar nichts besser geworden?

Das frage ich mich auch oft und frage andere. Es weiß keiner was. Nur Sohn Lukas meinte: »Das Einzige, das neu und gut ist, sind die Spätis.« Das sind diese Einkaufsläden, die immer offen haben und billiges Flaschenbier, Tabak und Toast feilbieten. Und da hat er mal recht. Aber auch das ist wieder schlecht, weil es bei uns hier weit und breit kein Späti gibt. Da mußt du ins gehobene Elend ziehen, dort hast du dein Späti, oder besser: hattest, denn jetzt müssen die ja sonntags zu haben, womit auch diese Besserung wieder kuriert ist.

Wie sieht es jetzt in der Seelingstraße aus? Späti vorhanden?

Da könnte ein Späti verfügbar sein, höhere Preisklasse versteht sich. Unser Straßenabschnitt in der Seeling, zwischen Danckelmann und Sophie-Charlotte, hatte, wie damals jede Ecke in der Stadt, noch viele Geschäfte, kleine Läden, Bäcker, Fleischer; nur den Fleischer gibt es noch, Ecke Danckelmann als Bio-Fleischerei, wo das Kiezvolk sein nobles Bio-Grillgut kauft. Dann gab es einen Einkaufsladen, so ein Tante-Emma-Ding, aber unsere Tante Emma war ein Onkel Schäfer. Da habe ich mir vom Taschengeld eine saure Gurke gekauft, wenn ich das heute Kindern erzähle, sehen sie mich ganz mitleidig an. Der Laden ist auch lange weg. Dann noch der lustige Tabakladen, wo ich die Zigaretten geholt habe; der Besitzer hat mir das präzise Herstellen von Papier- und Papphäuschen beigebracht. Da habe ich ganze Städte gebaut, erst eine Kleinstadt, dann Oscar Niemeyer, futuristische Mega-Citys. Da kam schon die Moderne bei mir durch, Atomantrieb und Mega-City. Dann gab es oben die Drogerie Medrow, die hatten ein Telefon, zur Not durfte man da mal telefonieren. Nette Frau Medrow, vier Söhne, aber alle älter als ich. Die hatten Moped, Elvis-Tolle und wurden stark bewundert. Die waren noch Rock'n'Roll, wir waren dann schon Beat.

Auch alle weg?

Alle tot oder alt oder weg. Diese Läden in der Straße waren damals öffentliche Institutionen und große Kinderverwöhner. Wenn man sich mit den Verkäuferinnen gut stellte oder die einen mochten, bekam man dicke Wurstscheiben rübergeschoben, Kuchenreste oder für zehn Pfennige sogenannte Kuchenkrümel, das war eine pralle Papiertüte voll mit Kuchenanschnitten, mit mißglückten Streuselschnecken und als Trüffel auch mal eine angedetschte Rumkugel obendrauf. Damit hat sich die ausgehungerte Bevölkerung gegenseitig aufgepeppelt und ihre Brut durchgefüttert.

Heute ist die Gegend am Klausenerplatz und um die Seelingstraße herum so ein etwas grün-alternativer Kiez.

Da haust die mittlere und untere Boheme-Bourgeoisie oder auch Bionade-Bourgeoisie, aber untere Klasse. So Lehrer, Künstler, und die hocken um den Klausener. Die duzen sich da auf der Straße, und dann machen die Weiber kleine Lädchen auf, so Wollädchen, Schnuckelcafés und Fahrradlädchen, und dann spielen sie da Gewerbe.

Und die obere Klasse dieser Gattung, wo wohnt die?

Mehr so Stuttgarter Platz oben, da wohnen so altlinke Fernsehleute und Professoren, Beamtenpensionäre, die da im Café den ganzen Tag die Süddeutsche und den

Spiegel studieren. Ich mag das Wort Kiez nicht, aber Klausener und Stuttgarter, das sind beides wahrhaftige Kieze!

Was ist denn für Sie Kiez?

Dorfmuff und Provinz in der Großstadt. So ein bedrückender Gleichklang unter allen dort. So ein »entre öng«, wie Oskar Huth sagte. Man ist sehr gleichsinnig. Wir sind alle so lieb miteinander, aber wehe, uns kommt hier einer in die Quere! Die Grünen holen da ordentlich Stimmen. Vereinzelt sieht man auch Verrückte und Verwahrloste, die vermutlich vermögend sind oder eine Erbwohnung haben. Dann hält man sich da auch ein paar Türkentupfer, Gemüsegriechen, und gleichzeitig gibt es schon reichlich Zerfallserscheinungen und diese uneigentliche Existenz nach typisch Berliner Art.

Das war während Ihrer Kindheit in der Seelingstraße nicht so?

Früher war das beinahe ein Armenviertel südöstlich vom Schoß und ein gewöhnliches, proletarisches Viertel. Davor, bis Ende 19. Jahrhundert oder Mitte 20., war es südwestlich an der Schloßstraße eine teilweise vornehme Gegend, da hatten Hofschranzen, Räte und Offiziere Stadtwohnungen. Dann gab es Schloßpersonal, Handwerker, Krämer. Nach dem Ersten Weltkrieg war das da schon die Welt von gestern. Und nach dem Zweiten dann die Welt von morgen, und die war elend.

Ein Bruch?

Würde ich sagen. In den Fünfzigern war's dann ein einfaches Viertel, ein Arbeiterviertel. Die Väter und Mütter guckten nach der Arbeit aus dem Fenster, alle sprachen noch satten Berliner Dialekt, und wir Jören spielten auf der Straße. Dann zogen ab Ende der sechziger Jahre die türkischen Gastarbeiter ein, Gastarbeiter hießen sie offiziell noch, die zogen in diese schon heruntergekommene Gegend mit ihren Hinterhäusern, Ofenheizungen und Kellerwohnungen. Wir sind 1961 nach Buckow in die größere Neubauwohnung mit Zentralheizung gezogen.

Also draußen, ganz am Stadtrand von Westberlin gelegen?

Am Ende der Fahrbahn. Da gab's noch Felder, die märkischen Bauern gehörten. Der vielen Flüchtlinge aus dem sozialistischen Osten wegen haben sie hier um jeden Preis gebaut und die Bauern am Stadtrand haben dicke Geschäfte gemacht. Jedenfalls hatte ich dort noch ein wenig Jugend im Grünen, damals gab's da draußen noch Stoppelfelder, Wäldchen, kleine Seen. Trotzdem, eine kranke Gegend. Ein an Reichtum und Entwurzelung verrückt gewordener Bauer, auf dessen Feldern nun unsere Wohnsilos wuchsen, hatte sich auf seinem Hof Tiger und Löwen im Stall gehalten. Heute wohnt da so ein arabischer Clan drauf, und das paßt auch wieder. Im Grunde wohnten da nur Entwurzelte. Nachdem wir an den Stadtrand gezogen waren, wurde die ganze Seeling-

Danckelmann-Gegend saniert, die Höfe entkernt, Zentralheizungen eingebaut, gute Bäder rein. Dann sind die Türken oder Jugos raus, und seitdem wohnen bevorzugt Lehrer, Senatsbeamte und das bunte Kiez- und Kunstvölkchen da und machen einen auf verkehrsberuhigten Kiez mit Blumenkübeln. Ein grüner Traum mit Provinzdrall, der sich da austobt.

Würden Sie in der Gegend um die Seelingstraße wieder wohnen wollen?

Mir ist das zu muffig da, zu kiezkumpelig. In Teilen sieht's aber auch wieder verwahrlost aus, auf höherem, neuem Niveau. Ich mißtraue der bunten Toleranz und Vielfalt, die ist mir verdächtig. Als Stigmatisierten hängen sie dich da auf. Und du wirst als Fußgänger nicht vom Auto überfahren, sondern von einem rotgrünglühenden Radfahrer. Die rasen da rum wie früher die Opel-Manta-Angeber.

Was ist Ihnen da verdächtig?

Verdächtig?

Das sagten Sie eben: Die bunte Toleranz und Vielfalt sei Ihnen verdächtig.

Ach so, ja, die bunte Einfalt. Ich beobachte seit langem, daß Leute, die ständig von Toleranz trompeten, ziemlich intolerant sind. Leute, die anderen Gewalt vorwerfen, sind gegebenenfalls sehr aggressiv und gewaltsam.

Da laufen so dumpfe Projektionen. Das sind Spiegelungen, und keiner merkt was. Den eigenen Makel entdeckt man lieber beim anderen. Die distanzierte Höflichkeit und Anonymität der Weltstadt, ihre Freimütigkeiten in Sprache, Stil und Habit ziehe ich vor, aber das setzt Erziehung und Traditionen voraus, und das wollen die ja nicht.

Da werden sich neue Traditionen und Erziehungsstile entwickeln.

Als Farce und Tragödie, auch wieder wahr.

2.

Man sieht kaum noch Kinder auf den Straßen spielen.

Ein furchtbarer Bruch, der mit all seinen Konsequenzen noch gar nicht bedacht und ermessen wird. Vielleicht macht das viele Jugendliche heute so stubenhockerisch, so weltängstlich, weil sie sich nicht raustrauen.

Oder sie trauen sich nicht mehr raus, weil sie zu sehr bemuttert werden.

Auch das, die Muttis haben Angst, weil die Kinder Angst haben, und die Kinder haben Angst, weil die Muttis Angst um sie haben. Väter fehlen oft. Es liegt ja nicht nur an den unwirtlichen Straßen, daß keiner mehr rausgeht. Unter vielen Jugendlichen und sogar Kindern herrscht das Faustrecht, wovon wir nichts mitbekommen.

Was meinen Sie?

Schicken Sie mal einen nach Abitur und Fleiß riechenden, blassen Fiffi abends durch den Wedding. Da sitzen den Tag und die Nacht über Burschen rum und freuen sich über so einen.

Es sitzen also doch noch Jugendliche draußen rum.

Die schon. Bei denen zu Hause ist's eng, langweilig, Vater ein Despot, da hocken sie lieber unter Gleichgesinnten draußen rum und bilden Gangs. In der Zeitung steht dann: »Eine Gruppe Jugendlicher raubte am Leopoldplatz einen Gleichaltrigen aus und verletzte ihn leicht.« Das können Sie sich dann übersetzen.

Also gilt, was Sie feststellten, vorwiegend für behütete, deutsche Jugendliche und Kinder?

Vereinfacht gesagt, ja. Gegenüber von unserer Wohnung hatten die Leute so ein kleines Häuschen, nette, normale Leute, Ehepaar, die Straße kaum befahren, viel Platz, und der Wald ist nicht weit, ein See, die Havel, auch nicht. Wenn nun die zwei Söhne da mal die behelmten Köppe aus ihren Kinderzimmern rausstreckten, dann hopsten die beide ausschließlich auf so einem gummizellenartigen Trampolin im gut umzäunten Garten rum. Ausschließlich! Die fahren mit dem Rad behelmt zur Schule und zurück, dann Kinderzimmer und Hüpfburg. Die wurden immer größer, die Stimmen tiefer, die Hüpfer höher. Ich fürchte, mit dreißig hopsen die noch mit der Verlobten in dem Dingens rum. In den Wald gingen die nie; ich wäre da doch mit zehn, zwölf Jahren nicht mehr rausgekommen, wäre ein Waldmensch geworden, und dann auch noch Wasser in der Nähe. Die degenerieren, aber nicht Richtung Natur, sondern Richtung Hobbykeller im Mohnkuchenhäuschen. Und sie werden diesen Hausmuff mit Gummizelle mal erben, und dann hopsen ihre Blagen, sofern sie welche haben, wieder in dieser Gummiburg rum. Display und Fahrradhelm, das sind deren Horizonte.

Das war bei Ihnen anders?

Wir spielten unablässig und gern draußen, sommers wie winters. Daheim spielten wir konzentriert und versunken und sehr genügsam mit wenig Zeug bei Unwetter oder im bittersten Winter, sonst lieber draußen. Später kamen dann zu Hause elektrische Eisenbahn, Stabil-Baukasten, Radiobastelei, Chemiekasten und sowas dazu, bei meiner Schwester Puppenhaus, kleiner Herd, Nähzeug, sowas ist ja Heimarbeit.

Sehr geschlechtsspezifisches Spielzeug!

Sie wollte Nähzeug, ich Chemiekasten; wir hätten es auch umgekehrt haben können, wollten wir aber nicht. Es wäre zu Protest und Widerstand gekommen.

Es gab damals, und das ist wohl ein wichtiger Punkt, in Breite noch überhaupt kein Fernsehen und keine Computer.

Das spielt eine Rolle. Unsere Kinder hatten dann schon Gameboy, bißchen TV und Computerspiele aus der Mediensteinzeit. Wir hatten nur Kino und Märchenfilm am Sonntag, das war die seltene mediale Sensation. Wir gingen mit meinem Vater immer ins Splendid-Kino am Kaiserdamm, das es von 1927 bis 78 unverändert gab, mein Alter war mit zwanzig schon drin. Und wenn Bambi da auf der Leinwand vom Pfeil oder von einer Niedertracht am Herzen verletzt wurde, haben wir noch Stunden danach geheult.

Heute gucken die sich aber ganz andere Sachen an!

Meine Eltern hatten uns Kindern, so zur Abendunterhaltung vorm Einschlafen, noch das komplette Märchenrepertoire erzählt. Und da wirst du auch an die Brutalität des Lebens gewöhnt. Diese Märchen, zum Beispiel das vom eigenwilligen Kind, oder sogar Schneewittchen, das sind ja ziemlich boshafte Geschichten mitunter. Böse, grimmige Grimmärchen. Aber wenn sowas erzählt wird, kann man das besprechen, besser verdauen und kann des Lebens unvermeidliche Härte ins Auge fassen und vielleicht sogar etwas aufweichen. Die Filme knallen ja heute nur so rein in die Köppe, direktemang, baff, bamm! Porno. Immer rin in die Birne!

Was hatten Sie denn zu ertragen?

Wir ertrugen die Hausmusik. Mein Vater konnte Gitarre und etwas Akkordeon spielen. Mundorgel, da mußten wir mitgrölen. Was die damals für Lieder auswendig kannten! Und Gedichte. Bei Feiern wurde selbst Musik gemacht. Plattenspieler hatten wir noch nicht, kein Telefon. Erkläre das mal einem Sechzehnjährigen: kein Telefon. Hört sich kitschig an, was ich hier so als Opa von früher erzähle, aber es war banal und normal. Die Kontraste kann ich auch jetzt erst setzen, die den ollen, harten Kitsch so romantisch umfärben in Kitschicolor.

Was gab es denn für Medien bei Ihnen zu Hause? Kein Radio?

Doch, Radio hatten wir. Da durfte nur mein Vater ran, da hat er Fußball sonnabends gehört, sich da so sportiv reingeduckt in den Kasten. Das Ding war eher selten an, es wurde geschont. Und die damals allgegenwärtigen Operetten und Eiskunstlaufmusiken mochten wir alle nicht besonders. Opern mochten wir, aber die kamen im Radio eher selten, so freitags, Mitschnitt um acht. Mein Vater war als Schlosser streckenweise Bühnenarbeiter an der Deutschen Oper an der Bismarckstraße gewesen, hat da auch als Statist mit rumgestanden oder im Chor; dafür rekrutiert man heute noch gern die Leute aus den Bühnenwerkstätten. Die kommen dann nach der Arbeit, nach der Vorstellung, immer zu Hoeck rein, und wenn sie gut angebraten sind, dann singen sie ihre Gefangenenchöre aus Nabucco, und zwar gut. Mein Vater konnte, weil er auch während der Proben da ständig beschäftigt war, reichlich Arien mitschmettern, kannte sich mit Texten aus und wußte, was los war im Rigoletto oder bei Lohengrin.

Haben Sie Radio gehört?

Für mich wurde das Radio erst mit elf, zwölf interessant. Vorher habe ich da immer nur heimlich avantgardistische Äthermusik auf Kurzwelle veranstaltet und auf den Sendertasten Klavier gespielt. Das war schon fast Stockhausen. Das war noch so ein großes Röhrenradio mit Lautsprechern vorn im Kasten und mit Drehknöpfen und Sendertasten, dann oben das Magische Auge, die optische Röhre, mit der sich der Empfang einstellen ließ. Als ein Fernseher ins Haus kam, ist dieser Kasten aus Platzgründen in die Küche geschafft worden, und ich durfte dran rumdrehen. Und dann ist das kaputtgegangen und kam auf den Müll.

Also kein Radio mehr?

Doch. Mit elf, zwölf habe ich mir innigst ein eigenes gewünscht und dann auch so ein schickes Regalradio zum Geburtstag bekommen, mono, UKW und Mittelwelle. Für mich neben dem Tonbandgerät das schönste und wichtigste Geschenk! Da habe ich vor allem Funkuniversität, Hörspiele und einmal die Woche Schlager der Woche im RIAS gehört. Es gab nicht wie heute Rock-Around-The-Clock und Hits bis zum Geht-nicht-mehr mit extra viel guter Laune. Da glitt noch wie auf Kufen den ganzen Tag über behäbige Operette und leichte Muse durch den Äther, ständiges Kurorchester. Dann zunehmend auch Schlager, sowas wie: Am Sonntag will mein Süßer mit mir segeln gehn. Beatles, Lords, Elvis, Chuck Berry, das kam allenfalls mal auf nächtlichen Nischensendern, auf AFN und BFBS. Auf Schlager der Woche mit der Hitparade hat man von Montag zu Montag warten müssen. Den amerikanischen Sender AFN haben wir schlecht empfangen; die brachten wohl andauernd hippes Zeug, um ihre GIs bei Laune zu halten. Das Feinste für mich war die Funkuniversität, da kamen spät Vorträge, professionelle Vorlesungen über Physik, Biologie, Philosophie. Noch heute erinnere ich einen Vortrag über Neutronensterne. Sowas habe ich immer im Bett gehört, im Dunkeln, da ist das sehr eindringlich. Die Schwarzen Löcher, Quasare und Neutronensterne, die verstehe ich seither fast intim; man lag da schon mit ersten Dauererektionen und hörte was von Schwarzen Löchern und Neutronensternen.

Haben Sie das erotisch gekoppelt?

Irgendwie schon. Diese Schwarzen Löcher waren hochabstrakte, unsichtbare, ferne Mirakel von höchster Gravitationskraft. Das Hören solcher Vorträge weckte bei mir die Einfühlungs- und Vorstellungskräfte, die in diesem Alter ohnehin stark entwickelt sind. Der naturwissenschaftliche Unterricht in der Schule war damals noch sehr gehaltvoll und mehr als grundbildend. Also beim Hören im Dunklen wird man dann wohl selbst für Momente zum Neutronenstern und kapiert ihn quasi an und in sich.

Hört sich an, als sei Ihre Frühsexualität mit Quasaren und Schwarzen Löchern verbunden?

Freud hätte seinen Spaß gehabt. McLuhan meint, das Radio sei ein kaltes Medium. Mit seiner Unterscheidung heiß-kalt konnte ich nie viel anfangen. Ich finde, es gibt Medien, die bewirken Welten in einem, die muß man sich mühsam aneignen, man muß lesen können, aufmerksam zuhören, und das wärmt dann. Das Radio wärmte mich, für mich ein warmes, wärmendes Medium. Film und Fernsehen fallen so über einen her, die überrumpeln dich, sehr aufdringlich, wie Überfall. Man sitzt fiebrig da, mit feuchtkalten Händen. Film ist ein überhitztes, überrumpelndes Medium mit Schockfrosteffekt.

Ihre Eltern sind 1903 und 1919 geboren?

Ja. Erst Vater, dann 19 die Mutter. Sie waren alte Eltern, der Krieg hat alles verzögert.

Da sind beide noch ohne Medien aufgewachsen. Kein Telefon, kein Radio, kein Fernsehen?

Mein Vater hat sein ganzes Leben ohne TV und viel Kinofilm gelebt, intensiv gelebt, selbst Musik gemacht, sich nie gelangweilt, mehr so Wandern, Sport, Lesen und Arbeit. Als der Fernseher bei uns stand, saß er dann alsbald und gewissermaßen bis an sein Lebensende nur noch davor. Das Einzige, was ich von ihm dann später erbte, war ein großer Röhrenfarbfernseher, der auch längst hin ist. Meine Mutter, die Försterstochter, hatte immer eine Aversion gegen das Fernsehen. So einen TV-Kasten konnte sich anfangs kaum einer leisten, und es gab noch wenig Sendungen damals, nachts schon gar nicht.

Wann wurde der erste Fernseher angeschafft?

Etwa 1958, 59 kam ein rundlicher Fernsehapparat der Marke Schaub-Lorenz in unser Wohnzimmer. Der sah aus wie unser gemütliches großes Radio, aber mit rundlich-grauem Glasfenstergesicht und mit zwei dicken Drehknöppen unten dran, und Tasten gab's unten auch, alles noch ganz der Radiogestalt entlehnt. Ich wollte Stühle aufstellen und Kinokarten an Kinder verkaufen, also Radiodesign und Kinologik noch. Das Fernsehen ist eine Vereinzelungsmaschine, und aus dem Familienkreis wurde zunächst mal ein Halbkreis. Mein Vater hatte die Oberhoheit über das Ding, und es durfte von uns Kindern nur sehr portioniert ferngesehen werden, erst so ab halb sieben abends, da gab es solche unterkomplexen Kinder- und Infantilensendungen, Serien meist, also Mr. Ed, das sprechende Pferd, Abenteuer unter Wasser, blubb-blubb. Heute lacht man sich tot. Wir spielten infolgedessen den ganzen Tag sprechendes Pferd oder Tauchen. So als Trockenübungen, Schwimmbewegungen in Zeitlupe auf einem Bein stehend, dazu Blubb-blubb-Geräusche, irgendwas als Harpune. Die Leute werden sich gewundert haben. Das war Vorschul-Gnosis: Unterwasser, böse Welt, unten das Reich der Finsternis und Gefahr; oben die Rettung, das Licht, die Luft. Und die Guten mit den Bösen im ewigen Kampf. Ivanhoe war auch so eine schwarzweiße Ritterklamotte mit viel Pappmaché, die mit Walter Scott wenig zu tun hatte. Das ließ sich auch gut nachspielen, alle Jungs trabten oder galoppierten nur noch rum auf der Straße, man kloppte sich mit Holzschwertern und trug alte

Milchtöppe als Helm aufm Kopf. Dann gab es am Wochenende im Fernsehen einen großen Film oder eine der beliebten Fernsehshows mit Peter Frankenfeld oder Lou van Burg, Der goldene Schuß, und Billy Mo hat gesungen, der schwarze Mann mit dem Tirolerhut …

»Ich kauf mir lieber einen Tirolerhut« – das ist er, oder?

Genau der. Und: »Wenn die Elisabeth nicht so schöne Beine hätt'«. Ein Superstar damals. Er war der King, King Mo, der eigentlich Peter Joachim hieß und sich die abenteuerlichsten Biographien zusammendichtete, ein doller Typ! »Unser Neger!« hieß das damals stolz im Lande. Er und die wenigen, die es im Lande gab, wurden gemocht, vielleicht auch bestaunt, weil man selten welche sah. Nun heißt es, man würde es bösartig sagen und meinen. Dabei waren Neger einfach nur Neger, ob bei Carl Einstein in der Negerplastik oder als von uns hochverehrte Bluesmusiker. Von John Lee Hooker und Muddy Waters waren wir hingerissen. Und nun sollen wir sie diskriminiert haben? Ganz dumpfe Masche.

In einem Artikel in der TAZ ist Ihr Kotmörtel besprochen worden. Und da hat einer das »N-Wort« gerügt bei Ihnen, also, daß Sie Neger schrieben.

Ich kenne den Schreiber, der hat sich anpassen und anschleimen müssen bei den Oberwoken da, damit er mal ein Artikelchen apportieren darf. Er hat mich vorher noch angerufen, ob er den Kotmörtel besprechen darf. Er kann besprechen, was und wie er will, habe ich ihm gesagt. Vielleicht wußte er da schon, daß er mir öffentlich den Moralknüppel überziehen muß, um bei seinen Woken noch ein Blumentöpfchen zu gewinnen. Ich kenne ihn ja gut. Er ist früher bei Merve rumgeschlichen und schwenkt jetzt die Regenbogenfahne, weil er nebbich Geld verdienen muß. Er macht sich zum Trottel da, und ich werde ihn verhauen müssen, wenn ich ihn sehe.

Das ist nicht Ihr Ernst?

Ach was, nur Quatsch! Nur bissel aufschrecken. Sie hocken ja sicher hinter ihren Zeitungsstapeln und Großbildschirmen. Und dann fühlen die sich dicke, wenn es ihnen gelingt, den U-Bahnhof Mohrenstraße in Berlin Mitte wegzuschießen, weil Mohr diskriminierend sein soll. Dabei ist es ein Heiliger, der St. Mauritius, der Maure, oder St. Moritz, der Saint Maurice. Im Magdeburger Dom kann man sich den schwarzen Rittersmann ansehen, eine schöne mittelalterliche Holzskulptur, sehr verehrt. Der hatte Heilkraft, darum sind alte Apotheken nach ihm benannt. Die Deppen wissen das nicht oder wollen es nicht wissen. Wo ihr Moralzeigefinger reinpikt, wollen sie Sünde, Opfer und Kniefall sehen.

Wie erklären Sie sich das? Was steckt dahinter? Da toben ja Kämpfe um Worte, vor allem auch in Amerika.

Dahinter steckt eine protestantische Denkfigur, und Deutschland ist die Wiege des Protestantismus, und in Nordamerika ist es ganz schlimm.

Die Reformation ist siebenhundert Jahre her …

Aber wir wissen von Max Weber, was sie für merkwürdige Spätfolgen zeitigen kann.

Dann erklären Sie mal.

Mit den Protestanten kamen die Bilderstürmer, der Ikonoklasmus. Die Kirchen sollten rein sein, weiß und schmucklos, ganz ohne Bilder. Gehen Sie mal in Zürich in die Predigerkirche oder in Zossen in die Dreifaltigkeitskirche, da verstehen Sie, was ich meine, da sitzen Sie im purifizierten Kühlschrank, alles schön weiß, kein Bild. Nur das Wort und die Heilige Schrift zählen, und über dem Altar hängt die Kanzel, von der das Wort verkündet wird. Und da zeigten damals die Prediger auf das Auge und sagten: »Da wohnt die Sünde! Betet keine Abbilder an!« Heute zeigen die Prediger mit dem Zeigefinger auf ein Wort und rufen: »Da wohnt die Sünde drin!« In den Bedeutungen nämlich, die mitschwingen und anklingen, und die müssen gesäubert werden, gereinigt. Damals wurden Bilder nur mit schlechtem Gewissen betrachtet, und heute haben die Sprecher ein schlechtes Gewissen, wenn sie mongoloid sagen oder Mohrenstraße. Also Reinigung der Sünden und Abbitte. Das ist Signifiklasmus, Wortvernichtung, dessen Kehrseite die Signifilatrie ist, die Wortanbetung, die hört man dann bei der demonstrativen Pausenbetonung oder wenn sie von Nachhaltigkeit und Vielfalt reden wie von Heiligtümern.

Und das gab es in den fünfziger, sechziger Jahren nicht?

Da haben sie uns ein schlechtes Gewissen gemacht, wenn wir Arschloch oder Fotze gesagt haben oder wenn wir Jungs wichsten, aber das hat dann schon nicht mehr gewirkt, das haben wir trotzdem gemacht; man wußte aber, wann man was besser nicht sagt, das hat gesessen und sitzt bis heute. Das Muster ist das gleiche. Die Sechziger waren durchaus frivol, aber im Film war noch alles keusch und sauber.

Sie haben das Unterhaltungsprogramm damals im Fernsehen oder im Kino gesehen, und da gab es keine Erotik?

Doch, aber wenn Sie sich die gewöhnliche, skurrile Besetzungsliste ansehen, mit Hans Moser, Heinz Erhard, Hans Albers und dann Edith Hanke, Trude Herr und der Knef, da hat es doch erotisch allenfalls bei Albers und stark bei der Knef geknistert. Und beim Volksgenossen und Anpasser Rühmann schon gar nicht. Dafür waren es Typen! Und zumeist hervorragende Schauspieler. Ganz kuriose Ensembles damals: Theo Lingen, Heinz Drache, Neuss, die Pulver, echte Typen, die frühen Kohorten der Schrulligkeit. Das Kino war noch zentrales Medium. Es gab wenig große Fernsehfilme und alles noch schwarz-weiß.

Seit wann gab es eigentlich Farbfernsehen?

Da war die Funkausstellung 67 in Berlin, da ging's mit der Farbe los, als Willy Brandt vom Fernsehen übertragen auf den dunkelgrauen Startknopf drückte, der in echt rot war. Es herrschte große Aufregung im Land, große Erwartung. Jeder sah damals landesweit in schwarz-weiß dabei zu, wie Willy den grauen Knopp drückte, und alle hockten vor ihren alten Kisten und starrten auf den Knopf, den Willy drückte, der ja auch immer sehr rot im Gesicht war vom vielen Weinbrand.

Im Volk soll man ihn zärtlich Weinbrand-Willy genannt haben.

Die einfachen Leute und auch mein Vater, der abtrünnige Kommunist, der sich dann einstweilen der SPD zuwandte, die mochten Willy Brandt alle. Er drückte den Knopf, aber der rote Kopp vom Willy und der rote Druckknopf blieben dunkelgrau. Man brauchte nämlich einen speziellen, damals sehr teuren Farbapparat. Große Enttäuschung im Volk also, wütende Briefe. Jedenfalls ein Verständnisproblem technisch-naturwissenschaftlicher Art, das hatten die Deutschen schon damals, die technisch-naturwissenschaftliche Blödheit. Sonst könnte man den Leuten nichts von erneuerbaren Energien erzählen, wenn sie den Zweiten Hauptsatz der Thermodynamik im Physikunterricht gehabt hätten.

Viele Jugendliche sollen nicht erklären können, wie ein Toaster funktioniert.

Oder ein Kühlschrank, Kälte durch Wärme, das kann kaum einer erklären. Unseren Kindern mußte ich das selbst beibringen, in der Schule hatten sie mehr so

Stuhlkreise und Sexualunterricht, da waren sie besser als ich. Soziologisch gesehen war das Fernsehen damals interessant, weil alle gezwungenermaßen den gleichen Fernsehfilm sahen und das dann besprachen montags. Das war noch so ein Rest kollektiven Erlebens, wie griechische Tragödie. Jammer und Schaudern, dann Läuterung. Da gab's zum Beispiel 62 Das Halstuch, einen Durbridge-Krimi in sechs Teilen. Die Straßen waren leer, weil alle vorm Kasten hockten, nationales Ereignis. Wer wird der Mörder sein? Und Wolfgang Neuss verrät dann vorher per Anzeige im Berliner Abend den Mörder. In den Zeitungen stand dann gleich was von Vaterlandsverräter, ein Skandal nationaler Tragweite. Aber dadurch haben dann wirklich alle zugesehen, sogar wir Kinder durften. Der Skandal als Verkaufsschlager, das war damals neu, heute ist es üblich; Fernsehen ohne Pestangst, ohne Erdbeben- und Wirbelsturmangst gibt's nicht mehr. Die heizen die Leute auf und saugen sie damit an, und sie lassen sich willig ansaugen.

Sie sehen Ihr Leben lang fern. Was ist anders geworden?

Ich habe oft überhaupt kein Fernsehen geguckt, hat mich früher nicht interessiert. Darum weiß ich nichts vom Attentat bei der Olympiade in München, und die Mondlandung hat mich damals auch nicht interessiert, da war mein Vater Tag und Nacht dabei. Die großen Boxkämpfe habe ich nicht gesehen. Es war dann so, daß ich, weil ich den Fernseher vom Vater geerbt hatte, plötzlich wieder reingeschaut habe, und dann kannte ich all die Typen gar nicht, die immer alle kennen.

Da habe ich dann für eine Weile so einen unbedarften Blick gehabt, aber das legt sich schnell. Jedenfalls war das Fernsehen damals entspannter, betulicher, das Programm war Theater, dazu die ernste Ansage, und nachts war Schluß. Heute ist das entweder andauernder Kindergeburtstag für Erwachsene mit Rate- und Gesellschaftsspielchen und viel Kochen, und dann herrscht Dauerhysterie, zwischenmenschlicher Ausnahmezustand, alles kreischt und heult rum. Die Ansager und Moderatoren sind aufdringlich geworden, sie duzen jeden, machen auf familiär und sind bei allen Sendungen die Allerwichtigsten. Fernbedienung gab es keine und war bei drei Programmen unnötig. Man schaute, was kam. Erstes, zweites Programm, in Berlin noch zwei Ostprogramme, mehr nicht. Die Zeitungen waren damals noch das wichtige Medium.

Haben Sie während Ihrer Zeit in der Merve-Wohngemeinschaft ferngesehen?

Ach was. Wir hatten Wichtigeres zu tun. Allerdings gab es von Faßbinder die Fernsehserie Berlin Alexanderplatz mit Barbara Sukowa, mit der ich später mal am Tisch saß, weil ihr Mann einen Kunstpreis in Goslar bekommen hat, und ich habe die Laudatio gehalten. Da habe ich der Sukowa meine Verehrung ausgesprochen, sie war sehr charmant, sehr attraktiv und gar nicht doof wie Schauspieler sonst oft. Also Berlin Alexanderplatz haben wir damals zusammen gesehen. Das war einmal die Woche, sonst nichts.

Wer war der gekürte Ehemann von Frau Sukowa?

Robert Longo, der hat 2005 in Goslar einen Kaiserring bekommen für Kunst.

Und warum hielten Sie da die Laudatio?

Irgendwer hat mich für tauglich befunden, weil ich immer so schöne Reden halte. Dabei kannte ich den Longo kaum, mußte nachsehen, was genau der für Kunst macht, und daß er mit der Sukowa, wußte ich auch nicht. Ich habe kurz was über Kunst und Mixed Media geredet, und alle freuten sich, weil es schnell ging, und dann gab es ein Festessen, und ich saß neben der Sukowa im Speisesaal Karls des Großen. Nicht schlecht, oder?

Nein. Hatten Sie im Elternhaus Telefon?

Kam erst so um 70. Da hatte die Familie dann auch endlich eins. Vorher standen wir als kommunikationsbegierige Halbwüchsige an der öffentlichen Telefonzelle an. Das Telefon in der Wohnung war auch so ein Apparat, der viel verändert hat. Meine Mutter telefonierte gleich jeden Tag Stunden mit ihrer Freundin Irmgild, mein Vater gar nicht, und wir Kinder ständig mit Freunden, sofern die überhaupt Anschluß hatten. Meine Schwester entwickelte so ein fernmündliches Gekicher. Das Telefonieren mit Liebesaffären war heikel, weil das Telefonkabel nur bis ins Wohnzimmer reichte. Also mußte man dann doch wieder in die intime Zelle, und da klopften die anderen dann draußen gegen die beschlagene Scheibe und brüllten, während du verliebte Schweigeminuten abhalten wolltest. Mein Vater verhinderte das Telefon lange: »Wenn ich was zu bereden habe«, erklärte er, »dann geh' ich da hin! Oder ick schreib' 'ne Karte und wenn nötig n' Brief.« Ich neige heute auch in diese Richtung. Ich telefoniere ungern und formuliere lieber eine nette E-Post.

Wollen wir es dabei belassen? Sagt das genug über Ihre Kindheit und frühe Jugend?

Ich will noch kurz den starken Schicksalsgehalt dieser frühen Jahre hervorheben. Wir neuen Menschgeschöpfe haben da keine Wahlmöglichkeiten, sondern sind irgendwo, irgendwie und irgendwann vermittels irgendwem einfach mal so da. Später erst läßt sich innerhalb dieses Rahmens etwas entscheiden und verändern. Das muß man sich klarmachen.

Also viel Vorbestimmung und Schicksal, das, was die Griechen Heimarmene nannten?

Benn sagt immerzu Ananke, und er betont die genetische Vorbestimmung. Zur Zeit gebieten die Dauersaturnalien, das Genetische herunterzuspielen. Angeblich steht nichts fest, der Mensch ist ein weißes Blatt. Alles kontingent, konstruierbar, wählbar.

Das meint aber auch, daß der Zufall Entscheidungen trifft.

Das tut er auch, und zwar so, daß die Hälfte der Menschheit je aus Frauen und Männern besteht, Hermaphroditen oder sonstige sind statistisch gesehen Quantité négligeable. Das sage ich hier mal so unverfroren und nonchalant, weil das ein bitter umkeiftes Terrain ist. In meinem Falle entsprang ich unzweifelhaft dem rechten Hoden meines Vaters und knospte – welch nettes Wort! – im rechten Teil der Gebärmutter meiner Mutter und wurde folglich ein männliches Menschwesen. Bei weiblichen Wesen verhält es sich umgekehrt; sie sind Linkswesen, meine Schwester ist eins. Beim Hermaphroditen läuft dann da was quer.

Wie kommen Sie denn da drauf?

Haben Sie den Kotmörtel nicht gelesen? Die ollen Griechen sind drauf gekommen. Die waren sich sicher, daß der Same einmal im linken und einmal im rechten Hoden entsteht. Ein Same von rechts kommt in den rechten Teil der Gebärmutter und wird ein Junge. Mädchen kommen von links und sprießen links. Eine gefällige Theorie, nicht?

Und völliger Quatsch.

Theorien sind immer etwas beglückend Schönes, schöner Wahnsinn, und sie werden ständig durch etwas Besseres ersetzt, das sie tragfähiger und tauglicher macht. Die Äthertheorie, Thomsons altes Atommodell, dann Quarks, Strings, Darwin, Hohlwelt hin, Gender her, da wird einiges geboten an Welterklärung. Und dann kommt das Verifizier-Falsifizier-Verfahren, das für Kritik, Diskussionen, für Läuterung und Paradigmenwechsel sorgt, wenn keine Dogmen dazwischenfunken.

Heute könnten Sie nachträglich eine Umpolung vornehmen lassen vom rechten Hoden in den linken.

Wieso sollte man, wenn es ohnehin immer nur geistig-soziales Konstrukt ist?

Manche wollen das eben.

Dann sollen sie meinetwegen, stört mich nicht. Aber sie sollen es sich gut überlegen, daß sie es nicht bereuen. Eine Geschlechtsumwandlung am Körper ist schwer rückgängig zu machen. Mir wäre das alles schon zu anstrengend, weil man den Ausweis, die Frisur und die Garderobe ändern und menstruieren muß. Ich bin zufrieden als alter, weißer Mann, auch wenn das im Kulturfeld heute eher schadet. Aber mich jetzt umwandeln zu lassen wäre mir belastend, auch wenn's möglicherweise sogar entlastet. Und man kann wohl inzwischen auch so tun als ob, man ist als Konstrukt immer dekonstruierbar. Und da kommen dann komischerweise die erzkatholischen Exorzisten ins Spiel, die ja die Homosexualität kraft Umerziehung für eine heilbare Krankheit halten. Eine ähnliche Denkfigur, die Jesuiten sind nicht zu unterschätzen. Sie alle eint jedenfalls eine gehörige Humorlosigkeit. Es scheint dies ohnehin eine Epoche der Heuchelei und Verstellung zu werden. Anpassungsakrobatik, Doppelmoral, Durchsetzungsathletik, anders kommt man wohl nicht mehr durch.

Wie kommen Sie persönlich damit zurecht?

Ich halte die Schnauze, saufe Engelhardt und latsche durch Franken und durchs Internet und lese, was ich lese. Manchmal fange ich an zu stänkern, weil man aufgrund seiner Herkunft zu Derbheiten neigt. Und dann lache ich mich wieder tot. Ich würde sagen, wir genehmigen uns jetzt mal ein Bier!

Gut. Also Ihr Geschlecht und Vater und Mutter stehen schon mal fest?

Jawohl! Ich hatte eine Mutter, einen Vater, die haben mich gezeugt nach alter, äonenalter Art. Ganz altmodisch. Und wenn mein Vater ein schwuler Krieger gewesen wäre, hätte es genauso geklappt.

Und alles steht fest?

Die Grundausstattung. Eine breite Genanalyse hat mir geweissagt, ich wäre jemand, der eine Abneigung gegen Koriander und starke Höhenangst hat, und das stimmt, also steht selbst sowas fest. Aber sonst, man changiert doch dauernd. Das Ich als Gattung und seine fluiden Unterarten, man hat nicht nur ein Ich. Was habe ich heute noch mit mir als Zwanzigjährigem zu tun, außer daß wir beide kein Koriander mögen? Mein Erstes Leben war ganz ein anderes als mein Zweites, mein Drittes und mein jetzt wohl Siebentes. Es gibt die Neugier am anderen und den Drang, anders zu sein, als man ist. Beim ersten bin ich voll dabei, beim zweiten entrate ich. Meine Schwester hat mir in der Jugend oft weiszumachen versucht, daß es für einen Jungen insgesamt vorteilhafter wäre; Jungs seien im Vorteil bei der Anbahnung zwischen den Geschlechtern. Das fand ich überhaupt nicht. Ein jeder hat eben seine Körbe zu empfangen und sein Schicksal zu tragen. Es ist auch tragisch, als Mensch zur Welt zu kommen und nicht etwa als Tier. Als Stein wäre wohl am problemfreisten.

Oder als Baum?

Ich weiß wenig von ihnen, obwohl ich sie mag. Jedenfalls sehen oder begreifen wir mehr als die anderen Wesen. Tiere sehen nicht, was an ihnen zufällig ist, aber wir schon, wir verstehen, was alles hätte anders sein können im Leben, aber nun eben so und nicht anders gekommen ist. Dazu kommt das Wissen um den eigenen Tod.

Das ist wohl die zentrale menschliche Tragödie.

Ein Tier ist geschichtslos, es ist einfach da. Wir sind der Geschichte auf Gedeih und Verderb ausgeliefert, auch diesen Großformen der Gattung, Staat, EU, Familie, Berlin, Finanzamt. Die eine Jugend hat Pest und Hungersnot und dreißigjährigen Krieg zu ertragen, und die andere genießt das Wirtschaftswunder. Der eine wächst in Guatemala im Slum auf, die andere bei einer Familie mit Koch und Schofför; der eine hat liebe, wohlhabende

Eltern, ist aber unzufrieden, die andere muß seelisch und leiblich darben, ist aber frohgemut. Der Mensch überblickt das, er weiß, wie anders ein Schicksal beschaffen sein könnte, muß aber nun seins tragen und sterben, und er muß sich dazu auch noch irgendwie verhalten, möglichst klug und klar, um das Beste draus zu machen.

Wo aber Gefahr ist, wächst das Rettende auch?

Na ja. Ein schöner, gut gemeinter Trost. Aber umgekehrt stimmt's leider auch.

Tröstet Glaube?

Der Glaube kann einiges montieren. Man glaubt an das ewige Himmelreich oder den Weltuntergang. Leute, die an die Wiederauferstehung glauben, sind meist furchtsam und zukunftsbange, und die an den Untergang glauben, haben irgendwie große Lust an Untergängen und helfen notfalls nach.

Die Propheten des Weltuntergangs führen ihn selbst herbei?

Da gab es einen amerikanischen Atomingenieur, der im Kraftwerk gearbeitet hat und Atomgegner war; er hat überlegt, ob er das Ding hochgehen läßt, um die Welt zu alarmieren, aber dann hat er sich anders entschieden und seine Frau, die Kinder und sich selbst umgebracht, um, wie er im Testament schrieb, Schlimmeres zu verhüten. Das ist Todeslust vor Todesangst. Das hat die Folgerichtigkeit einer Aussage, die ich im Fernsehen hörte: »Unsere Waffen helfen, im Kriegsgebiet Menschenleben zu retten!« Ich werde demnächst einen Waffenschein beantragen und bei den Behörden ähnlich argumentieren. Meist sind die Untergangsapostel aber nicht so radikal, sie trompeten nur ordentlich und einträglich rum und lassen es sich erst einmal gutgehen. Wie auch immer, der Mensch weiß, daß er stirbt. Also sind wir alle mehr Schicksal als freie Wahl und wissen es.

3.

Ihr Vater war auch Berliner?

Ja. Moabit war seine Gegend und Charlottenburg. Der kannte das alles noch ganz anders als ich, die unzerstörte, ungeteilte und schlaflose Weltstadt. Er redete noch so ein Berlinisch wie Glasbrenner; gibt ja kaum noch welche, die richtig berlinern. Das sind auch so Verluste. Mein Vater war achtundvierzig Jahre alt, als er mich zeugte. Als das Übel aufging, war er dreißig, und als der Krieg zu Ende ging, war er zweiundvierzig Jahre alt.

Verzögertes Leben und zwölf, dreizehn Jahre futsch …

Die besten. Und im Grunde noch mehr, wenn man den Ärger mit den Kommunisten im Osten und die anfängliche Ächtung auch im Westen mitberücksichtigt.

Die Zeitspanne, die man die besten Jahre nennt, wird breiter, vielleicht fünfundzwanzig bis fünfundfünfzig?

Ich beobachte eher Infantilen-Kohorten, die die besten Jahre nie erreichen, weil sie nicht erwachsen und selbständig werden wollen, sondern Bequemlichkeit vorziehen. Das hat eine Art Verhausschweinung zur Folge, Verblödung und Indolenz. In den besten Jahren hat man unter Mühen eine halbwegs souveräne Existenz gegründet und eine Familie womöglich. Zum Glück gibt's die auch.

War Ihr Vater wehrpflichtig, Soldat?

In der Weimarer Zeit hatte es keine Wehrpflicht gegeben, die kam erst wieder mit dem Nationalsozialismus. Aber da war er schnell wehrunwürdig. Aber das und sein Beruf als Metallarbeiter könnten ihm sein Leben gerettet haben.

Wieso das?

Na, er mußte sich erst mal nicht als Soldat totschießen lassen, das war doch schon mal was. Und er hat immer erzählt, daß sie den inhaftierten Musikern oder Goldschmieden gern mal die Hände blutig getreten haben. Die Empfindsamen wurden besonders schikaniert. Die waren egal, die brauchte keiner. Im Grunde hüte ich das ungute Gefühl, daß es sich noch heute so verhält.

Wie meinen Sie das denn?

Wer braucht in harten Zeiten einen Ethnologen oder Medienwissenschaftler? Oder einen Schriftsteller? Da ist der Klempner gefragt.

Ihr Vater war gelernter Schlosser und dann Fräser.

Er hat bei Krone und Löwe in Moabit in den modernsten Metallfabriken der Zeit als Universalfräser gearbeitet; die haben Werkzeugmaschinen gebaut, Teile gefräst, Zahnräder, Wellen und sowas, also alles, was im Krieg gebraucht wird für Motoren, Panzer, Waffen. Das war unverzichtbar.

Sie sind nun Schriftsteller, Künstler und verzichtbar?

Klar, schlimmstenfalls verzichtbar. Aber weil ich als Schreiber wenig verdiene und keinen Kostenfaktor darstelle, störe ich keinen. So könnte ich mich vielleicht durchmogeln …

Seien Sie sich da nicht so sicher, denn Worte lassen sich wiegen, bei Klängen und Farben ist das schwieriger.

Wenn's auf Ganze geht, sind auch Farben und Töne nicht sicher. Die Expressionisten haben sie auch schikaniert, die Zwölftöner und den Jazz. Schostakowitsch soll bei Stalin auch nicht ruhig geschlafen haben. Jedenfalls gibt es Ausnahmesituationen, da fragen die Gewalten, ob so einer wie ich wirklich gebraucht wird oder ob er stört.

Ein widerständischer Fräser ist unter Umständen auch verzichtbar.

Je nun. Er stand auch gleich stark unter Beobachtung, wurde 33 schon kurz verhaftet von der SA und in Tempelhof am Südkreuz eingesperrt. Da gibt es ein Museum, wir waren neulich mit meiner Nichte drin, und wenn mein Alter mir nicht so einiges erzählt hätte, könnte man sich das da gar nicht vorstellen. Aber die Kinder meiner Nichte fanden es schon grausig da unten, die feinen Seelchen spüren, daß da was nicht geheuer ist. Und dort hat man 33 schon Kommunisten, Zentrum, Gewerkschafter, katholische Priester und sonst welche, vermeintlich störrische Menschen einfach mal etwas eingesperrt, ihnen Angst eingejagt und sie etwas verprügelt, damit gleich mal die Machtverhältnisse klar waren. Da kam er nach kurzer Zeit raus, stand dann aber unter Beobachtung, mußte normal arbeiten gehen und sich ständig bei der Polizei melden. Später hat ihn die Gestapo wieder verhaftet, böse verhört und wieder geprügelt. Es gab in Landsberg dann den Prozeß wegen Hochverrat, dann Zwangsarbeit. Verurteilt wurde er zu einer langen Haftstrafe, die aber erst nach dem Endsieg vollstreckt werden sollte. Bis dahin Arbeitslager. So war das.

Wie lautete die Anklage, was wurde ihm vorgeworfen?

Konspirative Treffen, Hoch- und Landesverrat. Er hing natürlich der Arbeiterbewegung an, und wenn schon – das war typisch für ihn –, dann entweder KPD oder USPD. Als Lehrling war er mit der Schubkarre beim Ausliefern mit fünfzehn in die Novemberaufstände geraten. Da hat er die Karre irgendwo stehenlassen und erst mal Revolution mitgemacht. Das hat schwer Ärger mit seinem Meister gegeben, denn am Tag nach der Revolution geht das Leben weiter, aber die Karre und das Material waren geklaut oder enteignet. Als äußerst sportlicher Mensch war mein Vater von Kindheit an in irgendwelchen linken Sportvereinen, Charlottenburger Turnerschaft, Fichte, das war ein großer deutscher Sportbund und tatsächlich nach dem Philosophen Fichte benannt. Heute unvorstellbar. Sepp Herberger war auch Philosoph, aber kein Sportbund und kein Fußballbund ist nach ihm benannt ...

Aber ein Seppl-Herberger-Stadion in Waldhof-Mannheim! Herberger hat bei Waldhof gespielt, und man hat ihm zu Ehren das Stadion umbenannt.

Na bitte. Das wußte ich nicht. Alte Förster sind auch oft große Philosophen, also Alte Försterei, Union Berlin, ja Quatsch ... Wo waren wir stehengeblieben?

Lebenslauf Ihres Vaters, Sport, Prozeß ...

Ja, er durfte dann nicht bei den deutschen Auswahlkämpfen zum Hürdenlauf für die Olympiade 36 antreten; da hatte er extremes Talent und war nominiert. Deutschland ist bei den Hürden dann nicht mal ins Finale gelangt, und wäre es auch mit ihm nicht, aber das hat ihn zeitlebens geärgert. Er war als störrisch-linker Vogel also nicht nur wehrunwürdig, sondern auch olympiaunwürdig. Dann gab es da einige konspirative Treffen, eher privater Art, so kleine Gesellschaften, bei denen man sich offen unterhalten konnte. Das waren dann aber auch Gruppen um Robert Uhrig, der Werkzeugmacher und ein aktiver Widerstandsmann war und so alt wie mein Vater; den haben sie 44 umgelegt. Vielleicht gab es Spitzel, Denunzianten, ein deutsches Talent. Jedenfalls flog das auf, und es gab die Prozesse wegen Hochverrat.

Hat Ihr Vater das alles mal aufgeschrieben?

Nein. Es gibt nur ausgefüllte Fragebogen für den Magistrat von Berlin, Abteilung Opfer des Faschismus, da hat er so einen knappen schriftlichen Lebenslauf gegeben und Fragen detailliert beantwortet. Aber er war, wie meine Mutter, ein großer Erzähler. Die konnten ein Instrument spielen und ohne elektrischen Strom feiern, und beide hatten ein enormes Erzähltalent. Ich habe da stundenlang zugehört und mußte es immer so deichseln, daß nicht beide gleichzeitig erzählt haben. Das war nicht einfach.

Es waren vermutlich unterschiedliche Geschichten ...

Ja, meine Mutter bewegte Schlesien, Kinderkrankenschwester, Bomben fallen vom Himmel, die Männer fallen in Rußland, Mangel, die Russen kommen, Vergewaltigungen, Heimat, akute Arbeitserlebnisse, Muttersorgen. Und mein Vater redete viel über Untergrund, Haft, Lager, Rückkehr nach Berlin in einen Trümmerhaufen, die Kommunisten nach dem Krieg, wieder Verfolgung, Politik und Nachwuchssorgen. Mein Großvater, der Förster, war auch so ein Großerzähler, da kam dann der Erste Weltkrieg noch dazu. Also ich habe einiges gehört und erfahren, das kann ich Ihnen sagen!

Haben Sie es aufgeschrieben oder aufgenommen?

Das war zu viel! Wie sollte ich das alles aufschreiben? Wenn es damals schon so kleine, geheimdienstliche Aufzeichnungsgeräte gegeben hätte, dann hätten wir heute fantastische Aufzeichnungen. Ich habe es mal mit einem Tonbandgerät aus dem Studio versucht und das Mikrophon vor ihnen aufgestellt. Das Band lief, aber das ging nicht, mein Vater wurde förmlich und hat Blödsinn geredet. Bei meiner Mutter genauso. Sobald das Ding weg war, quatschten sie beide wieder freiweg. Es war womöglich auch so eine Verhörangst oder Abhörangst dabei, mein Vater mußte ja ewig aufpassen, was er wem sagt, und meine Mutter im Grunde vor 45 auch.

Sie hatten erzählt, daß die Eltern Ihres Vaters unbekannt sind.

Er kam aus dem Nichts, aber nicht ganz. Er war unehelich geboren und hat in frühestem Alter mit seiner Mutter gebrochen, indem er beharrlich in eine Familie aus der Nachbarschaft geflüchtet ist, die neun Söhne hatte, und da fiel einer mehr oder weniger nicht auf, und diese Leute, die Kobilinskis, müssen ein großes Herz gehabt haben. Die haben ihn tatsächlich aufgenommen, ganz ohne Formalitäten, einfach so. Und seine Mutter hat ihn wohl ohne weiteres übergeben, weil ein uneheliches Kind eine Last und Schande war. Da hat mein Vater sich also selbst mit sechs, sieben Jahren seine Familie besorgt. Diese Kobilinski-Brüder haben ab und zu bei seltenen Besuchen weniges erzählt. Aber er hat seine Herkunft und die Mutter eisern im Dunkel gehalten.

Haben Sie ihn nie danach gefragt?

Als unser Verhältnis reif war, hätte ich fragen können, und er hätte wahrscheinlich geantwortet. Aber aus Gründen idiotischer Rücksicht habe ich das ständig aufgeschoben, und dann war es zu spät, da hat er sein eisernes Geheimnis mit ins Grab genommen. Selbst meiner Mutter blieb lange ein Rätsel, warum er Kapielski heißt und seine Brüder Kobilinski. Immerhin wissen wir durch diese Brüder, daß seine Mutter Köchin war in einer Offiziersmesse in Charlottenburg, die zum Infanterie-Garderegiment Königin Elisabeth gehörte, das oben am Spandauer Damm in der Soorstraße stand; den Bau gibt's heute noch, da sitzen jetzt Buddhisten drin und kochen Reis. Sie muß eine schöne Frau gewesen sein, und da hat sie wohl so ein berittener Oberinfanterist besprungen, der dann die Vaterschaft geleugnet hat. Na, man ahnt heute nicht mehr, welchen Makel, welche Schande so ein uneheliches Kind damals bedeutete. Als meine Schwester schwanger ohne Ehemann wurde, grämte das meinen Vater; immerhin war diesfalls der Erzeuger dingfest zu machen, und er hat ihn gleich bei der Gurgel gepackt, und da haben sie geheiratet.

Ihr Vater ist also ein Bankert, immerhin adeliger Abkunft?

Er hat sich eher für einen verlorenen Bastard gehalten. Eines Tages wird es der universale Gentest ans Licht befördern, ob er einer derer von Krausewitz war. Wahrscheinlich ist es, das war ein preußisches Offizierskasino, und da gab's keine Bürgerlichen.

Aber er hieß schon Kapielski, oder? Woher der Name?

Seine Mutter hieß so. Es setzt sich aus dem polnischen Kąpiel und dem Suffix -ski zusammen. Im Polnischen wird das a in Kąpiel mit Ogonek geschrieben, da hängt so ein kleines diakritisches Häkchen unten dran, damit das a mehr nasal wie on gesprochen wird. Das kennt man hier nicht, also ist es im deutschen Paß weggefallen. Kąpiel bedeutet Bad und Suffix -ski bedeutet von.

Also auch mütterlicherseits Adel?

Na ja. Es bedeutet im Polnischen auch und zumeist von da, von dort herstammend, aus einem Kaff namens Kąpiel nämlich, und da gibt's zwei von. Ich tippe auf das bei Posen. Die Provinz Posen oder das Großherzogtum Posen, das gehörte mal zu Preußen. Ich wollte immer hinfahren und gucken, ob die da alle so aussehen wie ich. Ich gehe dann da in einen Laden, stelle mich vor, zeige meinen Ausweis und kaufe einen Wodka. Dann umarmen die mich alle oder bekommen es mit der Angst zu tun, weil der Nachfahre seine Latifundien beansprucht. Darum saufe ich dann mit allen zusammen den Wodka auf die Freundschaft und zur Beruhigung.

Können Sie Polnisch?

Außer Nie dla idiotów und den Höflichkeitssprüchen und der Bierbestellung kein Wort. Leider, leider!

Was bedeutet Ihr Mustersatz denn?

»Ich bin doch nicht blöd!« sagt das, ein Reklamespruch von Mediamarkt Polen. Das lief andauernd im polnischen Omnibusradio, als ich mit Frau auf Klassenfahrt nach Schlesien zum Weihnachtenfeiern dabei war. Katholische deutsche Kinderchen besuchen katholische polnische. Au, das war schön! Ich habe den Weihnachtsmann geben dürfen, obwohl ich immer lieber den Josef spiele, aber der Busfahrer wollte nicht schon wieder den Weihnachtsmann mimen, obwohl er als Busfahrer mit Bierbauch und Augenringen besser ausgesehen hätte, dafür war meine Show unschlagbar. Wir haben Weihnachtslieder gesungen, die Polenkinder konnten dreimal so viel auswendig wie unsere, dann haben wir wieder die polnische Nationalhymne geschmettert, also Dąbrovskis Mazurka, Noch ist Polen nicht verloren, auch mit Ogonek geschrieben, und dann ging's beschwingt mit der Mediamarkt-Reklame auf Polnisch wieder zurück ins Reich. Da hatte ich dann kurz ein polnisches Patenkind; der habe ich eine Barbiepuppe und so rosa Töffpakete geschickt. Ist leider versandet; vielleicht war den Eltern der Töff zu unkatholisch oder zu deutsch. Schade jedenfalls, ich hatte vor, der jungen Dame bei der Firmung den Wodka für alle zu spendieren. Jetzt hat meine Frau eine polnische Kollegin an der

Schule, und nun trinke ich eben mit ihr Wodka, polnischen natürlich.

Was war denn auf Ihrer Mutter Seite noch so los?

Mein Großvater mütterlicherseits, der Förster Alfred Nickel – den hatten wir schon –, der war auch so ein Erzähler. Ich habe also auch den kompletten Ersten Weltkrieg in Frankreich und Mazedonien miterlebt. Der hatte sich damals, wie sich das für einen Förster aus dem Hause Nickel gehörte, freiwillig beim Gardeschützenregiment in Berlin gemeldet, da wurde Adel genommen und traditionell Förster, weil die schießen können. Als er fertig gebacken war, ging pünktlich der Krieg los, und er hat ihn vier ganze Jahre mitgemacht. Bis auf eine leichte Schrapnellverletzung blieb er wie durch ein Wunder unbeschadet, auch seelisch. Ein ruhiger, lieber und toleranter Mann. Er hat es als einziger, nebst Vaddern natürlich, akzeptabel gefunden, daß ich, trotz allgemeiner Geschenkentzugsdrohung, die Konfirmation verweigerte.

Der Sohn eines Kommunisten war also getauft?

Ja, das wird er meiner Mutter zuliebe getan haben. Dann war er schon seit 49, 50 kein Kommunist mehr, allerdings doch zeitlebens Atheist, oder besser ein spöttischer Agnostiker, kein Kirchenhasser, das können nur Abtrünnige; er hat sich mehr so lustig gemacht, mit Kaffeewärmer auf dem Kopp und gefalteten Händen. Er war ein Witzbold, auch so »Heilhitler, mein Kamm!«, und dann hat er sich ein Stück vom Taschenkamm unter die Nase gehalten.

Hatten Sie familiäre Bezüge zu Polen?

Eine halbpolnische Wahltante, Elfride Gryga, die übrigens auch so eine Großerzählerin war und die uns Kinder viel gehütet hat, weil meine Mutter im Krankenhaus arbeiten mußte. Die war ja nun auch polnisch-katholisch und durfte uns mit in die Kirche nehmen, was mich sehr beeindruckt hat. Ich habe mit fünf, sechs Jahren wohl eingehend Priester gespielt, das Abendmahl mit Unterlegscheiben zelebriert, und mein Vater hat sich totgelacht, ist wieder mit dem Kaffeewärmer aufgetreten, während es meine Mutter rührte.

Ihr Vater war nicht getauft worden?

Nein. In seinen Papieren steht immer dissident, das war wohl üblich; man konnte sich den Ungetauften nur als Abgefallenen und Abweichler vorstellen. Überdies hatten sich die Seelsorger der evangelischen Epiphanien-Gemeinde in Charlottenburg, wo ich dann getauft wurde, sehr ehrenwert verhalten und tapfer gegen den Nationalsozialismus agiert; das hat er hoch geachtet. Die Evangelen waren sonst immer mehr die Obrigkeitshörigen, wie heute; die Katholen sind da störrischer und eigen; die achten mehr auf die transmontanen Enzykliken und Edikte. Ich war also evangelisch getauft und war dann auch ein sehr eigenwilliger und diskussionslustiger Konfirmandenschüler, der die Konfirmation dann abgelehnt hat. Ich war aber noch ewig Mitglied, man fällt nicht einfach so ab. Und man fällt auch nicht so auf beim Finanzamt als biederes Kirchenmitglied. Vor einigen Jahren hat es mir aber gereicht, weil das keine evangelische Kirche mehr war, sondern eine Unterabteilung des Regenbogen-Dikasteriums. Ich habe mich nie so christlich geläutert gefühlt wie nach dem Austrittsverfahren im Amtsgericht Charlottenburg.

Was passiert da eigentlich?

Man erklärt, daß man austreten will, zeigt seinen Ausweis, unterschreibt, zahlt dreißig Euro an der Kasse im Erdgeschoß, geht mit der Quittung zurück und ist raus.

Da sparen Sie viel Steuern. Das ist meist der Grund für den Kirchenaustritt.

Nicht bei mir! Ich kompensiere das, indem ich für Orgel und Ausstattung Papiergeldspenden in den Opferstock stopfe. Katholen und Evangelen werden gleichbehandelt, die Orgeln können nichts für die Richtung. Meine Taufkirche hat übrigens eine großartige Orgel, da finden viele Konzerte statt, aber man hört die Autobahn nebenan brummen, und sie sieht auch aus wie eine Fabrik. Das war mein Taufwasser. Ich war da auch im Kindergarten, und zwar gern.

Da hätten Sie doch Katholik werden können. Das scheint Ihnen doch näherzuliegen?

Ich habe sogar drüber nachgedacht! In Bamberg war ich ein Jahr im Künstlerhaus Gast, da bin ich fast jeden Sonntag in die Messe und hinterher natürlich in die Kneipe. Ich habe starke Sympathien entwickelt. Theologie habe ich immer viel gelesen. Der Ritus, das Orthodoxe, das liegt mir. Man kann bei den Katholiken heulen und trotzdem zweifeln. Mein Freund Kramer, der alte Anarchist, ist im Alter ständig nach Athos gepilgert, den hat da ein numinoser Hau gepackt, das Mysterium tremendum hat sich ihm offenbart. Und mir auch. Da liegt ein Kontinent, der uns abhanden gekommen ist, und gegen Ende sieht man den am Horizont näher kommen.

Warum nicht gleich zur orthodoxen Kirche?

Beim Fernsehen bin ich mal beim Umschalten in einen griechisch-orthodoxen Ostergottesdienst geraten; ich war wie in Trance und habe das stundenlang angesehen. Das dauert nämlich. Und dann habe ich in jungen Jahren mal einen Dokumentarfilm über Karthäusermönche gesehen. Die halten ein eisernes Schweigegelübde, der Papst persönlich hat es wohl für einige Interviews kurz aufgehoben. So ruhige, glückstrahlende Menschen habe ich selten erlebt, und – das Erstaunlichste – die waren sehr eloquent, sehr bedacht eben. Ich war stark geneigt, dort mal vorzusprechen im Kloster.

Dafür reden Sie zu gern. Waren denn Ihre schlesischen Großeltern religiös?

Klar, preußisch-evangelisch. Die Großmutter, meiner Mutter Mutter, war etwas depressiv veranlagt, und darum war sie sehr fromm, das brauchte sie. Alfred Nickel war als Waldmensch beinahe Pantheist. Meine Mutter zweifelte gegen Ende zunehmend.

Und Sie sind nun bindungsloser Halbkatholik?

Religion ist eine Provinz im Gemüt, wie Schleiermacher sagt, und sie ahnt und schaut das All, die Unendlichkeit, die Tiefe des Unerklärlichen ... und jetzt wird's kitschig! Man fängt an zu blubbern, wenn man konventionell auszudrücken versucht, was sich nicht erklären läßt.

Chesterton behauptet: »Die katholische Kirche ist die einzige Sache, die den Menschen vor der erniedrigenden Sklaverei bewahrt, ein Kind seiner Zeit zu sein.«

Ja, warum nicht? Katholisch heißt überzeitlich, und alles währt schon seit zweitausend Jahren, und der Ritus und der katholische Kitsch und Muff sind überall gleich. Die Evangelischen sind der Aktualität verhaftet. Aber ich bin dann doch kein Katholik geworden, ich bin Freigeist. Und bald freischaffendes Gespenst.

Und ins Kloster sind Sie auch nicht gegangen ...

Doch, zu den Benediktinern am Stift Göttweig. Da war ich auf Einladung meines sporadischen Briefreundes, des Abts Columban Loser, hingelaufen. Der hat mich dort zum Essen eingeladen.

Sie haben einen Abt zum Brieffreund?

In Krems gibt es ein Literaturhaus, und im Stift oben machen sie dann bei größeren Festen Lesungen, da war ich dabei. Dann gab es diese Nummernrevue, zwanzig Lesungen am Abend. Und keiner von den Kollegen konnte sich verkneifen, aufs Billigste über die Kirche, die katholische, sich auszulassen. Dieser gemeine, risikolose Scheiß. Dabei saßen sogar Mönche im Publikum und haben sich das angehört. Als Gastgeber haben die keinen Ton gesagt, es ertragen, höfliche Menschen eben. Es hat mich so gewurmt, daß ich denen, also dem Abt, einen Dankesbrief für die Gastfreundschaft geschrieben und mich für das Benehmen der Zunft entschuldigt habe. Da hat er zurückgeschrieben, wunderbare Schrift, Füller. Und das ging dann einige Male hin und her.

Und der hat Sie eingeladen?

Ja, ich war einen Monat Gast im Literaturhaus Krems. Von dort bin ich im schönsten Winter zu Fuß über die Donau durch die Weingebiete und dann auf den Stiftsberg rauf. Das war teilweise der Jakobsweg. Der Herr Prälat Columban Loser hat mich in der Barockkirche empfangen, und dann sind wir durch Tapetentüren ab ins Innere. Weitläufige, derweil etwas zu große Pracht, schöne Gemälde. Dann zu Tisch. Es gab Fisch, einfach und sehr gut alles, dazu Most oder Wein. Ich saß im Refektorium unter den anwesenden Mönchen und habe ordentlich mitgesungen und gebetet. Sollte meine Frau vor mir sterben, kann ich eintreten. Ich habe ihn gefragt. Als Witwer kann ich beitreten.

Da müssen Sie erst noch Katholik werden.

Das mache ich dann, schon aus Höflichkeit. Als Gastgeschenk hatte ich zwei Bücher von mir mitgebracht, und die ruhen jetzt neben den anderen hundertvierzigtausend Bänden weitere tausend Jahre. Der Bruder Bibliothekar hat sie in Empfang genommen. Es gibt auch eine graphische Sammlung; Kunst wäre dann das nächste Geschenk.

Was haben Sie denn mitgebracht?

Zwei Bücher, den Zeitbehälter, der paßt ganz gut, und dann noch die Ortskunde. Die Gottesbeweise habe ich in Erwägung gezogen, aber ich hab's verworfen, ich wollte da keine Unruhe reinbringen. Sie lesen viel, und es ist immer ein Mönch, der während des Essens etwas vorliest, ganze Bücher, Tag für Tag, Stück für Stück. Nicht nur die Bibel. Man ist also sehr belesen und informiert dort. Aber sie schmelzen ab und haben wenig Nachwuchs, was mich barmt, aber es wird sich halten.

Wenn Sie als Witwer dazukommen, ist wieder einer mehr dort, der sich für das Gedeihen des Klosters einsetzen und beten kann.

Da brauche ich nicht beten, das weiß und tue ich jetzt schon. Das hält sich.

Sie hatten angedeutet, daß ihr Vater dann am Kommunismus zweifelte.

In der sowjetischen Besatzungszone wurden alle wichtigen Posten von Leuten besetzt, die einesteils hier im Widerstand und in Haft waren, und welchen, die in Moskau überwintert hatten. Da lag schon ein Keim der Zwietracht. Denn die hiergebliebenen Genossen wollten Sozialismus im Bündnis und Demokratie, denn sie waren mit aufrichtigen Zentrumsleuten, Sozialdemokraten und Christen inhaftiert gewesen. Die aus Moskau, die Stalin überlebt hatten, waren auf Diktatur des Proletariats unter Führung der Kommunistischen Partei geschult, und sie hatten letztlich das Sagen. Also haben die erst mal Demokratie angetäuscht und das Bündnis mit der SPD, die dann von der KPD geschluckt wurde. So kam es zur SED.

War Ihr Vater dann in der SED?

Er wollte wohl nicht, weil er den Betrug gewittert hat, und blieb bei der KPD, aber die wurde dann aufgelöst und zur SED. Als Kommunist hatte er anfangs wichtige Posten in der Sowjetzone. Dann hat sich der sowjetisch gesteuerte Irrsinn langsam gesteigert, und er ist da in Konflikte geraten. Ich habe das schon erzählt. Da ist er erst mal zurück in die Produktion gegangen, und dann kam der Trotzkismus-Vorwurf und Anarchismus. Da ist er sofort in den Westsektor geflohen, nach Charlottenburg.

Was hat er dann im Westen gemacht?

Da war er nun wieder als Kommunist auf der schwarzen Liste, er hätte ein sowjetischer Agent sein können. Schließlich hat er eine Hausmeisterstelle im Westsektor in einem Krankenhaus gefunden, wo eine Schwester Gretel gearbeitet hat, die meine Mutter wurde.

Und Ihre Mutter, was war mit der?

Sehr praktisch war sie. Eine Wunderheilerin, sie hätte Ärztin werden müssen. Sie hat erst eine Hauswirtschaftslehre machen müssen in Breslau und sollte dann nach Plan einen Oberförster heiraten. Der hätte eine gute Partie gemacht, aber sie wollte weg, selbständig sein und Kinderkrankenschwester werden, und sie hat das durchgesetzt. In der großen Stadt Berlin also ihre Ausbildung. Da ist sie dann Ende der dreißiger Jahre ins Schwesternwohnheim, hatte Talent, war beliebt, war dann gleich jüngste Oberschwester. Sehr glücklich war sie da. Die Schwesternschülerinnen sind dann am Steubenplatz und am Adolf-Hitler-Platz – später dann Reichskanzlerplatz, jetzt heißt er Theodor-Heuss-Platz, mal sehen, wie er noch heißt – da sind die mit ihren feschen Schwesternhäubchen in die Kaffeehäuser und über die Reichsstraße flaniert. Aber da hat dann gleich der Krieg begonnen, und dann kamen die Bomben auf Berlin. Soldaten, die Fronturlaub hatten, haben gesagt: »Das ist ja furchtbar hier, da ist es ja an der Ostfront gemütlicher!« Beide Eltern haben durch den Krieg so eine merkwürdig schattierte Vergangenheit, ich habe erst spät von ihr erfahren, daß sie schon mal verheiratet war, und mein Vater auch. Ihr Mann ist zwei Wochen nach der Hochzeit 1941 in Rußland totgeschossen worden. Die erste Frau meines Vaters hat ihn schnöde verlassen; von Vaterlandsverrätern, Juden, Minderen konnte man sich umstandslos scheiden lassen. Er hat ihr nicht nachgetrauert.

Wie war die Ehe Ihrer Eltern dann?

Na, ideal wohl nicht ganz, eben zwei beschädigte Menschen. Er bisweilen cholerisch, Kämpfer, Naturrebell, gerecht. Ein scharmanter, humorvoller Mensch auch, das war der Ehekitt. Und meine Mutter war grundlieb, klug, belastbar und hat alles zusammengehalten.

Vier Flüsse fließen im Paradies aus der
Vier ung durch die
vier großen Propheten in die
vier Evangelien, und
vier Abfallbehälter mit roten,
gelben,
grünen
und blauen Hauben für Papier,
Glas,
Verpackungen
und sonstigen Müll
stellen die Berliner S-Bahnbetriebe auf jeden
vier ten Bahnhof.
Vier Beatles enthusiasmierten,
vier Musketiere chaperonierten.
Meine Französischarbeiten kulminierten bei:
4 +.

# 5. Stämme, Gottesbeweise, Post

## 1.

Ihr Stammtisch bei Hoeck, den Sie schon erwähnten, ist legendär. Ich habe viel davon erzählen gehört.

Wer erzählt das? Waren die dabei?

Sie haben wohl eher davon gehört. Das lief doch öffentlich ab bei Hoeck.

Und Sie meinen, es gab da Lauscher? Stammtischspanner?

Vielleicht. Oder ein Teilnehmer hat geplaudert, machen Sie doch auch.

Na, manchmal waren die schon baff, die da drum herum saßen, über das seltsame Treiben an unserem Tisch. Was da geredet wurde! Die konnten es nicht fassen. Das waren aber meist Laufkunden, die uns noch nicht kannten. Da gab es Montag noch einen Stammtisch hinten, den Studentenstammtisch, die waren genauso bekloppt wie wir.

Studenten halten doch kaum noch Stammtische ab.

Ja, diese Studenten waren auch fünfzig und gingen normal arbeiten. Die wurden von allen nur so genannt, weil sie da auch schon seit fünfunddreißig Jahren montags saßen und früher lange Haare hatten. Bei denen ging's ruhiger zu. Bei uns am Tisch ging es schon heiterer und hitziger zu. Und nun sind die meisten tot.

Die Studenten auch?

Weiß ich jetzt nicht so, die Reihen lichten sich bestimmt auch da. Aber bei uns ist der Kern tot, ich bin ein Überlebender, ein Kernrest. Mann, was wir damals für Schoten verschossen haben wie Feuerwerk! Und Gedanken, Einfälle, die kurz aufleuchteten, prachtvoll verglühten und für immer vergessen wurden! Funkelnde Luftschüsse! Wenn man das alles aufgeschrieben hätte …

Hat keiner?

Ja, soll denn da einer Protokoll schreiben? Es waren eben Opfergaben, übermütige Luftschüsse, Verausgabungen; man soll nicht alles horten und häufen. Da herrschte eine großzügige Stimmung, üppige Verschwendung. Die frühen Tode gehören wohl auch dazu.

Wer saß dabei?

Zum Kern gehörte die Montagsrunde, die auch Donnerstag oft zusammenkam oder gar täglich außer am Wochenende, seit 77 übrigens. Ich kam erst in den Achtzigern dazu. Da gehörte der Theologe und Altphilologe Bernd Plummy Gärtner zu, der ein theologisches Antiquariat betrieb, Hegel-Sammler war und Vatikanlieferant; der hatte flüssig alle alten Sprachen drauf, überdies Aramäisch und zum Schluß noch Mandäisch; der war hochgebildet, fast schon zu hoch und besaß darüber hinaus ein geradezu gußeisernes Gedächtnis. Plummy wußte alles, ließ sich das aber nicht anmerken und sah auch nicht so aus, und er hat das auch nie sonderlich raushängen lassen. Er war kurz evangelischer Pfarrer bei Stuttgart gewesen, das war ihm zu anstrengend, und er war auch streckenweise marxistischer Thomist geworden, hat bei einer Kommunistenzeitung Korrektur gelesen. Die Schwaben sind ja nun die Erzevangelen und Sektenköppe und Ketzerriecher, also ist er da weg, zurück nach Berlin und hat sein gemütliches Antiquariat aufgemacht; da saß er dann, hat gelesen, telefonische Nachfragen vom Vatikan bearbeitet und Bier getrunken. Kunden haben eher gestört.

Es gibt so Genies, die zu gut und darum ungeeignet sind für eine akademische Karriere.

Das war so ein Fall. Dann ging aber die Geschichte um, daß er das getippte Manuskript seiner Dissertation, an der er Jahre gearbeitet hatte und die von den Doktorvätern schon mit geweihtem Lob beträufelt und erwartet wurde, besoffen im Zug hat liegenlassen, und da war sie dann weg. Ich weiß nicht, ob das eine Ausrede war. Ich weiß, daß er schwer fertig wurde, nichts genügte ihm, er feilte und polierte ewig an seinen Texten rum. Er hat mir immer seine mandäischen Forschungsstücke geschickt, und endlos kamen Neufassungen mit der Anweisung: »Schmeiß bloß die alten Fassungen weg! Das ist besser.« Ich glaube eher, Plummy hat diese große Dissertation verzweifelt und besoffen aus dem Zugfenster geschleudert wie Luther das Tintenfaß gegen die Wand. Und dann fand er nüchtern die Liegenlassen-Geschichte besser, denn Leute, die ihre Manuskripte verbrennen oder aus Zugfenstern schmeißen, hält doch keiner für ganz dicht. Mit ihm war ich stärker befreundet als mit sonst allen höchst Liebenswerten am Tisch. Plummy hat zu Lebzeiten alle meine Bücher Korrektur gelesen und immer Bedeutendes kommentiert.

War er der Typ, der als Pfarrer überzeugt hat?

Aber hallo! Er war kleinwüchsig und korpulent, hatte eine gewaltige Stimme, eine energische Art; mit Kutte und Beffchen und der mächtigen Stimme muß er den Pfarrer schlechthin verkörpert haben. Er hat gute Reden gehalten, das konnte er. Und schlau war er, humorvoll. Wie ein Intellektueller sah er nicht aus, hat unter uns auch rechtschaffen berlinert und war, was Fußball, Sport und Jazz betrifft, so grundtief informiert wie über Apollos den Täufer unter mandäischem Blickwinkel. Hegels Logik, die keiner versteht, kannte er inwendig. Als Kapitän von einem großen Frachtschiff wäre er auch durchgegangen, sehr selbstbewußt, bisweilen gebieterisch. Er konnte mit einfachen Leuten gut. Wenn wir da Intellektuelle als Laufkunden am Tisch hatten, die Freund Dittmann ohnehin schnell verscheuchte, dann sorgte er im Gespräch für Sortenreinheit, weil keiner ihm das Bier reichen konnte! Wenn die irgendeinen Quatsch erzählten, dann kam Plummy in gelehrten Furor. Er war der gebildetste mir bekannte Mensch, war großer Jazz-Fachmann, der auch einigermaßen Cornet spielte.

Das hört sich alles überwältigend an. Gibt es keinen Schatten?

Schatten kann man jetzt nicht sagen, er konnte, wie alle Westberliner, nicht wirtschaften, schlecht haushalten, und mit der Liebe klappte es nicht so. Die UNESCO hätte ihm einen Laden mieten sollen, ein Antiquariat nach seinen Vorstellungen, dazu eine kleine Leibrente.

Und eine Frau!

Ja, eine große, schlanke. Da wäre er glückselig gewesen, und einige Kulturgüter wären bewahrt worden und neue Plummys entsprossen. Es gibt die verbürgte Geschichte von einer großen Liebe, die an der Dame gescheitert ist. Das hat ihn beschädigt, ab da war er Mönch. Dann die komische Geschichte mit der fast fertigen Dissertation; Ernst Fuchs war Doktorvater. Bultmann und die oberevangelischen Theologen, die kannte er alle. Und sie ihn. Sie hatten große Hoffnungen auf ihn gesetzt.

Wer saß noch am Tisch?

Plummys bester Freund war nun der Geologe und Pharmavertreter Andreas Dittmann, der Intellektuellenverscheucher, dessen Motto lautete: »Wer sein Studium verpennt, wird Pharmareferent!« Und das war er dann auch geworden. Der war mit Plummy in Berlin-Hermsdorf zusammen zur Schule gegangen, und seither waren sie dicke Freunde. Und dabei so unterschiedlich. Dittmann hat im Leben drei geologische Fachbücher halb gelesen, mehr brauchte er nicht; der hatte so eine naturwüchsige Weisheit, der hat alles gesehen, Leute, Situationen hat er auf einen Blick erfaßt, ohne viel Nachdenken. Er war extrem selbstbewußt und risikofreudig. Auch kleingewachsen, dick, Glatze mit Haarkranz, schußdirekt, immer treffend in allem, hervorragender Ratgeber. Also der las nun gar nichts, während Bernd Plummy Gärtner unablässig studierte. Das Diplom der Geologie hat Dittmann mit Ach und Krach bestanden, und der war nun der beste Freund von Plummy und saß mit am Stammtisch. Die beiden machten verwegene Reisen zusammen, ohne Geld völlig furchtlos nach Kambodscha trampen von Dreilinden aus, sowas. Die beiden waren der Kern der Tischrunde, aber da saßen noch andere Gewichte, Edeltrödler, Suffköppe, für die alle am Montag Wochenende war.

Übersetzer gab es in der Runde, habe ich gehört.

Drei gleich und zwei bedeutende. Erst mal die Französischübersetzerin Brigitta Restorff, früher von Restorff, alter mecklenburgischer Adel; den Titel hat sie mal im Furor abgelegt, weil ihr Vater eine Nazigröße gewesen war, das wollte sie abschütteln. Die hat ganz dicke Brocken übersetzt: Jankélévitch, Huysmans Gegen den Strich, Julien Green, Blanchot, alles hochgelobte, gründliche Übersetzungen. Mit dem Schauspieler Hanns Zischler hatte sie einen ganz feinen Verlag gegründet, Alpheus hieß der, und Zischler betreibt ihn wohl noch.

Zu Jankélévitchs Der Tod haben Sie ein Nachwort geschrieben …

Brigitta hatte mir am Stammtisch von ihrer Übersetzung erzählt, fast siebenhundert fertige Seiten für Matthes und Seitz, aber das hatte sich zerschlagen. Das lag bei ihr rum und schimmelte schon. Und da habe ich ihr gesagt: »Gib mal her, ich kopiere das und gebe es Gente von Merve und dem Böhringer, vielleicht ergibt sich da was!« Über Hannes Böhringer und Christoph Lange ist es dann nach zweiundzwanzig Jahren bei Suhrkamp gelandet, das war, als sie schon den Schlaganfall hatte. Für das Nachwort habe ich die abenteuerliche Geschichte dieser getippten Seiten erzählt, die auch hätten auf dem Müll landen können. Ich wollte und konnte nicht groß über Jankélévitch abproben, sondern wollte nur den schwierigen Gang eines Textes in die Welt nachzeichnen und der lieben Brigitta Restorff ein zierliches Memorial setzen. Ein temperamentvolles Weib war sie, absonderlich, mit ihren unzählbar vielen, müffelnden Katzen. Die sah ein wenig aus wie die Schwarzer. Von einer Erbschaft hat sie sich einen Zeitungsladen gekauft, so als Existenzbasis. Das ging natürlich schief, die ganze Gegend ließ bei ihr anschreiben und heulte sich da aus.

Was kann man denn im Zeitungsladen anschreiben? Zeitungen etwa?

Nein, Kippen, und sie hatte so Notware, Kaffee, Tampons und Flachmänner, Schnaps. Das wurde ausgenutzt. Sie war eine herzliche, liebenswerte und gegen Ende zunehmend schrullige Person, dabei ganz starker Intellekt, hohe Bildung. Sie konnte sehr zornig werden, wenn Unrecht geschah oder ein Tier litt. Bernd Kramer wollte mal irgendwas übersetzt haben, und da arrangierte ich ein Dreiertreffen im Hagelberger Krug, und sie kommt da an, als wäre weiter nichts, und sagt: »Ich glaube, ich hatte heute Nacht einen kleinen Schlaganfall! Hier guckt mal, meine zittrige Schrift, und hier hängt das Gesicht so runter!« Sie war ein extremer Hypertoniker und flankierend iatrophob, also bloß nie zum Arzt, die haben sowieso keine Ahnung! Der berüchtigte dritte Schlaganfall hat sie dann richtig umgeworfen. Da konnte sie plötzlich kein Französisch mehr, alles gelöscht! Also erst Siechenheim, dann bei der rührenden Schwester in Pflege, Stoffkatze aufm Schoß und eine Kippe nach der anderen. Als Honorar für die Übersetzung hat sie ein Fuder Marlboro-Stangen bekommen. Der Tod von Jankélévitch ist 2005 erschienen, und ein Jahr später habe ich bei Fleurop den Kranz für sie bestellt.

Der zweite Übersetzer?

Wulf Teichmann, Englischübersetzer von exzeptionellem Rang, er hatte Thomas Pynchon übersetzt, ein schweres Unterfangen. Zwei spätere Nobelpreisträger hat er übertragen: Singer und Cotzee, dazu Bukowski und Ustinov, Dylan Thomas und Somerset Maugham, Raymond Chandler und Dashiell Hammett, alles Schriftsteller, die oft durch ihn erst literarischen Rang bekamen. Wulf Teichmann war ein Gentleman, immer gut gekleidet, der allerdings die Angewohnheit hatte, den lang anhaltenden Kammerton Ä zu singen, wenn er besoffen war. Das erinnerte an die Gesänge des Letzten eines aussterbenden Indianerstammes, damit machte er mitunter ganz Hoeck verrückt und vermutlich auch seine Nachbarn. »Läuft man seinem herabgewehten Hut hinterher? Nein!« sagte er mal. Seine Gestalt, sein Gesicht hätten zum Schauspieler genügt, Typ reifer O. W. Fischer. Er trug sich eher konservativ, gediegen, aber locker, nie ganz neu gewandet. Hätte man nichts von seiner Arbeit gewußt, man hätte ihn für einen skeptischen Müßiggänger von Adel halten können. Seine eigenen Gedichte und Texte hielt er unter Verschluß, nur im März Verlag waren Sachen erschienen im legendären Acid- und Mammut-Reader. Giftig konnte der empfindsame Mann manchmal sein, er focht dann mit feinstem Sprachvermögen, war aber grundgütig. Ein großer Freund Schopenhauers. Sein Lieblingsspruch war: »Es ist nicht leicht, einen Löwen zu verschenken.« Er ist im selben Jahr wie Brigitta Restorff gestorben, aber nicht so leidvoll wie sie. Na ja, ein glücklicher Mensch war er nicht gerade, aber wer ist das schon? Es ist auch nicht leicht, ein Leben zu leben.

Ein Übersetzer fehlt noch.

Stephen Economides, US-Amerikaner griechischer Herkunft, der war Dozent für technisches Englisch und Amerikanisch an einer Post- oder Telekom-Hochschule, da hat er den Fernmeldestudenten die Fachbegriffe beigebracht. Ein promovierter Germanist, in beiden Sprachen firm. Für mich hat er mal einen Vortrag tauglich gestaltet, den ich im Goethe-Institut in New York gehalten habe, und zwar dergestalt, daß er eben nicht ganz perfekt war, damit keiner annimmt: Der Kapielski hat das nicht selbst gemacht. Das muß man können! Ein großer Charmeur, immer mit Krawatte und Anzug. Sein bester Freund, der Edeltrödler und älteste Weihnachtsbaumverkäufer Berlins, der an Weihnachten den Tannentraum vom Alexanderplatz betreibt, ist Fitz, der war auch in der Runde vertreten. Wenn ein resches Weib bei Hoeck eintrat, dann blinzelte er und sagte: »Au ja, die ist fickbar!« Seine Passion war Schamlosigkeit, die bei ihm Obszönität auslöste. Olle Fritze, feiner Mensch, schwere Lasten, privat und wirtschaftlich, aber er arbeitet unermüdlich dagegen an. Der kann Spanisch, Gärtner konnte Mandäisch, also noch einige heimliche Übersetzer, denn ich habe mich ja auch schon versucht.

Sie haben übersetzt?

Ja, zehn Seiten im Leben. Für das Solo-Heft bei Merve, Englisch, Französisch. Ich konnte das aber so schlecht, daß ich nur mit Expertin im Duo in den jeweiligen Sprachen übersetzen konnte, mir oblag mehr die gute deutsche Formulierung. Ob das aber als gelungen gelten darf, wenn man einen mies geschriebenen Text in einen gut formulierten deutschen überträgt? Eher wohl nicht, oder?

War diese Montagsrunde in der Gaststätte Hoeck nicht ein wenig anstrengend?

Nein, wieso?

Na ja, sehr anspruchsvolle Gespräche, viel hoher Geist …

Ach was, überhaupt nicht! Manchmal ging es schon sehr klug ab, wir hatten ja höchstes Niveau. Meist wurde aber rumgefeixt, geschweinigelt, hoher Nonsens verzapft. Man kann ja bitte schön auch mal über Waschmaschinen reden oder Scheißkunst. Es wurde viel gelacht. Gute, auch schweinische Witze. Mit an Bord war auch der Galerist Jes Petersen, der kaum Schulabschlüsse hatte, aber künstlerisch und intellektuell ein enormer Autodidakt war und klug; er hatte einen unglaublichen Instinkt für gute Kunst und Literatur. Der hatte mich dort eingeführt. Er saß da wie ein wuchtiger Gutsherr mit seinem kleinen, schwarzen, dicken Köter auf der Bank am runden Tisch, und wenn er Geld hatte, kaufte er mal eben drei Pfund feinstes Bündner Fleisch bei Rogacki und knallte die Packung auf den Tisch: »Hier, haut rein!« Manchmal auch Kaviar, dann mußten sie kleine Löffel bringen. Aber gewöhnlich hatte er kein Geld, dafür aber Schulden, um das Niveau zu halten.

Das ökonomische Unvermögen scheint in der Runde die Regel gewesen zu sein?

Kann man so sagen. Das gilt auch für mich. Wir waren eben alle Westberliner, ökonomisch völlig uninteressiert, weil der subventionierte Wohlstand ja tatsächlich ohne viel Mühe, sagen wir mal bis 2000, unter allen Schichten und in allen Portemonnaies wohnte. Die ganze Stadt voller Grillen, die die Ameisen nicht für ganz voll nahmen. Nun kriegen wir die Rechnung und ich siebenhundert Rente. Aber wir beklagen uns nicht, ich bin selbst schuld, hätte durchaus was Einträgliches lernen können. Trotzdem, früher hatte ich immer Geld, immer ausreichend, im Grunde mehr als heute. Ich konnte Geld verborgen. Dem Kippenberger habe ich mal in den Achtzigern, in meiner Merve-Epoche, mal einfach so tausend Mark gepumpt, die habe ich natürlich zurückbekommen, da konnte man sich auf ihn verlassen, und dann hat er mir noch ein kleines Bild als Dankeschön geschenkt. Großzügig war er, so wie auch Jes.

Ein echter Kippenberger?

Jau.

Das muß ja jetzt ein Vermögen wert sein!

Wenn ich das Bildchen noch hätte. Ich war mal in Geldnot und habe es verkauft, gut verkauft; er hatte es mir erlaubt, ich habe ihn gefragt. »Ja«, hat er gesagt, »hau raus und weg!« Man verkauft sonst ungern Geschenke. Heute wären wohl noch zwei Nullen hintendran möglich.

Würden Sie es heute verkaufen?

Man kann mir viel Schlechtes nachsagen, aber nicht, daß ich ein Sammler bin! Ich hätte es längst schon wieder verscheuert. Oder an der Wand hängen, unverkäuflich.

Kann auch sein. Jedenfalls, arme Leute sammeln eher etwas Geld. Die schönen Sachen für übers Sofa kann ich mir selbst pinseln.

War Kippenberger auch mal bei der Montagsrunde zu Gast?

Nur kurz, mit Jes, als er die frühe Ausstellung bei ihm hatte. Er ist dann schnell ab in die Paris Bar rüber. Der neigte so zur Tischrundenüberwältigung und Alleinunterhaltung, und das hätte nicht geklappt, das wäre nicht gutgegangen, das hat er gemerkt. Er brauchte welche, die ihm beim Witzeerzählen zuhörten. Die Stammtischler wären dem zu eigensinnig gewesen, und respektlose Spötter wie Fritze waren auch drunter. Also zog Kippi lieber in der Paris Bar sein Klamaukprogramm ab, er kam gut mit dem Würthle klar, dem Chef de Paris. Künstler waren eher selten am Stammtisch, nur ab und zu Raffael Rheinsberg auf Sauftournee, als unaufdringlicher Gast. Und Oskar Huth kam sehr oft mit Jes im Taxi vorbei. Den möchte ich jetzt aber ungern als Künstler bezeichnen, der war eine Nummer für sich.

Da gibt es von Oskar Huth dieses wunderbare Buch Überlebenslauf bei Merve. Das habe ich sehr gemocht und oft drin gelesen.

Er hat ja nichts gemacht, kaum gemalt, nichts geschrieben. Das war ein großer Präsenz- und Erzählkünstler, ein unübertrefflicher Sprechakrobat, und Alf Trenk hat mal diese Tonbänder mitlaufen lassen, wofür wir ihm unendlich danken wollen! Und Trenk hat dann daraus den Überlebenslauf gebastelt. Ich habe das damals Merve empfohlen, sie waren ebenfalls begeistert, und das Buch hat sich dann auch gut verkauft. Eine Strecke lang wohnte ich nicht weit von Petersens Galerie, da bin ich fast täglich gegen zwölf Uhr hin in die Pestalozzi, und dann saß da meist auch schon Oskar Huth, der nicht lange schlafen konnte und meist schon im Zwiebelfisch seinen Frühstücksschnaps gehabt hatte. Da saßen wir gemütlich beisammen und nahmen schon mal einen Frühschoppen. Am Nachmittag kamen dann die Frauen, die sehr scharmanten Kohorten der Damen, die mehr auf Damen standen und von denen Jes meinte, sie betrieben »so eine Art Edeltrebe«. Er hat sie dann immer ganz lieb mit Schampus gefüttert, bis sie gut erfrischt aufbrachen, um in ihren Lesbenbars weiterzufeiern. Die waren prima, und ich kam so als Erznormalo komischerweise gut mit denen klar. Jes hat sich dann abends oft verkleidet und ist mit ihnen als dicke Lady rumgezogen.

Ach? Sie etwa auch?

Als Edeka-Filialleiter? Nee, da bin ich zu uninteressiert oder zu feige zu. Dann kam oft ein Chemielaborant bei Jes rein, der an der Uni gearbeitet hat und ein Petersen-Groupie war; er war mit Jes in so einem Satanisten-Verein, aber darüber haben die nicht viel verlauten lassen. Der hat mir mal für eine Zeichnung ein Gramm Pülverchen mitgebracht für den schnellen, den schönen Tod. Das hat meine erste Frau weggeworfen, als ich ihr, etwas dämlich schon, offenbart hatte, was das ist. Am Ende hätte sie es mir wohl doch vergönnt.

Haben Sie so was immer im Haus?

Hätte ich gern. Aber versuchen Sie mal als unbescholtener Bürger, etwas Kaliumcyanid zu kaufen. Da rückt der Geheimdienst an.

Tatsächlich?

Also der nette Orban von Orban & Streu, die führen so einen Buchladen mit Antiquariat in Frankfurt, der hat eine Leidenschaft, er sammelt Elemente. Und wie jeder Sammler will er komplett sein. Also es geht los im Periodensystem mit Wasserstoff, kleiner Kern, ein Elektron, reagiert schnell mit Sauerstoff zu Wasser; das Zeug hat er dann möglichst rein in so Gläschen mit geschliffenem Glaspfropfen gefüllt. Helium auch. Lithium, Bor, läßt sich alles machen. Stickstoff und Sauerstoff sowieso. Magnesium, Alu kannst du so in Schachteln lagern. Reines Chlor ist dann schon schwierig, das beißt sich durch alles durch. Dann kommen Metalle, die eben teilweise sehr teuer und selten und wertvoll sind, aber er braucht ja nur Spuren davon für seine Sammlung. Dann kommen die Seltenheiten, Europium, Thulium. Wo bitte bekommt man Thulium her? Gut, geht alles übers Internet, und es wird teuer. So, dann kommen wir aber zu den Großelementen, zu Californium, zu Moscovium, das sind Elemente, die teilweise nur künstlich erzeugt existieren und sofort radioaktiv zerfallen. Und wenn du im Netz nach einem tausendstel Gramm Uran stöberst, hast du schneller den Staatschutz als das Uran im Haus, und dann kannst du denen was von Elemente-Sammlung erzählen. Die lachen sich tot und sehen all die komischen Bücher da im Laden. Da bist du für immer eine Fallakte und hast den Geigerzähler am Hals.

Saß der auch mal am Stammtisch?

Nein, aber der Orban hätte gepaßt! Es waren aber doch viele Künstler am Stammtisch, fällt mir ein, die gerade bei Jes Petersen ausstellten. Mal der Giger mit den Aliens, mal Hermann Nitsch oder Dieter Roth. Da lief erst in seinem Galeriekabuff tagsüber die Party, und abends sind die mitgebracht worden zu Hoeck, damit wir sie mal begutachten konnten. Jes' Künstlerauswahl war immer hervorragend, nur einige Künstlerinnen nicht so, die er nur ausstellte, weil er ihnen an die Wäsche wollte. Da brachte er Opfer. Oskar Huth kam also in die Montagsrunde, meist mit Jes zusammen im Taxi direkt aus der Galerie, beide schon leicht bis gut angebraten und Jes' Hund Jutty immer aufgekratzt, weil er wieder Herrchens kokaingesättigtes Taschentuch ausgekaut hatte; der fegte dann da durch die Gegend.

Das muß beeindruckend gewesen sein! Zwei heiterüberdrehte Herren und ein hysterischer Hund.

Oskar hat nicht gekokst, der hat nur Klaren gesoffen, da wurde er heiter genug. Und Jes war immer die Ruhe selbst. Es wurden bei Jes auch immer Geschäfte geplant, die meist krachend gescheitert sind. Also Oskar, der ja Klavierbauer war und ein sensibles Verhältnis zu Instrumenten hatte, schleppte mal einen Geigenleichnam an und schwor bei den Gebeinen seiner Altvorderen, es sei dies eine verkannte echte Stradivari. Jes witterte Geld, er läßt die Stradivari teuer aufhübschen, und Oskar frisiert sie noch am brüchigen Boden, dann laufen die beiden zum Fachauktionator, lassen sie teuer schätzen, und sie ist Müll, eine Fälschung, Schrott. Sie können den Auktionator gerade so abhalten, wegen Betrug Theater zu machen. Sowas lief ständig. Immerhin waren sie zwei Monate lang verschworene Stradivari-Entdecker, aber die dumme Welt wollte ihnen dann, wie so oft, keinen Glauben schenken. Sowas gab's ständig da. Und Jes hat so auch seinen schlechten Ruf weggehabt im Gewerbe, weil es hieß, er fälsche sonstwas, vor allem Schröder-Sonnensterne.

Hat er?

Schröder war am Ende faul und hat allerhand Hilfskräfte eingesetzt. Jes war einer davon, und Schröder lag nur noch besoffen im Bett und hat, bevor er entmündigt wurde, seine blanko Schoellershammer in Serie signiert. Das war ein Betrieb wie in Warhols Factory, aber mehr so auf Schröders Hinterhof. Also es liegt nahe, daß es Fälschungen gibt. Und reiche Idioten gibt es auch genug, die unbedingt Sonnensternschmuck brauchen.

## 2.

Davor kommt noch war mein erstes Buch bei Merve, 1998 erschienen. Da kam gleich eingangs das Kapitel Kunst ist schlimmer als Heimweh als neunter Beweis, der aber so der erste war. Und die Ausstellung in München und das Theater im Bamberg mit Jes Petersen, von dem ich da erzähle, das hatte 1996 stattgefunden.

Der neunte Gottesbeweis ist der erste?

Also ich hatte die ganzen Gottesbeweise fertig und sie hießen Gottesbeweise, und ich überlegte nun, was ich damit mache. Und weil ich ja nun mit Merves befreundet war und die sich mit Verlagen auskannten, fragte ich Heidi Paris, wem und ob man das überhaupt anbieten könnte? Sie las das eine Weile lang durch und sagte erst mal nichts. Dann las das Gente, und dann kamen die an und sagten: »Das bringen wir bei Merve raus!« Da war ich baff, damit hatte ich nicht gerechnet.

Haben Sie nicht darauf spekuliert?

Ich habe erwartet, daß sie sagen: »Geh mal da zu dem Dingsda bei Kiepenheuer oder zum Gevatter Haffmans und bestell denen ein paar Grüße!« Ich bin ja nicht so der Mann, der sagt: »Ihr habt Foucault, ihr habt Deleuze, ihr habt Baudrillard – und hier komm' jetzt ich!« Wie Kurt, der vorne bellt und hinten knurrt. Nee, da war ich schon sehr überrascht. Und habe mich natürlich gefreut, denn ich war ja über Jahre ein Verehrer und Leser des Verlags, und dann wohnst du mit denen zusammen, und nun bekommst du auch noch dieses Angebot! Also da bist du schon hin und weg. So kann ich mich gar nicht mehr freuen heute, wie ich mich da gefreut habe. Allerdings wollten sie es nur in zwei Teilen bringen, weil die Merve-Bauart so einen dicken Band nicht zugelassen hätte. Damals jedenfalls.

Ihr Sozialmanierismus war dann doch einer der dicksten Merve-Bände, die es je gegeben hat. Da hätten alle Gottesbeweise zweimal drin Platz gefunden.

Das war dann schon Fadenbindung, das gab's vorher nicht, das wurde alles noch gelumbeckt, also am Rücken aufgerauht und geklebt; hat ein Emil Lumbeck erfunden, diese billige Bindung. Das wäre zerfallen. Oder es kann auch so sein, daß sie es erst mal vorsichtig angehen und gucken wollten, wie sich das verkauft. Sie fuhren ja noch streng die Theorieschiene, und das war ja nun was anderes. Und dann auch gleich noch ein gottbeweisender Schelmenroman …

Es ist immer viel kritisiert worden an der Bindung bei Merve, und die vielen Druckfehler wurden bemäkelt.

Das war doch Programm, es sollten schnelle, billige Schriften herausgegeben werden. Ex und hopp! Also gute Texte und schnelle Bücher. Lesen und weg. Stimmt aber auch wieder nicht ganz, weil das dickste Buch in der gewöhnlichen Merve-Reihe war dann später eben dicker als die zwei Teile der Gottesbeweise zusammen, und das ist ja mein Sozialmanierismus, und der ist schon sorgfältig gebunden. Mein Vorlese- und Reiseexemplar hält bis heute, sieht allerdings außen ziemlich geschafft aus. Damals wollten sie das jedenfalls in zwei Bänden rausbringen. Ist auch eine Geldsache, jeder Band finanzierte den nächsten.

Und die Produktionskosten mit besserer Bindung waren höher. Also, sie wollten es ruhig angehen, und darum zwei Bände. Kann man auch erst mal sehen, ob das Merve-Publikum sowas überhaupt schluckt. Denn Bernd Kramers Verlag hatte immer Proteste zu gewärtigen, wenn sein Anarchopublikum nicht sein übliches Anarchofutter nach deutschem Reinheitsgebot bekam. Also dachte ich damals, gut, da brauche ich aber für zwei Teile nun auch zwei gut unterscheidbare Titel, und da spiele ich mal damit, daß die nacheinander rauskommen, und bringe zuerst das Ende unter dem Titel Davor kommt noch. Da müssen die Leute den Anfang dann auch kaufen, der natürlich Danach war schon heißen mußte. Heute gefällt mir das nicht mehr so gut wie damals, das ist zu sophisticated-verbumfiedelt, eine etwas scheppe Fluxus-Titelei.

Merve-Leser verstehen sowas.

Darf ich hier eine gewisse Ironie vernehmen?

Nein.

Warum nicht? Merve-Leser verstehen den dunkelsten Deleuze, die verstehen angeblich sogar Lacan – aber sowas? Ich weiß nicht. Später ist es dann noch mal als Volksausgabe in einem Band rausgekommen bei Zweitausendeins als Sämtliche Gottesbeweise. Und das paßt, weil: Gott ist dick und gut und sämtlich. Und so ist er auch einfach zu verstehen und darüber hinaus und theodizeemäßig fadengebunden.

Sind wir die Belegschaft der Montagsrunde bei Hoeck eigentlich durch?

Nein, es fehlt Hans Bayern-Hans Forster, eine ruhige, gemütvolle Seele und Biernatur aus der Oberpfalz; wir sind oft allesamt zu ihm hin in die Heimat nach Sulzbach, das Annaberg-Fest begehen, ein gemütliches Bierfest am Berghang. Und allesamt hatten wir damals, das war noch zur D-Mark-Zeit, eindeutig mehr Geld für solche Spontanreisen. Da hieß es dann bei Hoeck: »Nächsten Montag treffen wir uns um fünf beim Kneitinger in Regensburg!« Und alle waren dann um fünf da. Der Bayern-Hans sah aus wie ein verlebter Köhler oder Waldschrat, in dem ein Bierbauch-Buddha steckte. Der saß da den ganzen Tag bei Hoeck am runden Tisch und trank Weizenbier, bis er abends seinen Kneipendienst antrat und dort wahrscheinlich ebenfalls Weizenbier soff, aber auf Hauskosten. Dann schlief er früh etwas und lief eine Treppe runter zu Hoeck rein, um ein erstes Weizen zu frühstücken. Er wohnte genau drüber.

Sehr günstig!

Und rein zufällig! Oder gar vom Schicksal gefügt. Der Bayern-Hans hatte nämlich ein Studium in Nürnberg angetäuscht und bog vorm Bahnhof meist ab und lief hoch zum Fuchsbeck, wo er dann tagsüber saß und Fuchsbeck soff. Also wird die Mutter froh gewesen sein, als er ihr mitteilte, in Berlin Garten- und Landschaftsbau studieren zu wollen, denn seine Familie besaß Wald, und das kam gut an. Also bügelte Muttern ein Hemd, steckte ihm zureichend Geldscheine in die Brusttasche, die sie mit einer Sicherheitsnadel befestigte, und dann reiste er im Zug nach Berlin, ging gleich rüber am Bahnhof Zoo in die alte Kneipe da ein Bier trinken, und dann lief er zur U-Bahn. – Links oder rechts runter? Nach rechts braucht man nicht auf den anderen Bahnsteig laufen, also rechts runter. Wilmersdorfer Straße raus? – Wilmersdorf hört sich freundlich an, also aussteigen. Wilmersdorfer rechts runter kommt Rogacki, dann kommt die Gaststätte Hoeck. Da ist er rein, kommt ins Gespräch und »Hier oben ist ein Zimmer frei, kannste einziehen«. Fertig. So war der Bayern-Hans.

Also vom Schicksal gefügt!

Anzunehmen. Leider ist er früh gestorben, das gehörte wohl auch dazu. Er hatte wenig Schlaf.

Und hat er studiert?

Na, mehr doch in Kneipen gearbeitet, sonstwas. Er wollte autark sein. Auf Ämtern rumhocken und um Hilfen nachsuchen, das war wider seine Ehre, und auch die Familie sollte wissen, daß er das schon macht in Berlin und von zu Hause kein Geld braucht. Überhaupt waren alle in der Hoeck-Runde Selbstversorger, erfolgreiche oder weniger erfolgreiche. Sozialhilfeakrobaten hatten wir keine. Da gab es den Geldautomatenaufsteller Kressibuch, den Hausverwalter und Taxiunternehmer Vogt, die Chemiker Dr. Bärenstark und Dr. Göttner gab es und die Anwältin Anne Bruns, die meine erste Ehe geschieden hat und mir danach Beistand leistete beim Trosttrunk und Erleichterungssaufen im Wuppke. Und darum bin ich jetzt gut verheiratet, jetzt stimmt es, jetzt ist der Sinn des Streits wirklich die Versöhnung und nicht das Zerfleischen. Und so hatte sie es mir bei Wuppke angeraten, die weise Anne. Sie war gläubige Katholikin und Plummy Erzevangele, da gab es oft Religionskrieg, wobei Anne wie ein Jesuit und Jurist focht und Plummy kaum aus der Deckung kam und rumbrüllte. Das erlebte man auch nicht oft. Zur Versöhnung hat dann Dittmann Eiter mit Blut für alle spendiert, das war so ein gelber Eierlikör mit einem Schuß Himbeersaft. Ein Menschenopfer quasi, zur Begütigung Gottes und aller Menschen bei Tisch.

Waren Peter Gente und Heidi Paris von Merve auch mal am Stammtisch?

Seltsamerweise nie. Das war auch nichts für die, und meine intensive Merve-Zeit war vorher, und da war ich nie bei Hoeck, wir gingen woanders hin. Aber meine alten Eltern habe ich mal mit beiden besucht.

Und?

Das war lustig, sie fanden sich alle nett und passabel, haben viel geredet. Gente hat hinterher gesagt: »Dein Vater sieht aus wie Otto Boehnicke.« Und: »So einen Vater hätte ich lieber gehabt.« Er hatte ein schwieriges Verhältnis zum Vater, und Otto Boehnicke war eine Tabakladenkette, wo alte Männer Zigarren und Fahrtendolche verkauften. Machen Sie sich einen Reim drauf.

Wie fand es Heidi Paris?

Die sagte nichts weiter, nur: »Deine Mutter ist klasse! Und dein Alter auch.« Erschrocken waren sie über unseren Buckower Wohnsilo. Gentes Vater war Richter, Heidis Eltern besaßen große Geschäfte in Braunschweig, die werden besser gewohnt haben, und die Güntzel-Wohnung war im Kern auch wieder gutbürgerlich.

Wir hatten schon mal über Philipp Felschs Der lange Sommer der Theorie gesprochen, haben Sie das sofort gelesen?

Das hatte ich verpaßt, weil ich kaum Aktualitäten lese. Aber mein Suhrkamp-Lektor Ullmaier hat mich bei einem Treffen während der kalten Pestzeit im Freien vorm Wuppke gefragt, was ich davon halte. Da habe ich mir das Buch gleich besorgt und bin sehr rasch und berührt durch diesen Sommer geflogen, der ja auch meiner war, oder mehr so ein verspäteter, sommerhafter Frühling für mich. Und da werde ich sogar zitiert, da freut sich der Mensch, und ich bin drin abgebildet am Kalten Büffet der Wilden Akademie in Kassel, wo ich zusammen mit Nils Krüger im Duo aufgetreten bin; das war beim Hundesymposion ein musikalischer Auftritt unter dem Titel Der fröhliche Minenleger. Beim anschließenden Büffet habe ich dann noch ein ziemlich verschwipstes Solo im Freestyle hingelegt auf einem Konzertflügel, der rumstand.

Was haben Sie eigentlich bis 72 gemacht?

Na Abitur 71 und dann wie besessen gelesen, erst gearbeitet, dann studiert, schnelle Abschlüsse hingelegt. Zweites Leben, das hatten wir doch schon.

Und welche Abschlüsse?

Habe ich nicht schon erzählt? Zuerst Diplom in Physischer Geographie, Fließsimulation, das war viel Fummelei mit Differentialgleichungen, Vektorgerüsten und Rechnerfütterung. Zwei Jahre später habe ich dann einen Magister gemacht, da war mein Thema Erörterung zum Ich-Bewußtsein im deutschen Expressionismus. So ein vorlauter Adorno-Benn-Trakl-Methodologie-Hammer war das. Der kam gut an, aber die waren verwirrt, weil ich ständig Trakl falsch mit e geschrieben hatte, also Trakel. Ich weiß nicht mehr, wie ich den Prüfern und der Bennholdt-Thomsen das verkauft habe. Ich hatte meine Schreibmaschinenmanuskripte als Vorlage an eine Schreibkraft übergeben, die das schnell und sauber auf einer Kugelkopfmaschine abgetippt hat für Geld, und da dürfte ich ihr den falschen Trakel wohl untergeschoben haben.

Sie waren dann aber noch ewig immatrikuliert?

Ich war eigentlich fertig. Aber man war als Student krankenversichert, hatte ermäßigte U-Bahn, Botanischer Garten und Gemäldegalerie umsonst, wo ich vor allem im Winter viel Zeit verbracht habe. Als ich dann mit der Rentenanstalt zu tun hatte, konnte die Sachbearbeiterin es nicht fassen, wie man so ewig studieren kann. Sie hatte ein Foto von ihren Kindern auf dem Schreibtisch stehen und hat die ganz sorgenvoll angesehen. Ich hab's der armen Frau zu erklären versucht, aber es klang nach Ausrede.

Sie haben mal etwas von einem Chemiestudium erwähnt?

Ja, anfangs, damit habe ich angefangen. Das ist aber ein so hartes, zeitraubendes Studium, das kann sich keiner vorstellen. Die Theorie, die Vorlesungen, das ist Mathematik, Physik, Atomphysik, Stochastik und dann immer diese ständigen Pflichtversuche unter der Abzugshaube im Labor. Nach zwei Semestern habe ich gepaßt und Geologie angefangen, die anorganische Chemie hatte ich ja intus. Daraus ist dann die Physische Geographie mit den simulierten Wasserspielen und den Forschungsausflügen geworden. So gab es neben dem falschen Leben am Tage abends wenigstens noch ein richtiges, denn ich hatte nun wieder mehr Zeit zu lesen, und ab sieben abends wurde es wieder geselliger.

Da sind Sie in das schon erwähnte Leinestübchen?

Ja. Mit Studenten kam ich nicht klar, an der Uni war ich Einzelgänger. Ich saß lieber im Freundeskreis, die gingen alle arbeiten, waren mit der Lehre fertig, wobei einige einen ziemlichen Linksdrall Moskauer Prägung besaßen. Da war Wolle, ein Elektriker, Bündgens, der Lokschlosser, Kessi war Brauer bei Kindl in der Rollbergstraße, wo ich mal als Postbote zuständig war. Eine eloquente Runde, da wurde gefeiert, und es hat gefunkelt. Die mußten alle früh raus zur Arbeit, und so bin ich auch immer recht früh ins Bett gekommen und morgens raus. Während dieser Zeit hatte ich angefangen, so schrullige Kladden vollzuschreiben und zu zeichnen, zu kleben, Pritt-Stift-Studien, Fotos, Ausgeschnittenes, das waren meine ersten literarischen und künstlerischen Versuche. Wenn ich von der Bibliothek nach Hause kam, habe ich noch eine Kohle nachgelegt und dann etwas künstlerische Heimarbeit noch und abends ab in die Kneipe. Das war mein Zweites Leben, nach dem Ersten der Kindheit und Schuljahre. Das Dritte Leben fing mit dem Einzug bei Merve an.

Sie schreiben in Der Einzige und sein Offenbarungseid und auch woanders immer mal was von der Arbeit bei der Post, ist das mehr Dichtung als Wahrheit?

Nein, das ist Wahrheit, natürlich besungen! Nach dem Abitur wußte ich nicht weiter. Also bin ich ein Jahr Briefträger in Neukölln geworden, die suchten damals welche, feste und Aushilfen. Später habe ich gelegentlich um Weihnachten Pakete ausgefahren oder dumpfes Sortieren im Innendienst erledigt. Da war ich immer auf Zeit eingestellt, und meine Rente ist dieser Arbeiten wegen doch um zwei oder drei Euro geschwollen. Ich habe von diesen Arbeiten auch beim Gartenbauamt im Offenbarungseid einiges erzählt, da stehen die lustigen Post- und Gartenbaugeschichten drin. Das war eine großartige Zeit.

Sind alle guten Postgeschichten da schon erzählt?

Weiß ich jetzt nicht genau. Ich habe etwas den Überblick verloren. Das war ein großartiger Irrsinn damals bei der Post, ein grandioser täglicher Tumult, der aber einwandfrei funktionierte. Es gab erste Türken in Berlin, die bekamen natürlich Post aus der Heimat. Also kommt ein Brief, da steht nichts als Mustafa Sürül, Berlin, Almanya drauf. Heute würden die den zurückschicken oder wegschmeißen, unbekannt, nicht zustellbar. Damals haben wir den durch alle Berliner Postämter und da durch alle Postbotenbezirke gejagt. Alle! So kommt also der Brief auch eines Tages zu mir, und ich habe alle Türken in meinem Revier gefragt: »Kennt ihr Mustafa Sürül?« Nix. Also habe ich den Brief an den nächsten Kollegen am Sortiertisch rechts von mir weitergegeben, und so ging das durchs ganze Postamt 44 und durch ganz Berlin, bis der Mustafa, wann auch immer, gefunden war. Das glaubt keiner, war aber so.

Da hat sich einiges verändert, heute hat jeder seine Postgeschichten, aber die sind nicht lustig.

Da funktioniert nicht mehr viel, wie überall. Früher hieß das immer in der Schweiz oder in Österreich: »Also die Deutschen sind verrückt, aber alles funktioniert, sie sind pünktlich und zuverlässig!« Anfangs mußte ich bei der Einstellung einiges unterschreiben und wunderte mich schon: In jedem zweiten Schriftstück unterzeichnete ich, daß ich mittags nicht mehr als ein Bier zum Essen trinke und nüchtern zur Arbeit komme und so weiter. Ich denke, was ist denn hier los? Und dann wußte ich bald, was los war: Die haben gesoffen da wie die Stiere! Die alten Postboten waren noch Beamte und hatten eine blaue Uniform an, die bißchen wie Polizei aussah. Einer von denen hat sich besoffen mitten auf die Kreuzung vorm Postamt 44 gestellt, das war Karl-Marx- Ecke Erkstraße, und hat da den Verkehr reguliert mit Handsignalen. Das gab es früher oft noch, und die Autos blieben brav stehen. Wenn heute Ampeln ausfallen, sieht man das ab und zu noch. Jedenfalls stand der auf der Kreuzung, regelte den Verkehr, und sämtliche Beamten hingen oben in den Fenstern und grölten.

Kann man sich heute gar nicht mehr vorstellen.

War aber so. Das war ja überhaupt eine große Suff-Ära damals, und währenddessen gedieh ja trotzdem oder gerade darum immer noch das deutsche Wirtschaftswunder.

Meinen Sie?

Ja. Eines Tages kriege ich eine Durchsage: Nach vorne kommen, zum Schichtaufseher! »Hör zu«, sagt der, »du kriegst einen neuen Bezirk, Rollbergstraße.« Auf dem Rollberg gab es die große Kindl-Brauerei, und da war nun ein Kollege dauerhaft versackt oder auffällig geworden, daß sie den haben versetzen müssen. Jetzt dachten die, stecken wir den kleinen Abiturienten mal in den Bezirk, der säuft nicht so.

Die haben Ihnen die riesige Kindl-Brauerei gegeben?

Also ich mache da meine erste Tour, ein relativ kleiner Bezirk, weil viele Häuser in der Rollbergstraße geräumt und abgerissen wurden. Aber man bekam doch riesige Stapel Post für Kindl. Am Nachmittag bin ich zum zweiten Mal hoch, es gab noch zwei Zustellungen am Tag, und wieder dicke Stapel Briefe aller Formate mit so Postschließen zusammengebunden für Kindl. Ich marschiere also zum ersten Mal am Pförtner vorbei: »Morjen!« »Jutn Morjen!« und latsche da rein und hoch mit meinen Bündeln ins Büro. »Hallo, ich bin der neue Zusteller.« »Ja, prima! Guten Tag!« Einige Einschreiben noch quittieren, und dann fragt die Sekretärin: »Wieviel möchten Sie?« Und ich weiß nicht, was die will, und sage einfach: »So wie immer!« Da geht die an eine Schublade und reißt mir so einen halben Meter Bons von einer Rolle, so wie Eintrittskarten, und übergibt mir die. Draußen habe ich dann erst mal ein umherschlurfendes Kindl-Faktotum gefragt, was das für Bons sind? »Das sind Bierbons!« sagt der. Und was macht man damit? »Gehst du runter in die Kantine und tauschst die Bons gegen Marken.« Die Brauerei hatte keinen öffentlichen Ausschank, sondern nur einen internen in einer riesigen Kantine, nur fürs Personal und Handwerker, die im Haus zu tun hatten. Ich komme da rein in den Saal, eine frohe Stimmung wie beim Oktoberfest und alle mit Bier vor der Nase und Essen. An einer Wand entlang gab es mindestens zehn Zapfhähne, die aber nach vorn ins Publikum liefen. Da habe ich die Bons gegen Marken getauscht, schon mal verrückt, dieser Umtausch ständig, und bekam dafür ein Dutzend Münzen. Dann habe ich zugesehen und kapiert, wie das läuft: Du spülst dir ein Halbliterglas, dann untern Hahn damit, oben die Münze in den Schlitz, und da hast du einen wunderbar gezapften Halben. Und das im Dutzend.

Und da haben Sie die Münzen alle gleich …

Nein! Schafft doch keiner! Und diese Pfründe, diese Sinekure, die durfte nicht aufs Spiel gesetzt werden. Ich habe einen befreundeten Kollegen eingeweiht, der hat einen Stapel Post von mir abbekommen und ist dann zehn Minuten später rein und am Pförtner vorbei: »Noch mal wichtige Post!« O.k. Ich habe immer erst mein Revier rasch erledigt, und dann ab zu Kindl. Da haben wir uns die Münzen geteilt, manchmal zu dritt. Das Problem war bloß, daß die Kollegen im Sekretariat auch Bons bekamen. Man kam gar nicht mehr hinterher. Als die uns dann schon kannten als zuständige Postfritzen, sind wir auch nachmittags noch mal ohne Post rein. Es war klar, warum mein Vorgänger da gescheitert ist.

Wie sind Sie da wieder heil rausgekommen?

Immer öfter dachte ich, daß jetzt mal besser studiert wird. Da mußt du nicht von Montag bis Sonnabend täglich zwölf Halbe trinken und um halb sechs aufstehen, denn die Post stellte auch sonnabends zu. Also habe ich aufgehört. Als angelernter und geprüfter Zusteller konnte ich jederzeit wieder anfangen. Und dann wurde Chemie studiert. Henscheid, bei dem ja der Chemiestudent so als Phänotyp rumbummelt und ständig den Zug zur Uni verpaßt, hat keinen Schimmer, was das Chemiestudium angeht. Ich behaupte, es ist das schwerste Studium, das es gibt. Mit absoluter Konzentration und Gewalt hätte ich es geschafft und wäre heute wohl ein wohlhabender, promovierter Ruheständler mit hübscher Laborantin und einem einträglichen Toastbrotpatent.

Toastbrotpatent?

In Braunschweig hatte ich einen Lebensmittelchemiker als Gasthörer, der hat an jeder Scheibe Toastbrot weltweit wenige Hundertstel vom Dollar verdient, weil er da ein Patent hatte. Da läppert sich was zusammen! Er hat mir immer seine Fachzeitschriften überlassen, auch die vom Brau- und Gärungsgewerbe; Brauingenieur wäre ich übrigens auch gern geworden. Aber wir damaligen avantgardistischen Vollidioten in Westberlin fanden jede Form von Geschäftstüchtigkeit und gutem Verdienst ehrenrührig. Wir bekamen ja unser Geld von den Bayern oder Texanern, wir waren vollsubventioniert und vom freien Westen bezahlt. Meine erste Wohnungsmiete betrug hundertzehn Mark, das sind fünfundfünfzig Euro. Bier kostete eine Mark zwanzig. Stipendium war geschenkt. Also wir lebten in Zeitaltern, die uns den satten Hedonismus und die dionysische Lebensweise nahelegten.

Als Chemiker hätten Sie gut verdient …

Aber hallo! Ich habe aber abgebrochen. Daß ich Chemie studierte, war ein trotziger Akt, denn ich hatte eine schwierige Chemielehrerin; vielleicht wollte ich es ihr nur zeigen. Auch meiner Mathelehrerin. Die beugte sich immer so über mich und hauchte mir dann mit ihrem starken Mundgeruch eine Fünf über meine Arbeiten, die immer hervorragend waren und sehr einfallsreich, aber leider nicht exakt durchgerechnet. Ich war ein schusseliges Genie, und das wollte sie so wenig wahrhaben wie ihre Halitosis, weil sie selbst so eine mediokre und ignorante Rechenmaschine war. Die Schönheit der Mathematik habe ich selbst im Heimstudium wie eine zweite Sexualität entdeckt. Oder die Schönheit eines hübschen Moleküls oder eines genial einfachen mit großer Wirkung. Betrachten Sie mal das Lysergsäurediethylamid: vier Hexagone, ein wenig Kohlenstoff, Sauerstoff, Stickstoff, da mußt du draufkommen! Aber, wie gesagt, ich wollte ja auch noch bißchen leben und Kant und Kleist lesen und kein Fachidiot werden. Geld verdienen wollte ich nicht, was mir auch einigermaßen gelungen ist. Die anorganische hatte ich jedenfalls drauf, da bin ich also ins Leichtbaufach Geologie gewechselt, wo man mit dem fröhlichen Spruch »Feldspat, Quarz und Glimmer, die drei vergess' ich nimmer!« ganz gut durchkommt. Ein behagliches Studium. Da gibt es die bärtigen Naturmenschen, die Weltreisenden und so sympathische Flachpfeifen mit Notabitur, die belegen ja gern die Geographie als vermeintlich leichtes Fach neben Sport oder Kunst für den Lehrerberuf. Also waren wir sehr gemischt dort am Institut in der Grunewaldstraße, wo das Alfred-Wegener-Institut und auch die Kartographen siedelten.

Kartographie haben Sie auch noch studiert?

Das ist Plicht, zwei Semester Grundlagen. Das ist was Schönes, reine Ästhetik, so zwischen Zeichen und Abbild und gezeichnete Traumreiche. Einer unserer Weltreisenden am Institut, der in den Siebzigern von einer etwas desolaten Forschungsexkursion auf der arabischen Halbinsel zurückkam und eine traumatisierte Weile lang nur noch Englisch redete, sprach die prophetischen Worte, die auch für meine Erfahrungen im Tschad passend gewesen wären: »If the world had an shithole, it would be located in Yemen and in parts of Berlin.«

Neulich las ich im Netz, daß Friedrich der Große über Strausberg bei Berlin ähnliches geäußert haben soll, nämlich es sei dies »das mieseste Drecksloch in der ganzen Mark Brandenburg«. Wissen Sie, ob das stimmt? Waren Sie mal da?

Nein, nie. Wer weiß, was er da erlebt hat? Es ist bestimmt nicht viel los da, aber es soll hübsch am See liegen, und ich wüßte nicht, was man gegen Strausberg einzuwenden haben sollte. Wenn Sie das hier allerdings so kolportieren, dann riskieren Sie zu Recht lebenslängliches Stadtverbot dort.

Dann behaupte ich mal, Friedrich II. hat Unsinn erzählt!

Ich sag's ihm, da kriegen Sie auch Ärger.

NUTZ
KUNST

# 6. Frische Hemden, Kohlenberta, Lichtgeschwindigkeit

## I.

Sie sind in die Kunst geraten, ohne je Kunst studiert zu haben?

Das hätte mir noch gefehlt! Gottlob nein!

Aber Sie haben an Kunstschulen unterrichtet.

Das ist was anderes, das ist eine überaus gut bezahlte Nebentätigkeit, und man lernt mehr dabei als die Studenten.

Wie das? Und was?

Mein Bravourstück war die wöchentliche Vorlesung. Ich habe mich immer intensiv vorbereitet, dabei lernt man viel. Einmal habe ich was über Käse und Wurst in der Kunst gemacht. Also ich habe die Literaturwürste von Dieter Roth vorgeführt, Fischli/Weiss' Teppichladen, und dann hatte ich eine Frau von der Fleischerinnung eingeladen, die den Fleischer- und Fachverkäuferlehrlingen beibringt, wie man große Wurstplatten und Büffets dekoriert; sie hat großartige Fotos gezeigt und Platten mitgebracht. Da sind die Kunststudenten wie die Raubtiere drüber hergefallen. Beim Käse kam auch wieder Roth ins Spiel mit den Schimmelbildern und den Käsekoffern …

Käsekoffer?

Er hat in einer Galerie in Los Angeles eine Wand voller Koffer mit Käse gefüllt und das dann da stehen und arbeiten lassen, da können Sie sich vorstellen, was da bald los war. So, und dann habe ich meine Askäsehäppchen gezeigt, die Käseplatte, Nils Krügers Kunst-Käseblatt, und dann hatte ich wieder eine Frau mitgebracht, die im Sommer auf der Alm lebt und da oben Käse macht. Das war eine Fotografin, die war ausgestiegen und nach oben auf die Alm geflüchtet. Das ist eine Kunst, die Käserei, aber auch das einsame Leben da oben, ohne alles, ohne jeden Komfort. Seelenruhig war die. Einen Mönch hatte ich auch mal da. Und einen Privatdetektiv.

Welche Kunst hat der denn vorgeführt?

Es gab Diebstahl unter Studenten, da habe ich mir gedacht, holst du den mal für einen Vortrag; das war hochinteressant, das sind ja Techniker mit Mikros und Abhören, und nebenbei hat er die Diebstähle geklärt.

Ach! Wie das?

Eine Studentin hat mit den geklauten Scheckkarten eingekauft, da hat er sie ermittelt mit Gruppenfotos von den Seminaren, die unauffällig gemacht wurden. Eine Verkäuferin hat sie darauf erkannt.

Hätte die Polizei das nicht auch so gemacht?

Die kommen erst in die Gänge, wenn eine Leiche mit eingeschlagenem Schädel daliegt oder paar hunderttausend weg sind. Also einige Studenten waren sehr interessiert, vielleicht sind die jetzt auch Detektive oder käsen auf einer Alm rum. Da verdienen sie wenigstens was und sind zufrieden. Viele von den Studenten sind unglücklich. Nach zehn Semestern merken sie, daß es mit dem berühmten Künstler nichts wird und daß sie viel Zeit verpraßt haben mit Feiern und Schaffenskrise.

Und für Sie war das immer klar? Sie wollten nie Kunst studieren?

Ich hatte mich mal an der Berliner Kunsthochschule in der Hardenbergstraße umgesehen. Da waren auch immer so Faschingsfeiern in den Siebzigern. Aber ich fand das abstoßend, so ein eitler Muff war das. Wenn du unbedingt Unsinn studieren möchtest, dachte ich mir, dann gibt es noblere Fächer, da kann man dann wenigstens Neumen lesen oder auf Sanskrit dichten. An den Kunstschulen gibt es doch nicht mal mehr guten Unterricht im Zeichnen. In Braunschweig hätten sie eine Schnellehre absolvieren können zum Schreiner, aber jeden Tag volle acht Stunden, früh aufstehen, also hat es keiner gemacht. An Literaturschulen habe ich auch unterrichtet, und da habe ich den Studenten immer klar gesagt, daß ich das für Unfug halte, daß ich nur unterrichte für Geld, weil ich jeden Eumel bauche, weil man mit Schreiben verdammt wenig verdient. Was will man denn da lernen? Man hat die Begabung, hat Talent, gut! Dann liest man sich durch die Literaturen, das ist die endlose Lehrzeit. »Warum studiert ihr keinen Brotberuf und schreibt einfach?« habe ich die gefragt: »Wenn es sich trägt, dann kündigt ihr und schreibt nur noch. Und wenn nicht, braucht ihr nicht rumflennen und habt Geld und eine schöne Wohnung.« Da haben die dann immer etwas schief aus der Wäsche geguckt. Alle Studenten, die ich an den Kunstschulen näher kennengelernt habe, sind keine Künstler geworden, sondern Filmleute, PC-Fummler, Messebau, sonstwas. Daß die Kunstschulen keine existenzfähigen Künstler ausspucken, sondern meist arbeitslose Unzufriedene und Atelierabhängige, ignorieren die Studenten, und, was noch übler ist, der ganze Betrieb ignoriert das. Die sind völlig desinteressiert, was aus ihren Absolventen wird.

Das ist geklärt. Aber wie sind Sie Künstler geworden?

Die Geschichte mit dem Ölschinken habe ich schon erzählt. Das war mein Einstiegswerk. In den achtziger Jahren ging die Heftige Malerei, das große Farbspritzen los in Köln, Berlin, in Düsseldorf, Hamburg. Manche sind schnell reich geworden mit ihrem Geschmier. Neoexpressionismus, hieß es. Alle haben nur gestaunt. Es war was los in der Kunst! Diese Kunst war ein Bluff, fand ich damals, aber der Betrieb, diese Abläufe und die Bildergier, diese plötzlichen Geldströme, das war spannend. Und es war eine andere Welt neben der verbiesterten Theoriequälerei zuvor. Die Musik hat die Dinge zuerst aufgelockert. Mit Merves gingen wir immer öfter auf Konzerte, auf Ausstellungen. Es gab ja auch heitere Kunst mit guten Ideen, sowas wie Fluxus. Unsere Farbwichser gehörten nun nicht gerade dazu, aber egal. Ich habe mir damals viele Ausstellungen angesehen. Da gab's dann den Eröffnungswein, die Stehparty, man hat sich da getroffen, unterhalten, den sauren Wein gesoffen und ist anschließend in die Kneipe, oder es gab noch ein Konzert. Das war die Zeit mit Punk, New Wave, B 52s, Talking Heads, da war was los.

Und da hatten Sie diesen berühmten Stempel?

Wir hatten einen Stempel machen lassen, da stand groß drauf: »Det könnwa och!« Den hat man in diese Poesiealben geknallt, die in den Galerien immer ausliegen, wo die Leute was reinschreiben, daß es ihnen gut gefallen hat und so. Bei einer Ausstellungseröffnung hat mich dann einer vom Künstlerhaus gefragt, ob ich an einer Gruppenausstellung im Bethanien mitmachen will. Dafür habe ich den Ölschinken gemalt und bin darüber in die Kunst gerutscht. Ich war am Überlaufen vor Ideen damals. Da habe ich im Überschwang Sachen gebastelt wie: J und die Welt, ein T aus Tee, ein monochromes Bild, das hieß Suppengrün für Ives Klein, Die vier Askäsehäppchen, Die Käseplatte. Und dann war es so, daß zwei Frauen, mit der einen war ich eng befreundet, ein kleines Hotel betrieben haben, das Nürnberger Straße Ecke Augsburger mitten in der Stadt lag und Hotelpension Nürnberger Eck hieß, und da haben die zwei am Wochenende Ausstellungen veranstaltet. Da war so ein großer Personalraum, da wurde ausgestellt und dann zur Eröffnung ein Faß Bier gesoffen und gefeiert. Teilweise waren Bilder und sowas auch auf dem Flur und in den Gästezimmern aufgehängt. Die Gäste sollten nicht gestört werden, aber wenn sie wollten, konnten die mitfeiern. Da hatte ich zu Anfang eine riesige Ausstellung hingebaut, irrsinniges Zeug, ein Heidenspaß, und die Ausstellung hieß Gibt's denn sowas? – Ja. So hieß das. Das stand auf einem Porzellanteller, wo ich mit blauem Auge drauf abgebildet war, das hatte ich fertigen lassen.

Den Teller oder das blaue Auge?

Den Teller, sowas kann man machen lassen. Das Auge hatte ich bei einer Schlägerei neben dem Risiko geschenkt bekommen, weil Antje Fels Gäste so gereizt hat, daß die mir, weil ich daneben stand, eine verpaßt haben, und dann gab's eine kurze Klopperei, die unentschieden endete, aber ich habe das Auge behalten. Dieser Teller ist gleich geklaut worden, der Titelteller. Das war im Dezember 85, und das hat schon für Furore gesorgt, denn der guten Stimmung wegen und des Faßbiers wegen sind viele Leute aus der Kunstszene hingekommen. Da hat mich noch keiner so richtig ernst genommen, denn das war keine echte Galerie, und ein Künstler wird nicht nach der Güte seiner Sachen beurteilt, sondern nach dem Rang seiner Galerie.

Die erste echte Galerie war die Petersen Galerie?

Ich kannte die alle in Berlin, die Galeristen, man hat gesehen, was das für Typen sind, ob man mit den reden kann. Dann habe ich Heidi Paris von Merve gefragt, wie sie das anstellen würde. Sie hatte meine Nürnberger-Eck-Geschichte gesehen und fand das gut. Ich wollte nun nicht wie Doofi mit einer Präsentationsmappe antanzen, das war klar. »Also wie?« Heidi meinte: »Geh einfach mal nachmittags zum Petersen, kauf einen Sechserpack und red mit ihm. Nicht ankobern, einfach hinsetzen, und bestell einen Gruß von Merve.« Gut. Bin ich dann mit dem Sechserpack und einer Pulle Wodka ins Kabuff zu Petersen marschiert. Da saßen schon Oskar Huth und ein paar seiner Busenfreundinnen rum und haben Champagner gesoffen, und Oskar hat gleich den Wodka probiert. Petersen hat sich über die Mitbringsel gefreut und das Bier, das ich dann selbst weggesüffelt habe. Und weil wir uns gut verstanden und Petersen sich die Nürnberger-Eck-Sache angesehen hatte, brubbelte er irgendwann, als wir alle schon ziemlich angebraten waren: »Kapielski, hö! Machen wa ne Ausstellung, hö!« Und er hat sich sogar daran erinnern können, und dann wurde das gemacht. Das war dann Ende 86, und die Ausstellung hieß Vom Malerfürsten zum Fürstenmaler. Damit der Fürstenmaler stimmte, habe ich extra ein Fürst-Pückler-Eis in Weiß-Braun-Rosa gemalt. Die ganze Galerie hatte ich mit meinen bunten Schnapsideen vollgebaut, und das hat Eindruck geschunden. Das waren auch große Ideen damals, die ich wie im Rausch zu Bildern und Objekten umhexte.

Wie war der so, Jes Petersen?

Massiver Mann, thronte da hinter seinem Schreibtisch, hatte eine leicht vernuschelte Sprache, immer Rotwein oder Champagner vor sich. Galeriebedarf nannte er das. Am Ende der Straße gab es einen Getränkeladen, das war sein Laden für Galeriebedarf. Ich war dann bald gut mit ihm befreundet, und für eine seiner legendären Geburtstagsfeiern zu Hause hat er mal wegen einer undeutlichen Bestellung fünfzehn Kästen alkoholfreies Bier geliefert bekommen. Da wurde dann spätabends sein Galeriebedarf alarmiert, und die haben das sofort ausgetauscht. Manche haben Jes für etwas beschränkt gehalten, das war er aber absolut nicht. Er war ungeheuer belesen, hatte eine große Bibliothek. Als er im Gefängnis saß und Freigang unter Aufsicht hatte, haben die immer gestaunt, mit wem sie es da zu tun hatten; die guten Bilder überall, afrikanische Skulpturen, schöne Einrichtung und dann oben die Laubsägepornos von Dorothy Iannone, das hat die immer alle völlig irritiert und sprachlos gemacht, die Drogenpolizei, diese Gefängnisfürsorger und Sozialfuzzis.

Was war das mit dem Gefängnis?

Ja, kein Geld. Viel mit einem Strizzi aus Österreich verkehrt. Der Plan war, als Galerie indianische Skulpturen aus Peru zu importieren. Diese Tonfiguren mußte Jes dann beim Zoll abholen. Da hat er immer seinen Hund mitgenommen, weil er der Überzeugung war, der würde die Drogenköter ablenken. So und dann hat Jes immer gleich angerufen und mir erzählt, wie er die Deppen beim Zoll wieder ausgetrickst hat. Dabei waren die den beiden Gangstern längst auf die Schliche gekommen, weil das einfach bekloppt und naiv war – Peru-Import! hohle Tonfiguren! Die wurden doch längst abgehört und beobachtet, wer noch dahintersteckt. Ich nahm damals an, daß die großen Dealer sich ihre Ruhe erkaufen und solche Amateure ausschalten, indem sie der Drogenabteilung Tips geben; dann haben die mal wieder Erfolg, und die großen Fische haben ihre Ruhe. So. Also früh um vier Alarm bei Petersens, Drogenkommando, die haben die ganze Bude kopfgestellt. Und die vom Strizzi natürlich auch. Und sie haben allerhand gefunden. Jes hatte damals neben sich am Schreibtisch immer so eine aufgekrempelte Aldi-Plastiktüte voll mit ungeschnittenem Kokain stehen. Wenn ich zu Besuch kam, gleich die Frage: »Kapielski, willste ne Erfrischung?« Und weil der immer nur Bier wollte, haute er sich vom Pulver mit dem Teelöffel selbst eine Spitze voll auf dem Tisch klein, und die weißen Krümel flogen durch die Gegend. Er saß immer schon völlig bepudert in seinem weinroten Pullover am Schreibtisch in der Bibliothek, und sein geliebter Köter, so ein schwarzes, überfressenes Wesen mit spitzem Rochenschwanz, fegte durch die Gegend, weil Jutty, so hieß der, gern auf Herrchens Schnupftuch rumkaute. Und Jes saß dann da vor seiner Aleister-Crowley-Gesamtausgabe neben einer Flasche Bordeaux und grinste breit.

Aleister Crowley, der Satanist?

Derselbe. Jes war ja nebenberuflich noch Satanist und falscher Vikar. Er war da etwas verschwiegen. Ich nehme an, die haben ein Schweigegelübde. Im Drittberuf war Jes auch noch Gelegenheits-Transe, die gern mit ihren Freundinnen nachts durch die Lesbenbars zog und rumscharmierte. Das hat er, als seine Frau noch lebte, diskret vollstreckt. Sie wußte es, und er wußte, daß sie es weiß, und Jes hat sich wegen nichts geschämt, aber er wollte die Form wahren.

Im Hauptberuf war Jes Petersen aber Galerist?

Auch nicht ganz. Er war Landwirt. Jes Petersen hat später dann ordentlich geerbt, der war ja aus einer wohlhabenden Landwirtsfamilie, oben bei Flensburg, so konnte er seine Galerie betreiben.

Wie ist er denn in die Kunst geraten?

Wie vom Schicksal bestimmt. Der hat sich durch die Flensburger Leihbibliotheken gefressen. Hat mißmutig seine landwirtschaftliche Ausbildung durchgezogen, derweil aber mehr Genet, Huysmans und Cendrars gelesen. Und dann schreibt der junge Mann vom Land so Leuten wie Picasso oder Franz Jung Briefe, die so rein und rührend sind, daß die antworten! Und da stand fest: Ich werde Galerist und Verleger!

Ist er gleich nach Berlin?

Er hat erst was in Glücksburg gemacht und Hamburg, und zuerst war der Verlag, die Petersen Press.

Wie ist er nach Berlin gekommen? Gab es nicht bessere Standorte für Galerien?

Berlin hat schon gepaßt. Damals bekam man viel Förderung, wenn man hier einen Laden ansiedelte oder als

Arbeitskraft herzog, die Mieten waren billig, wer arm war und unternehmenslustig, ging nach Berlin, und das hat er gemacht. Und Jes hat das hier gefallen, dieser Berliner Gammelbetrieb, die Kneipen, die Bars, die Verrückten.

Und das lief gut?

Na ja, irgendwie schon. Seine Leistungen als Galerist sind enorm, Geld hat er damit nicht gemacht, aber großartige Ausstellungen. Eine Erbschaft hat ihm aufgeholfen. Er hat 78 eine eigene Galerie gegründet, Erfolge gehabt, Geschäfte gemacht, aber das Geld war irgendwann verballert, und da hat er es Ende der Neunziger auch mit den Kokainimporten versucht. Das hat ihm zwei Jahre Haft eingebracht.

Waren Sie beim Prozeß?

Ja. Zwei Kilo, zwei Jahre. Der Strizzi, sein Spießgeselle, hatte einen schlechten Anwalt, er hat mehr bekommen; der fing nämlich an, verfassungsrechtlich weit auszuholen, und sowas können die Richter vor der Mittagspause gerade brauchen. Also drei Jahre. Jes hatte unsern Freund Michael Thomas zum Anwalt, und der hat ganz bündig, leicht berlinernd plädiert, also zwei Jahre mit Rabatt. Während der Verhandlung zucke ich plötzlich zusammen, als ich meinen Namen höre! Der Richter hat abgehörte Telefonate verlesen, und Jes hatte mich oft angerufen und mir seinen Scheiß immer brühwarm erzählt, aber ich habe mich immer schön doof gestellt. Also Jes mit Rabatt, das war erst mal so die sanfte Haft mit Freigang, Offener Vollzug nennt sich das. Mit Freund Dittman haben wir ihn früh um sechs in Spandau abgeliefert; das war wie Mafia: Die Söhne bringen den Boss, den Don in die Haftanstalt. Diese Anstalt war eine gemütliche Sache, tagsüber konnte er nach Hause, und abends mußte er um sechs wieder da sein. Aber nun mußte er auch da wieder sündigen, der liebe Depp Petersen, und hat Schnaps reingeschmuggelt, und darum kam er dann nach Moabit, wo die richtig harten Nummern festsitzen. Da fing er dann schon an zu verzweifeln und ungeduldig zu werden. Und während dieser Zeit starb seine Frau Ilona, da hatte er Freigang mit dezenter Aufsicht zur Beerdigung, aber ja nichts saufen und gleich wieder ab und zurück. Er konnte danach noch ganz gut vom privaten Kunstbesitz leben, wobei die Sammler natürlich wittern, wenn da einer auf Notverkäufe angewiesen ist. Jes hat Trüffel gesammelt, er hatte die erste Galerieausstellung mit Kippenberger gemacht und frühe Sachen von ihm, er hatte Dieter Roth, Elvira Bach und so Kaliber, die dann sehr im Wert gestiegen sind. Ein richtiger Gutsherrentyp war er, immer nobel, Champagner, keiner darf verhungern. Großer Drogenschmecker auch und Rotweinsäufer und Frauenverehrer. Dieter Roth, der auch bei ihm ausstellte, sagte mal, der Petersen sei ganz unschuldig, fast kindlich. Und das stimmte irgendwie.

Das klingt wie Nachruf, kein Makel?

In Köln bin ich mal zufällig in einer Kneipe Al Hansen begegnet, der war nicht gut auf Jes zu sprechen, wegen offener Rechnungen; während Jes wiederum erzählte, wie sich Hansen über Monate in seiner Galerie breitgemacht und durchgefressen habe. Also der Hansen oder Tomas Schmit, die haben unsern Jes doch ziemlich verflucht, seiner moralisch-finanziellen Mängel wegen, die es ohne Zweifel gab.

Hatten Sie auch Geschäfte mit ihm laufen?

Ich hatte zwei Ausstellungen bei ihm, da wurden nicht viele Geschäfte gemacht. Ich habe dann mal mit ihm vereinbart, daß wir lieber Freunde bleiben und darum keine Geschäfte mehr miteinander machen. Der hatte drauf, morgens anzurufen: »Kapielski, kannste mir mal sofort fünf Riesen pumpen?« Fünf! Und es war immer ganz ungewiß, wann man die je wiedersah. Sowas unterblieb dann.

Jes Petersen und seine Galerie waren sehr bedeutend zu ihrer Zeit. Gibt es Examensarbeiten oder Dissertationen darüber?

Die Lehmkuhl hat ein gutes Buch über ihn und die Galerie geschrieben, das ein bißchen klein verlegt worden ist. Die Umrundung des Horizonts heißt es, etwas poetisch, 2009 erschienen. König hätte es in Köln rausbringen müssen, so ist das leider unbeachtet geblieben. Und Papenfuß hat einige Texte von Jes rausgebracht, Jes Petersens wundersame Reise. Seine Frau Ilona hatte mit Valeska Gert zusammengearbeitet als Tänzerin, und da hat Jes für die Gert eine Biographie geschrieben. Dann hat Jes Die Pferdearschbetrachtungen des Friedrich Schröder-Sonnenstern geschrieben und eine unfertige Biographie über Schröder, die Klaus Ferentschik nach seinem Tod vollendet hat. Also es gibt einiges. Die Petersen Press hat gute Sachen verlegt; ein tolles Buch über Manzoni hat Petersen rausgebracht, da steht auf dem Titel aus transparentem Kunststoff: Jes Petersen, Piero Manzoni. Life and work, Verlag Petersen Press Berlin, 1969. Und da steht nichts drin, das ganze Buch besteht aus transparenten Seiten, es ist durchsichtig, na ja nicht ganz, aber so wie es ist, ist es Manzoni, life and work. Das ist eine großartige Idee, ein großes Buch.

Es gab noch eine zweite Ausstellung von Ihnen bei Petersen.

Ja, das war im Mai 91. Die hieß Der Künstler ist abwesend (meistens). Danach ging der Ringkampf los um Verkäufe und Geld, und das war, als ich Jes gesagt habe: »Laß uns keine Geschäfte mehr machen! Sonst geht die Freundschaft flöten.« Also ein guter Geschäftsmann war er nicht, und darum hat er ständig Ärger bekommen, und die Erbschaft war schnell weg. Da konnte er sich nicht an Vereinbarungen erinnern, hat nichts aufgeschrieben, und weil er zwischendurch ja auch Not gelitten hatte, war er ein zäher Kämpfer um jede Mark, zu seinen Gunsten, versteht sich.

Hatten Sie dann auch woanders Ausstellungen? Auch Museen oder sowas?

Museum ist Adel, das kommt zum Schluß. Aber Ende 86 spricht mich Frank Barth vom Künstlerhaus Bethanien an, ob ich nicht ein Atelier bei denen haben will für ein Jahr. Frank Barth war so ein stämmiger Typ, wie man sie in der Kunst nicht vermutet, der lief da den ganzen Tag in den Gängen vom Künstlerhaus rum und hat seinen Schlüssel gesucht, bis ihm die Mitarbeiter so einen akustischen Schlüsselbundsucher geschenkt haben: Da brüllst du eine Parole, und dann piept der Schlüssel: »Hier bin ich!« Der Barth hat das Bethanien gut geführt, auf Vordermann gebracht. Die hatten ein gutes Programm, man ging da hin. Nationale, internationale Künstler haben die aufgestöbert, die sie interessant fanden, und dann eingeladen. Und nun hatte er auch mich eingeladen. Also sagte ich zu Barth: »Was soll ich mit einem Atelier bei euch, ich mache alles zu Hause.« »Ja, egal«, sagte er, »du brauchst ja nicht hingehen, aber da ist eine große Ausstellung mit verbunden und Geld für einen Katalog.« »Na, dann machen wir das!« Dann habe ich ihm noch gesagt, daß er das Atelier einem armen Terpentinschnüffler geben kann, aber das ging nicht. Gut, da habe ich meinen Gitarrenverstärker reingestellt und bin einmal die Woche hin und habe Luftgitarre gespielt. Meine Nachbarin war Eva-Maria Schön, sie kam rüber wegen des Luftgitarrenlärms. Das ist die Frau von Böhringer, vom Kunstphilosophen. Dem Böhringer habe ich einiges zu verdanken. Über ihn bin ich an meine zwei Kunstprofessuren gekommen. Und der Barth wollte mich da zum richtigen Künstler machen, zum Terpentinschnüffler.

Das wollten Sie nicht?

Mal ehrlich, Künstler sind doch eine ganz kranke Spezies, oder etwa nicht? Da will man doch nichts mit zu tun haben, oder?

Was stört Sie denn?

Da pinseln die da einige Stunden rum, und dann reden sie von Arbeit: »Hier, meine neue Arbeit!« Arbeit! Andere arbeiten jeden Tag zehn Stunden und machen kein Aufheben drum. Und die fummeln eine Weile und: »Nein, heute geht es nicht, morgen mache ich vielleicht weiter.« Und dann nennen sie das hochwichtig Arbeit. Und wenn sie endlich mal eine gnädige Galerie haben und ihr Zeug da aufhängen dürfen, dann erzählen sie, daß sie dort vorher »in einen Dialog mit dem Ort eingetreten sind«. Da führen sie einen Dialog mit dem Ort. Das ist doch krank.

Sie haben da aber selbst ordentlich mitgemischt und alles mitgemacht und sind Künstler.

Quälen Sie mich nicht!

Im Künstlerhaus Bethanien kam es dann zu einer großen Ausstellung.

Künstlerhaus Potemkin hieß sie, das war im Februar 87. Ich überlege gerade, ob die mir wohl gram waren, wegen des Titels. Eher wohl nicht, sie wußten, was ich von Kunst halte. Damals fing das nämlich an: Je mehr gepfuscht und Blödsinn gepinselt wurde, um so mehr mußte hochgestapelt werden. Und das hat meine Ausstellung im Subtext vorgeführt. Ich bekam einen riesigen Raum und packte kaum was rein. An einer Längswand hing ein riesiger Schrank, so ein tonnenschwerer Trumm, Eichenfurnier dunkel, den haben vier Mann halten und an fetten Dübeln aufhängen müssen. Auf dem Schrank stand groß mit weißer Farbe DONNERWETTER! Hinten hing ein Foto, 80 x 60 etwa, da stand riesengroß JESSUSMARIA! drüber auf Packpapier. Rechts niedriger Sockel, ein Paar schwarze Lederherrenschuhe mit Socken und Unterhose drauf, und das hieß Der Künstler ist abwesend. Und obendrüber noch weiß auf Packpapier HEILANDSSACK! So. Dann bin ich runter in die Holzwerkstatt und habe denen gesagt: »Ich brauche eine Hochstaffelei!« So hieß meine Idee. »Nehmt bitte eine olle Staffelei und verlängert die mit Holzlatten aus dem Abfall schief und krumm, bis das Ding leicht gebückt gerade so bis unter die Decke vom Ausstellungsraum paßt.« Und die war hoch! Und nun wollten die erst so eine saubere Tischlerarbeit liefern mit zugeschnittenen Latten und alles stabil verschrauben, aber ich habe denen befohlen, ein schiefes, wackeliges Ding zu bauen, das gleich umzufallen droht. Das geht einem Handwerker natürlich gegen den Strich, aber sie haben es hinbekommen. Später habe ich die Hochstaffelei noch sonstwo bauen lassen, im Sprengelmuseum, da stand die höchste, und das gab dann immer ein Charakterbild vom Haushandwerker, der sie gebaut hat. Ich habe sicherheitshalber ein Foto mitgeschickt und dann gesagt: »Baut so hoch, wie es der Raum zuläßt.« Dann habe ich denen eine Pulle Weinbrand in die Werkstatt gestellt, und alles lief wie geschmiert.

Und, wie kam diese Potemkin-Ausstellung an?

Ich weiß nicht. Das war vielleicht zu durchdacht und zu unzeitgemäß, zu konzeptuell. Die beste Geschichte war noch die, daß mich eines Tages eine ganz verzweifelte Frau anruft: »Herr Kapielski, mein Name ist Knappertsbusch, und ich habe Ihre Hochstaffelei zum Einsturz gebracht. Es tut mir so leid!« Da habe ich ihr gleich gesagt: »Das braucht Ihnen überhaupt nicht leid zu tun, die ist ja darauf angelegt. Machen Sie sich nichts draus, das stellen wir wieder auf.« Und sie war richtig erleichtert und fing an zu kichern. Und da dachte ich, frage sie einfach mal: »Knappertsbusch heißen Sie?« »Ja.« »Dann sind Sie verwandt mit dem Dirigenten Knappertsbusch?« Und das war sie, eine Urenkeltochter vom Dirigenten Hans Knappertsbusch, den die Musiker Knapp genannt haben, weil er nicht lange proben mochte. Das war ein ganz großer Beiwedler, viel Wagner, auch Bruckner, Beethoven, die schweren Kaliber.

Der Knappertsbusch war doch einer der Dirigenten, neben Furtwängler, die zu den Nazis gehalten haben ...

Ach was, deutschnational war der, aber doch nie in der NSDAP. Darum gab's eher Ärger, und darum ist er nach Österreich ausgewichen. Ein Künstler eben, ein großes Talent, der in seiner Zeit lebt und sich überlegen muß, ob er auf seine Karriere verzichtet. Das ist nicht leicht, und diese Entscheidungen haben sich die Leute damals auch nicht leicht gemacht. Ich fürchte, die heutige Künstlergeneration wäre da im Schnitt nicht besser. Gerade den Vorauseilenden, die immer Haltung zeigen, wenn sie nicht gerade Zeichen setzen, traue ich am wenigsten über den Weg.

Wie ist denn diese Bethanien-Potemkin-Ausstellung nun angekommen?

Na, ich würde sagen: nicht so. Was gut ankam, war der Katalog. Das war ein Buch, nicht wie üblich ein Großformat mit bunten Abbildungen von den Kunststücken drin und dann ein Vorwort vom Bezirksbürgermeister und eins vom Kunstschlaumeier. Bei mir war viel Text drin, Texte zur Kunst und Geschichten, Abbildungen, Zeichnungen. Ein heiteres Büchlein, das auch ganz schnell vergriffen war.

Das haben die dann gemacht und verlegt?

Das habe ich im Grunde selber gemacht mit dem Budget für einen Katalog. Ich hatte einen Freund, der Reprofotograf war in Hamburg, Peter Hilber. Ich habe die Seiten fertig gebastelt, mit Fotos, Zeichnungen, und er hat Repros davon angefertigt und hat das günstig drucken lassen. So ist es ein Faksimileband geworden mit einigen Farbabbildungen. Einfaltspinsel = Ausfallspinsel hieß der Katalog. Was drin fehlte, war ein ordentliches Impressum. Da habe ich schnell einen Stempel machen lassen und die ganze Auflage durchgestempelt. Und weil ich gut in Schwung war, habe ich noch einen Zusatz beigeschossen, das war so ein kopiertes Heftchen, und das hieß Rechnen: 5, Malen: 1. Da hatte ich Spaß dran.

Es gab doch vorher noch einen Katalog, der Bestwerliner Tunkfurm hieß und bei einer Edition Vogelsang erschienen ist?

Das war 84. Ein Katalog ohne Ausstellung. Also ein Künstlerbuch. Sind auch viel Texte drin. Ein buntes Stück. Das kam so zustande, daß es im Freundeskreis einen Fritz Balthaus gab, der Künstler war, aber auch gelernter Drucker, und der betrieb die Edition Vogelsang. Er hat Bücher selbst gedruckt und herausgebracht. Das war dann der Bestwerliner Tunkfurm. Balthaus ist immer noch als Künstler zugange und macht so hypersubtile Sachen. Da stecken immer sehr viele Gedanken hinter. Sehr subtil, hat Tiefe. Wir haben uns später entzweit, er war mir wegen irgendwas gram.

Warum? Darf man fragen?

Klar, können Sie. Aber das müssen Sie ihn fragen, ich weiß es nicht.

Wolfgang Müller von der Tödlichen Doris hat ein Buch geschrieben, Subkultur Westberlin, da kommen zwei damals in Berlin doch sehr rege Figuren schlecht weg oder werden kaum erwähnt, das sind Sie und der Kippenberger.

Ja, das kann er doch machen. Er beschreibt die Siebziger, Achtziger in Berlin aus seiner Sicht. Nur haben das viele wie eine verbriefte Historiographie gelesen, und da wird's natürlich schief. Aufrichtiger müßte das Buch Subkultur Westberlin unter besonderer Berücksichtigung der Künstlergruppe Tödliche Doris unter besonderer Berücksichtigung Wolfgang Müllers heißen. Und dann wird klar, wenn auch mir nicht verständlich, warum einiges ignoriert oder verwünscht wird.

Da gibt es von Ihnen noch einen seltsamen Katalog, nur Texte, der wird aber bei Ihnen als Künstlerbuch geführt. Ein gelbes Heft namens Leid light.

Das sind nur Texte. Der Titel ist gut, aber das Ding ist Mist. Ein Irrgänger, ein Scheißdreck. Das vergessen wir besser. Die meisten habe ich weggeschmissen. Hier stehen nur noch drei Exemplare zur ewigen Mahnung.

Na, da werden jetzt aber einige Sammler suchen!

Wer denn? So Ketzerriecher, die gern Leute verbrennen? Oder Anpisser, denen Argumente fehlen?

Nein, ich meine Raritätensammler, Kunstbuchsammler. Stehen denn so üble Sachen drin?

Mist steht drin, außer das scheppe Ding mit der Pariser Metro; da steht ja für Ausgang immer Sortie überall dran, Sortie du Métro, und ich habe nun das deutsche Kaufhaus Hertie zum U-Bahn-Eingang umgedichtet, wo die Franzosen hier reingehen und den Bahnsteig suchen, weil sie wissen, Sortie heißt Ausgang, und denken, Hertie heißt hier bei uns Eingang, zur U-Bahn, Hertie du Métro. Und dann stehen die ratlos in einem Kaufhaus rum.

Aua, das ist in der Tat verstiegen, aber doch harmlos …

Das ist sogar gut, aber alles andere ist Mist.

Haben wir noch einen frühen Katalog vergessen?

Ah, es gab noch Frische Hemden bei Hundertmark in Köln. Eine Edition, ein Heft. Auch 87. Dann noch eine Schachtel dazu, die hieß Onkel und Dantes Inferno, von 93. Der Galerist Armin Hundertmark hat so Schachteln verlegt, da hat man dann so Bastelkram reingepackt und Fotos und noch zwei Kippen, und da war wieder eine Fluxus-Schachtel fertig, die er gut verkauft hat. Der Hundertmark wirkte ja ganz unscheinbar, wie ein Sachbearbeiter, aber der war ein großer Kunstkenner mit Witterung. Es heißt, er habe ganz früh für wenig Geld einen Dieter Roth gekauft, und dann hat er den später verkauft und konnte davon ein Haus für seine Familie bauen; er hat eine große Familie, viele Kinder. In Berlin hat er früher in einer Laubenkolonie gewohnt, da gab's immer die größten Künstlerfeste im Sommer, große, großzügige Feste. Sonst war er ein sehr sparsamer Typ. Jeder Briefumschlag, den du von ihm bekommen hast, war mindestens schon dreimal verwendet worden. Da hat er die ungestempelten Marken mit Dampf abgelöst und wiederverwendet.

Waren Kippen bei Ihnen in der Schachtel?

Nee, Fotos, ein Heft und ein Hemd, ein T-Shirt mit Aufdruck, ein Alpenmotiv. Dazu habe ich später eine Gruppe zusammengestellt, Dick & Durstig hieß die, das waren die dicken Kumpels vom Stammtisch und ein paar dünne, lange Leute noch, alles gute Trinker. Es gibt so zähe dürre Trinker und ausdauernde dicke. Also im Ex & Popp, das war so eine semifinstre Underground-Bar in der Mansteinstraße, wo Blixa Bargeld manchmal hinter der Theke stand, und vor ihm saß Nick Cave auf dem Barhocker und hat australischen Eierlikör mit Bundaberg getrunken, da gab es nachts ab und an Live-Musik und auch Vorstellungen, wie wir sie veranstaltet haben. Die wollten eine Dia-Show von mir. Ich habe gesagt: »Gut, paar Kästen Bier und dafür lebender Diavortrag, Urlaub in den Alpen 1992.« Das wurde so ein Tableau vivant mit extra viel Reden. Da habe ich T-Shirts mit meinen Alpenfotos machen lassen, die Dicken führten die Querformate vor und die beiden Langen die Längsformate. Dazu habe ich gequatscht, und alle haben mächtig Bier getrunken. Es war wie Modenschau mit viel Bier. Und Theologe Gärtner, mein Freund Plummy, Querformat, der fing auch noch an, Reden zu schwingen über apostolische Sukzession und sowas. Und die andern machten dann zunehmend Faxen. Dittmann grinste bühnenreif und brüllte um Biernachschub. Meine Dick-&-Durstig-Crew hat sich ständig umgezogen, und zum Schluß trugen sie ein weißes Hemd, wo ich mit dem Diaprojektor Bilder draufgeworfen habe.

Wie kam das an?

Die Leute haben sich amüsiert. Die waren einiges gewohnt, aber sowas nicht. Im Brechtzentrum habe ich später eine Variante vorgeführt, das hieß dann Das Schnarrenberger-Leutheuser-T-Shirt und die Alpenreise 1992. Das fanden die befremdlich, die Brecht-Köppe da; im Ex & Popp haben sie sich bepißt vor Vergnügen, obwohl die Heroingestalten dort schwer in Schwung zu kriegen waren.

Sie haben damals diese legendären Diavorträge gehalten.

Richtig mit Dias noch und Projektor schleppen. Mutter & Maastag, Vortrag für Erich Maas bei der Buchmesse in Leipzig. Sag Ja zu Jes! für Jes Petersen. Wieder beide Beine ab! Ich habe immer Wert auf gute Titel gelegt, Pforzheimer Ecke Schweinfurter, so hießen die Vorträge. Der Titel ist wichtig, auch bei Bildern, bei Ausstellungen. Ich habe da dann Fotos gezeigt, und dazu frei improvisiert, da bin ich immer gut in Fahrt gekommen, mir ist der verstiegenste Irrsinn eingefallen, aber immer plausibel und kein Zungenreden. Manchmal bin ich nicht über das dreiundzwanzigste Bild hinausgekommen, weil mein Kopf gut war. Einen dieser Dia-Vorträge habe ich mal gegen mein Finanzamt gerichtet, ein Brüllvortrag war das. Ich hatte Probleme mit dem Finanzamt, die wollten wissen, was ich da für viele Bücher absetze, wofür ich die brauche. Da habe ich denen eine Liste gemacht mit Verweisen, wofür ich die Bücher brauche, und da sind über sechzig Seiten draus geworden. Damit war ich raus, denn die werden gedacht haben, das ist ein Pedant wie wir und ein Querulant, da kriegen wir nur Ärger, den lassen wir künftig in Ruhe. Was aber noch geholfen hat, war der Brüllvortrag, denn im Eiszeit-Kino habe ich die gesamte Zuhörerschaft mit dem Kompass auf das Finanzamt Charlottenburg ausgerichtet, um eine psychovektorielle Drohkinese wirksam werden zu lassen. So habe ich das auch genannt: Psychovektorielle Drohkinese. Hundertzwanzig Leute waren da, die habe ich ordentlich aufgeheizt, und dann haben sie Richtung Finanzamt Parolen gebrüllt: »Laßt den Kapielski in Ruhe! Ihr Scheißer, ihr! Ihr Kissenpuper! Laßt ihn in Ruhe!« Wie die Besessenen haben sie gebrüllt, ich habe die Massen gar nicht mehr bremsen können, solchen Spaß hat ihnen das gemacht. Und es hat gewirkt!

Wenn sie im Finanzamt davon mal Wind bekommen …

Ist's um mich geschehen!

**2.**

Dieter Roth hat gesagt, daß der Galerist Petersen eine Klasse für sich ist, und: »Er ist so unschuldig, dass man das kindlich nennen kann.«

Und Hans Imhoff hat geschrieben: »Durch die von meinem Vater gestiftete Einrichtung des Glatzenpinselns wurde mir die genaueste Bekanntschaft mit dem Dach meines Ahns zuteil.«

Was wollen Sie damit sagen?

Daß ich Jes Petersen gut kannte.

Weil sie ihm die Glatze pinselten?

Er hatte keine. Ich hockte aber ständig bei ihm rum. Ich hatte die erste Ausstellung bei ihm, und darüber war ich Dauergast und Freund geworden. Es war lustig bei ihm. Ich hatte aus taktischen Gründen meinen Ruhm einige Jahre lang zu Hause oder in Kneipen versteckt, und da öffnete sich das wieder etwas, da wurde ich wieder geselliger bei Jes. Also saß ich dann gern auch nachmittags und bald täglich bei ihm rum. So wie auch andere. Dort hockten wir, im Nebenverlies, im Kabuff, um seinen grazilen Sekretär.

Und was lief da?

Ja, wir haben geredet. Und als alles so weit beredet war, haben wir Karten gespielt.

Ist nicht wahr!? Skat etwa?

Das Spiel hieß Kohlenberta, das hatte ich von Bernd Kramer gelernt, und das führte ich da zaghaft ein, aber dann haben bald alle mitgespielt. Mau-Mau war schon zu viel, ein zu sehr aufs Reflektieren angelegtes Spiel, zu komplex, dabei ist es schon ein Deppenspiel. Also wir hatten uns für Kohlenberta entschieden. Die Spielrunde bestand gewöhnlich aus Galerist Petersen, Oskar Huth, immer auch zeitweise eine sekttrunkene Freundin von Jes, dann oftmals Ute Pehlke, eine alte Freundin des Hauses und auch von mir, und dann gab es da so einen Sozialhilfeakrobaten, der trug einen Pferdeschwanz, und darum hieß er bei uns Knut Lagerfeld. Manchmal schneiten noch andere rein. Die haben dann zugeguckt oder mitgespielt. Der Chemiker und Satanist, von dem ich schon erzählt habe, der mit dem Pulver, war auch oft dabei. Und die Frauentruppe. Erst mal hat Jes allen was zu trinken hingestellt. Wir benutzten ein deutsches Skatblatt.

Von Kohlenberta habe ich noch nie was gehört, wie geht das?

Wenn sich ein Laufkunde verirrte und mitspielen wollte, bekam er eine kurze Unterweisung. Erst mal fragte Jes, was er trinken möchte. Wenn der Cola sagte, wurde er rausgeschmissen. Dann kam die Einführung: »Bis zu neun Spieler, Skatblatt verteilen, reihum beliebige Karten abwerfen, bis der, der die Pik-Dame hat, die Pik-Dame abwirft und somit gewonnen hat, weil die Pik-Dame die Kohlenberta ist. Und wer die Kohlenberta hat und Gewinner ist, muß eine Runde ausgeben, dann neu mischen und neu austeilen.« So einfach ist das.

Warum muß der Gewinner einen ausgeben? Sonst gibt der Verlierer einen aus.

Weil es so ist! Man muß begreifen lernen, daß die Gewinner eigentlich Verlierer und umgekehrt die Verlierer die wahren Gewinner sind, jedenfalls bei uns damals. Das gehörte zum Spiel. Man freute sich dann als Fortgeschrittener, wenn man die Kohlenberta ausspielen und eine Runde ausgeben konnte. Ab und an hat einer kleinlaut nachgefragt, ob man nicht zur Abwechslung mal eine Runde Mau-Mau einlegen könnte. Dann haben den alle entsetzt angesehen und weitergespielt.

Und das täglich?

Es war so eine Saure-Gurken-Zeit, die Galerie stand zeitweise leer, Jes war oft pleite. Eines Tages erwähnte Jes während einer Kohlenberta-Runde, daß Hermann Nitsch kommen werde. Da sagte erst keiner was, und, wie man so sagt: »Der Bogen offener Fragen blieb endlos gespannt.« Denn wenn man Nitsch hört, geht ja gewöhnlich ein Film ab, da fängt schon das Blut an zu laufen. Bis die Pehlke, die immer ganz ungeniert sein kann, ihn fragte: »Wat will der denn hier?« Und Jes antwortete ihr, daß er eine Ausstellung mit ihm machen und daß es eine Orgien-Mysterien-Theateraufführung geben werde. So nannte Nitsch das: Orgien-Mysterien-Theater. Und dann wollten es alle genauer wissen: »Was mit Blut und so, Jes?« Ja, es werde auch ein Schwein geschlachtet, alles wie üblich und erwartet.

Ist das die Ute Pehlke, die im Offenbarungseid vorkommt und oft bei den Gesprächsrunden mitmacht?

Das ist sie, Ute Pehlke; sie hat mal ausschließlich von Roulette gelebt und in Garmisch gespielt.

Also gewonnen?

Eine Weile schon. Aber auf Dauer gewinnt keiner außer der Bank, hat sie erklärt. So. Dann kam Nitsch. Er setzte sich mit zu uns ins Galeriekabuff. Er verbreitete anfangs etwas Unruhe, obwohl, weniger er als seine Hilfskräfte, die der niederösterreichische Aktionskünstler, wie die Berliner Presse damals schrieb, zahlreich dabeihatte. Dieser Troß schien, vom Meister wie besessen, unentgeltlich Frondienst zu leisten und wackelte ihm ständig hinterher, die ließen sich kaum absondern. Aber dem Hermann Nitsch war man in der Runde schnell gewogen, man versuchte ihn dezent vom Nachtrab zu trennen und hat ihn gefragt, ob er mitspielen möchte. Er begriff sofort das zirkulierende Opferritual des Spiels und zockte unzählige Runden mit; er hielt sich dann auch sein Gesinde vom Hals und wurde noch ruhiger als ohnehin schon. Nitsch hatte Unmengen Weinkisten aus Österreich mitgebracht, eigener Anbau, der wurde unablässig getrunken. Nitsch war so ein nett-kauziger und trinkfroher Mann, und er gab einen guten Verlierer, der ja der eigentliche Gewinner ist, und blieb angenehm wortkarg und sprach auch nichts von Kunst, sondern saß einfach da, außer wenn er beglückt »Kohlnböata!« rief, weil ihm zu seiner unbändigen Freude Fortuna die Pik-Dame zugeschoben hatte. Er schenkte dann persönlich Wein nach und Schnaps, und dann mischte er, teilte aus und es ging es weiter, während die Aspiranten und Eleven vorn in den Galerieräumen umherliefen, Bilder auspackten und die Ausstellung aufbauten. Wenn Nitsch extra laut »Kohlenböata!« schrie, jagte er ihnen immer einen Schrecken ein, und sie kamen nachsehen, was los ist. Später brüllte er darum ohne Grund ab und zu »Kohlenböata!«.

Warum waren da so viele Hilfskräfte?

Die sind wohl immer dabei. Die haben Lastwagen voller Gemälde entladen und hängten alles vorn auf. Ein riesiger Umzug. Und dann war ja noch die Aufführung vorzubereiten. Jes hatte eine Fabriketage gemietet, da fand dann das Orgien-Mysterien-Theater statt, und es wurde Musik gemacht, also Instrumente waren auszupacken, Möbel, eine Schlachtbank, alles mögliche. Es gab ein großes Blutorchester, und die Punkgruppe PVC trat auf. Als Jes dann am nächsten Tag aufräumen und wischen mußte, weil das Blut in der Etage darunter von der Decke tropfte, waren die alle verschwunden.

Sie waren bei der Aufführung?

Klar. Am Tag der Vernissage in der Galerie waren Massen erschienen, und alle soffen den Prinzendorfer Wein vom Nitsch. Der bewirkte einen ziemlich wüsten Rausch, als hätten die pro Faß noch drei Psychopilze drin ziehen lassen. Also sind unheimliche Dinge passiert. Ich wäre fast gelyncht worden. Es wurde komisch.

Was ist denn passiert?

Wir hatten uns vor den Tumulten in der Galerie ins Kabuff zurückgezogen. Neben mir am kleinen Tisch, an Jes' Sekretär, befand sich zur Linken das Gesicht Hermann Nitschs, ganz nah und neuerdings immer plauderhafter und irgendwie bedrohlich zerzaust. Er hatte so einen dünnfadigen Vollbart, der reichte bis auf den Tisch runter, er beugte sich allerdings auch tief drüber und hin zu mir, und sein Bartgestrüpp folgte mit zittrigen Ausschlägen seinem plötzlichen Wortschwall. Ich verstand überhaupt nichts. Er geriet immer tiefer in seinen Dialekt und nuschelte wie Hans Moser. Und um uns herum standen Galeriegäste und Gehilfen, die das weite Ohr zum Meister hin beugten, während im Hintergrund der Vollsuff röhrte. Ich habe entgeistert auf die zittrigen Ausschläge dieses Barts gestarrt, der dem Ho-Chi-Minhs ähnlich sah und der vielleicht als Wortfortsatz vielen charismatischen Männern an den Schädel montiert ist. Bei Marx, Darwin, bei Nietzsche und Kaiser Friedrich I. war das der Fall, und Kaiser Barbarossa heißt ja darum sogar auf italienisch Rotbart.

Und was ist passiert?

Ja, nun ging's los! Ich war, wie alle, von diesem Wein meschugge, und dann ging meine Rechte wie ferngesteuert zum zitternden Bart hin und zupfte zweimal zart daran.

Was? Das haben Sie gemacht?

Ja. Ich war meschugge, und dann wollte ich vielleicht die Echtheit oder Festigkeit prüfen oder irgendwie teilhaben am Genie. Jedenfalls wurde es schlagartig ruhig um mich. Nitsch schwieg erst, und dann sog er Luft ein und warf einen Fluch nach dem anderen wie Geröll auf mich. Er bebte nun an Bart und Körper, setzte sich aber schnell wieder, kippte ein Glas Wein runter und dampfte stumm vor Wut. Bevor ich mich nun erklären und um Nachsicht bitten konnte, hat sich nach und nach der Nachtrab vom Nitsch erhoben und haute mit Fäusten, Gläsern und Stühlen auf mich ein, der den Bart des Propheten gezupft und entweiht hatte. Bis Jes Petersen aufstand und mit schrecklichem Gebrüll endlich Einhalt gebot: »Schluß jetzt!« brüllte er: »Was seid ihr für blöde Knickstiebel!? Laßt den Kapielski in Ruhe! Der ist in Ordnung!« Und dann war gottlob auch Ruhe.

Und weiter?

Ich habe mich mit dem Nitsch wieder vertragen. So wie ich meschugge war er zornig geworden vom Wein. Und anderntags, als abends das Theater losging, saßen wir nachmittags noch im Kabuff, und es tat ihm leid, und mir tat es auch leid, und dann soffen wir schon wieder diesen Prinzendorfer Sturm und spielten ein paar Runden, so daß wir dann abends schon wieder ordentlich angeheizt waren. Die meisten hatten gar nicht mitbekommen, was da passiert war. Und am nächsten Tag waren die alle schnell weg, und wir mußten Blut wischen.

Sie haben zahlreiche Ausstellungen gemacht und haben eben einige Kataloge aufgeführt, aber besonders viele waren das nicht.

Das ist doch Quatsch! Es gibt derweil zwölf, eigentlich vierzehn Kataloge, das ist doch nicht wenig. Und Editionen gibt es vierundzwanzig, ich bitte Sie? Wie kommen Sie darauf?

Ich habe eine Liste mit Ihren Publikationen, da stehen weniger Kataloge drauf.

Es gibt viel Vergriffenes, viel von ganz früher, und dann gab es so halbe Underground-Kataloge, die haben alle keine ISBN-Nummer, und dann gibt es die gar nicht. Eine Schrift ohne ISBN existiert gar nicht, da müssen Sie mal einen Bibliothekar fragen. Und bei vielen Druckwerken gibt es Schwierigkeiten, die einzuordnen. Ich habe ja nie gewöhnliche Kataloge gemacht. Für normale Künstler ist das ein Prestigeding, denn in den Künstlerbiographien müssen möglichst viele Kataloge drinstehen und Ausstellungen. Und diese Kataloge sehen dann alle gleich aus: Abbildungen von den Werken auf Hochglanzpapier, alles freigestellt, also kann sich keiner vorstellen, wie die wirken und wie groß die eigentlich sind. Diese Kataloge sind meist langweilig und landen nach einer Anstandsfrist im Papiermüll. Das sind Prestige- und Stolzklumpen, die verschenkt und verschickt werden an Sammler und Galerien, und einen kriegt die Mutti und einen die Oma. Dann bleiben von tausend achthundertfünfzig übrig, was aber nichts macht, weil sie subventioniert werden und weil es normal so ist.

Wenn es am Anfang der Künstlerkarriere noch keinen Katalog gibt, spielt die Präsentationsmappe eine wichtige Rolle.

Damit bewerben sie sich auf Stipendien und meist erfolglos bei Galerien. Im Katalog steht dann schon hinten drin, was man für Ausstellungen hatte und was es noch für Kataloge gibt. Und dann steht drin, was man für tolle Stipendien hatte. Und das mache ich alles nicht mit, und da werden Sie bei mir sehen, daß ich bis 2013 überhaupt noch nie ein Stipendium hatte, weil man sich darum bewerben muß, und das fand ich ehrenrührig. Das ist alles so ein Schwachsinn, so ein widerwärtiger Betrieb. Ekelerregend ist das.

2013 haben Sie aber eins bekommen und sich wohl doch beworben?

Da war ich schon 62 Jahre alt und altersmüde, oder besser altersmürbe. Ich brauchte Geld und dachte, scheiß drauf, das wird jetzt mal gemacht, du hast genug Steuern gezahlt, und dann habe ich mich einmal beworben und bekam das gleich, wahrscheinlich, weil ich mich noch nie dort beworben hatte, und da werden die sich gesagt haben: »Ah! Der ist neu und bewirbt sich nicht ständig, da nehmen wir den doch mal.«

Was bringt denn so ein Kunststipendium?

Also auf Kunst habe ich mich nie beworben, ich wüßte gar nicht, was ich da beantragen soll. Das war für Literatur, da habe ich denen erzählt, daß ich sonstwas vorhabe, und dafür haben die mir ein Jahr lang monatlich zweitausend rübergeschoben. Da kann man sich dran gewöhnen, was auch wieder unheilvoll ist.

Waren Sie mal in einer Jury, die Stipendien vergeben hat?

Einmal, für Kunst. Da haben wir uns zwei Tage lang einen Haufen Mist angesehen, und ich fand zwei Sachen ganz gut, aber die Batikkünstlerin im Gremium fand das gar nicht gut, und so kommt dann irgend so eine trübe Wahl zustande, eine mediokre Entscheidung. Diese Jurys müßten sich der Mühe unterziehen, selbst nach Talenten zu suchen. Und dann soll das einer bestimmen und nicht so eine Mischung aus Töpfern, Tachisten, Neoexpressionisten und Tanzperformerinnen. Dann soll doch die Batiktante bestimmen und im nächsten Jahr der Wilde Maler.

Haben Sie Kataloge von anderen Künstlern im Regal stehen?

Das sind nicht viele. Zunächst mal von Künstlern, die ich schätze. Das sind wenige.

Da kann es aber doch passieren, daß der Katalog mies ist …

Nee, komischerweise nicht! So was passiert dann nicht. Fischli-Weiss-Kataloge oder die vom Kippenberger sind immer gut, selbst die geschüttelten Ärmelsachen. Einen Katalog von Spitzweg habe ich, den sehe ich ab und zu an, da sind auch paar interessante Texte drin. Und von Zille habe ich einen Fotokatalog und die Hurengespräche. Von Dieter Roth die Scheiße-Bände, und ganz wichtig sind mir die vier Kataloge von Tomas Schmit, die waren mein Kunststudium, und es ist angewandte Zeichentheorie, wenn Schmit sich da fragt, wie das Zeichen für kein Zeichen beschaffen sein könnte. Sonst hat man natürlich noch die geschenkten Kataloge mit Widmung. Und auch wenn man die bei Umzügen immer nur mitschleppt und gar nicht anguckt, traut man sich nicht, die wegzuschmeißen. Die kriegt dann posthum das Archiv in Marbach.

Wollen wir noch kurz die wichtigen Ausstellungen durchgehen?

Wichtig ist von 88 eine Gruppenausstellung: An Bord. Ritter im Geiste Karl Valentins. Die lief bei Petersen und dann noch bei Marlene Frei in Zürich. Da hatte ich zum ersten Mal mit Marlene Frei zu tun, die ja jetzt meine Stammgaleristin ist. Ich habe mir damals viel Rohmaterial für Kunstideen bei den alten Berliner Trödlern besorgt. Das war noch nicht so Nobeltrödel, sondern banaler Mist, Nachlässe von armen Rentnern, Besteck und Teller haben wir da gekauft. Und ich bin dann immer mit so einem Pirschblick durch diese Läden: Was könntest du hier verwenden? Was ist schon zureichend irre oder verstiegen? Und da sehe ich da so eine selbstgebaute, dreistufige Holzerscheinung aus furniertem Preßspan, ganz stabil zusammengeschraubt. Ein famoses O-je-trouvé, so habe ich diese durchgeknallten Fundstücke genannt, man spricht ja in der Kunst von Object trouvé oder Ready-Made, Duchamps Pissoir fällt jedem ein, und ich habe nun diese proletarischen Lebensabfälle aufgetrieben, die ja schon Heimwerkerkunst waren. Ich fragte den Trödler, das war so ein alter Araber, den fragte ich: »Was ist das denn?« »Nix wisse, 20 Mark!« sagte er, und von hinten krähte eine Stimme: »Blumenbank, sehr schön!« »Egal«, sage ich, »für 10 Mark nehme ich die mit!« Er hat den Zehner eingesteckt und war froh, daß er das Ungetüm los war. Dann habe ich das Ding zu mir in die Wohnung, in meine Atelierküche geschleppt, was nicht leicht war. Die Leute auf der Straße haben geguckt, wie ich mich mit dem Ding über der Schulter nach Hause gekämpft habe, und dachten sich: Was hat der Idiot da für einen Schwachsinn geklaut? Neukölln, wo ich nach Merve damals in der Weserstraße wohnte, fing schon langsam an, Neukölln zu werden. Und bald stand da der schöne Abfall schon vor der Tür rum. Also: Bumm! Da stand das Resopalmonster. »Was machst du damit?« Da kam mir der Einfall, da drauf zu schreiben: Keiner v/ersteht mich! Mit schwarzen Letraset-Buchstaben, und zwar so, daß die Schrift nach dem v von versteht um die Ecke läuft. Also: Keiner versteht mich und: Keiner ersteht mich. Das war dann auch der Titel. Und das Verrückte war, daß es in Zürich einer nicht nur verstanden, sondern auch erstanden hat! Das Ding hat Marlene Frei in Zürich verkauft!

Welche war Ihre verrückteste Ausstellung?

Verrückt waren die alle. Aber besonders war das in Offenbach, da gab's so ein Paar, das waren Kunststudenten in Frankfurt, und die haben in Offenbach eine Galerie gemacht und gute Sachen ausgestellt, die hatten den Riecher. Der Müllmann, der jetzt auch einen Müllhaufen im Museum of Modern Art stehen hat und Professor geworden ist, John Bock heißt er, der hat bei denen zum ersten Mal ausgestellt. Duve und Wüst hießen die beiden. Nun hatten die natürlich kein Geld, also habe ich gesagt, zahlt mir die Reise, ich packe ein, was geht, und dann komme ich da drei Tage, baue auf und schlafe auf so einem dumpfen Stahlrohrklappbett mit Drahtfedern für Gäste, das dann zusammengefaltet auf einen Sockel in die Mitte kommt und zentrales Ausstellungsstück sein wird. Dann kam mein Zahnbecher, so ein buntes Plastikding mit drei, vier Zahnbürsten, Rasierer und sonstwas auf einen dünnen hohen Sockel. Das Objekt trug den Namen wie die ganze Ausstellung: Ihr könnt alle bei mir schlafen! Klaus Theuerkauf hat mir später Epoxidharz reingegossen, und das ist verkauft worden. Dann hatte ich noch ein paar Kopfkissenbezüge mitgebracht, so blaß karierte, rosa, hellblau, mit Brandlöchern, die haben wir da in Keilrahmen gesteckt und an die Wand gehängt. Rauchen im Bett hießen die Dinger. Ein Handtuch haben sie mir gegeben, das habe ich dann auch zur Eröffnung an einem Haken an der Wand aufgehängt, das war so ein dicker Kaufhaushaken, da stand »Gäste« drauf. Der perfekte, sinnreiche Blödsinn! Dann stand in der Ecke noch so ein Hochhausturm aus Bierkisten für die Eröffnungsfeier, da habe ich ein Schild drangehängt, das hieß dann Marriott Hotel Offenbach.

Fertig war die Ausstellung. Sonst habe ich da sehr kalte Erinnerungen an diesen Februar 99. Da bin ich zwischendurch immer in eine Kneipe rüber, um mich aufzuwärmen. Das war so kalt in meinem Klappbett, daß ich kaum schlafen konnte.

Ist was verkauft worden?

Ach was. Später erst. Es war eine schlichte, mehr konzeptuelle Ausstellung, sah gut aus, und alles, was da rumstand, was ausgestellt wurde, ist auch gebraucht worden. Das war schon Nutzkunst.

Da fällt mir Ihre Ausstellung mit dem Kühlschrank ein.

Die in England?

Die Kühlschranklichtproblematik. Da gibt es die Geschichte dazu in Anblasen, das bei Merve rauskam. Wie kam es zur Ausstellung?

Ich wurde angerufen und eingeladen, und die haben mir mitgeteilt, daß ich machen kann, was ich will. Es gab nur diese nicht unerhebliche Bedingung …

Das war die Ausstellung in absoluter Dunkelheit?

Ja, was man dort ausstellte, sah kein Mensch. Ich war beeindruckt und sagte zu. Dann habe ich überlegt, was ich mache, und da dachte ich, es ist Winter, du kannst deinen Kühlschrank entbehren. Dann bin ich zu einem

Elektroladen und habe denen erklärt, daß ich meinen Kühlschrank umbauen möchte. »Das Innenlicht soll leuchten, wenn er zu ist, und wenn ich aufmache, soll das Licht ausgehen«, habe ich denen erklärt. Sie haben mich blöd angeguckt und gemeint, daß sich das machen läßt: »Kein Problem, der Schalter wird einfach umgepolt.« So, dann kam eine renommierte Kunstspedition, Hasenkamp war das, die haben meinen Kühlschrank mit Schaumstoff und Luftpolsterfolie in eine Holzkiste gepackt und ihn gut versichert nach London gebracht. Da ist er dann aufgestellt worden.

Waren Sie da?

Es war großartig! Man mußte durch eine Lichtschleuse in den absolut verdunkelten Raum und hat sich dann von einer durchlaufenden Kordel durch die Ausstellung führen lassen, und dann kam man wieder raus ins gleißende Licht, wo die übliche Stehparty mit Getränken lief. Mit einer Taschenlampe hätte ich meinen subversiven Kühlschrank in der Mitte der Ausstellungshalle sehen können. Es gab einen Lageplan. Und der leuchtete nun innen. Trotzdem hatte ich mich an die Regeln dieser Ausstellung gehalten. Man hätte die Tür mit Überlichtgeschwindigkeit aufreißen müssen, um zu beweisen, daß innen Licht ist. Oder hätte ein Loch bohren müssen.

Was ist aus dem Kühlschrank geworden?

Der wurde mir zurückgeliefert. Bei der Abnahme konnte ich mir nicht verkneifen, die defekte Innenbeleuchtung zu beanstanden. Die Versicherung hat mir dann die Ausgaben für die Reparatur erstattet. Und ich habe das Licht selbst wieder umgepolt.

Im Sprengelmuseum hatten sie mal einen Preis bekommen, und da gab es eine Ausstellung dazu. Gab es da was Besonderes?

Da stand die höchste je gebaute Hochstaffelei. Und der Direktor, der Krempel, der ist mit mir den ganzen Tag in so einem englischen Taxi durch Hannover gegurkt, um Zeug zu besorgen. Wir hatten einen lustigen Tag, dann habe ich das hingebaut und fertig war. Diese Ausstellung und der Kunstpreis waren ein Höhepunkt, danach ging's wieder in der Ebene weiter.

In Innsbruck hatten sie bei Herbert Fuchs eine Ausstellung.

Herbert ist spitze! Der ruft mich an: »Worrawullsta füra Foabn?« Ich verstehe kein Wort: »Was willst du, Herbert?« Also man versteht ihn kaum am Telefon, er spricht Obertiroler Bergdialekt. Es dauert immer, bis ich ihn verstehe und auf Hochgebirge umschalte. Also, er wollte wissen, was ich mir für eine Farbe wünsche. »Für was denn?« »Für Katalog und Ausstellung bei mir im Café Corso.« Gut. Ich war damals mit Rembrandt beschäftigt, mit dem Braun von ihm, weil es in der Gaststätte Hoeck reichlich vorhanden war vom jahrzehntelangen Tabakrauchen. Also sage ich zu ihm: »Rembrandtrotbraun.« Dann habe ich einen Katalog am Mac zusammengefummelt und habe ihm das geschickt, und fünf Tage später habe ich den perfekten, fertigen Katalog in der Post! Der Fuchs Herbert ist ein Arbeiter, ein präziser, hartnäckiger Arbeiter und Selbstausbeuter für die Kunst. Um Geld zu verdienen, malt er so Stadtansichten von New York und Tokio für Arztpraxen. Die verkauft er gut und steckt das Geld in seine Projekte. Dann bin ich im Zug nach Innsbruck, eine halbe Weltreise, und fahre da in sein Stammcafé Corso, wo sie ihm aus der Hand fressen. Und ich komme da an und denke, ich sehe nicht richtig: Da ist alles, das ganze Café ist rembrandtrotbraun gestrichen, und der Katalogdeckel ist rembrandtrotbraun, die Leuchter sind rembrandtrotbraun, die Schürzen von den Kellnern sind rembrandtrotbraun, alles ist rembrandtrotbraun! Das ist Herbert Fuchs. Er säuft bloß nicht mehr. Er hat früher mit Kippenberger viel gemacht und rumgesoffen. Kippenberger hatte bei ihm in Innsbruck die Idee mit den geschnitzten Froschkruzifixen gehabt, und Herbert hat einen Herrgottsschnitzer gekannt, der hat ihm die gekreuzigten Frösche geschnitzt, und die wurden ausgestellt. Und als es dann zur Anzeige wegen Gotteslästerung kam, ist Kippi so schnell wie's geht abgehauen nach Deutschland, mit dem Taxi nach München zum Flughafen, und der arme Herbert hatte den Prozeß am Hals, weil er der Aussteller und Organisator war. Den Schnitzer hat er gedeckt. So ist Herbert.

Es gab noch drei bedeutende Ausstellungen mit sehr aufwendigem Katalog in Kunsthallen. Wollen Sie kurz berichten?

Ein dicker Katalog, ja. Im Grunde drei. Es waren drei Ausstellungen, und für jede gab es eine Banderole mit extra Titel; in der Kunsthalle Göppingen, wo Werner Maier das angeleiert hatte, hieß das: Sezessionistische Heizkörperverkleidungen. Der Maier ist ein dufter Typ, so ein unkomplizierter, ganz ungezierter Mann der Kunst, eher unüblich.

Den Titel haben Sie auch als Buchtitel verwendet?

Ja, für mein sprachlich höchstmögendes Werk, mein geheimes Hauptwerk, die Neuen Sezessionistischen Heizkörperverkleidungen von 2012 bei Suhrkamp. Ist ja auch ein famoser Titel. So. Dann ist die ganze Ausstellung nach Delmenhorst in die Städtische Galerie geschafft worden, wo die Reckert der Boss war, Annett Reckert, auch in Ordnung, intern sprachen wir von Delmenhotte, Delmenhorst wurde einberlinert zu Delmenhotte, und bald haben das alle so gesagt in Delmenhotte, und da hieß die Ausstellung: De Dingsbums non est disputandum. Da hatten der Katalog und die Ausstellung diesen Titel. Noch besser wäre De Delmenhotte non est disputandum gewesen, aber da gab es noch keinen Delmenhotte. Und zum Schluß ist alles noch in die Galerie von Marlene Frei in Zürich geschafft worden, und da hieß die Ausstellung Sächsische Quadrupels. Große Sache! Die wollten mich mit Gewalt berühmt machen, die drei.

Und?

Das schafft keiner!

Im Weserburg Museum Bremen gab es auch eine große Ausstellung …

Das schaffen die auch nicht! Aber das war eine tolle Sache, 2019, da haben sie meine sämtlichen Publikationen und Editionen, die sie da sammeln, die hatten sie ausgestellt in Vitrinen und so, ganz nobel. Museum eben, Profis. War ein dickes Ding. Und da kamen zur Eröffnung lauter Frauen, mit denen ich mal was hatte in meinem Zweiten Leben, gleich drei auf einmal.

Und da gab's Ärger!?

Nein, wieso? Ich war lieb. Zwei sahen so gealtert aus wie ich. Man staunt sich dann entgeistert an und brabbelt irgend so einen Schwachsinn von: »Wie geht's dir?« Ganz blöde Situation. Drei schlafende Hündinnen auf einmal geweckt mit Museumskunst. Das war heftig. Und die dritte, die hübsche Susanne aus Verden, die war immer noch so hübsch und zierlich wie beim letzten Mal, als wir uns vor über vierzig Jahren in Bremen bei Regen einen Abschiedskuß im Hauseingang gaben. Und was ist sie wohl geworden, die Susi? Was tippen Sie?

Künstlerin?

Nein. Noch einen Versuch!

Lehrerin?

Richtig! Mein Schicksal, mir laufen die Lehrerinnen nach, und mit einer war ich und mit einer bin ich verheiratet. Aber ein armer Künstler kann froh sein darüber. Sie haben ein festes Einkommen und einen festen Charakter. Und sie besitzen die göttliche Zürnkraft und die berufliche wie zivile Hingabe.

Göttliche Zürnkraft?

Au ja! Wenn es um Gerechtigkeit geht oder Brutschutz, da kann meine Gattin energisch werden, da hätte in der Kreideepoche ein Saurier den Schwanz eingezogen und wäre kleinlaut davongehupft! Ich bin immer ganz entzückt, wenn sie wütend wird und unfaßbare Kräfte entwickelt. Das ist nicht zu verwechseln mit den unbeherrscht cholerischen Rumbrüllern. Bei denen steckt ein Wunsch nach Unbeschwertheit hinter und Faulheit, und wenn das bedroht wird und sie schlechtlaunig sind, dann explodiert diese faule Unkraft aus ihnen heraus. Das sind Leute, die mehr erwartet haben vom Leben; da werden die grämlich, giftig und schreien rum.

Sie verwenden immer sehr interessante Titel für Ihre Bücher und Ausstellungen. Welcher ist Ihr Favorit?

Also der von 21, Galerie Polarraum in Hamburg, nichts verkauft aber Hochleistungstitel; halten Sie sich bitte fest, hier ist er: Vom Nutzen und Nachteil des Nutzens der Nachteile von Kunst. Was sagen Sie dazu?

Ein Mehretagentitel. Ich steige gerade mal gedanklich durch. Die Nachteile der Kunst sind von Nutzen, meinen Sie? Er variiert einen Nietzsche-Titel.

Na, mindestens doch. Beim Reckermann in Köln gab's noch: Reckermanns Kunstgoethe. Auch gut. Im Valentin-Musäum in München hießen die Ausstellung und der schöne Katalog Nach Einbruch der Nüchternheit. Das ist auch gut. Das erste Buch bei Maas, Aqua botulus, der Titel war Mist. Den bereue ich. Seither gebe ich mir Mühe.

Noderne Gunst & Karmische Gipferl ist mein Favorit.

Ja, der dringt vor, der geht in die Tiefe und ganz nach oben, bis dann die neue Klarheit kommt, die Nutzkunst.

Was verstehen Sie eigentlich unter Nutzkunst?

Das ist welche, die wieder einen Nutzen hat. Also man nimmt von Duchamps die mit R. Mutt signierte Fontäne und schraubt die wieder im Männerklo an die Wand, daß man normal reinpissen kann. Oder ich nehme ein Bild auf Holzplatte, das nicht verkauft ist, und lege mir das als Schreibtischplatte kopfrum auf zwei Böcke. Oder im Literaturhaus Krems hatten die keine Schuhbürste, ich brauche aber eine Schuhbürste. Da habe ich eine gekauft, habe die signiert, einen Aufhänger drangeschraubt, und die hängt jetzt im Büro an der Wand als Nutzkunst und kann gegen Pfand ausgeliehen werden zum künstlerischen Schuheputzen.

Gab's da schon eine Ausstellung zur Nutzkunst?

Ein Jahr vor der großen Pest in Zürich bei Marlene Frei. Da hing dann unter anderem die Wandsafeabdeckung, die schon Nutzkunst war, als ich das alles in diesem Ausmaß noch nicht ahnte und nicht wußte. Man denkt ja immer über sich hinaus und vor sich her.

Über die Ausstellung im Valentin-Musäum haben Sie ein ganzes Kapitel in den Gottesbeweisen geschrieben. Wollen Sie kurz erzählen?

Mein erster Band bei Merve war das. Die Gottesbeweise sind dann bei Zweitausendeins noch mal verlegt worden als Taschenbuch, und das ist verkauft worden wie geschnitten Brot, aber bezahlt haben die nur zögerlich oder gar nicht. Zweitausendeins ist daran zu Recht pleite gegangen. Als Martin Weinmann dort noch rumfuhrwerkte, haben die gute Sachen gemacht und gezahlt. Dann haben die eine Werkausgabe in elf Bänden vom hochverehrten Kollegen Henscheid aufgelegt, und ausgerechnet da kam die Zweitausendeins-Verhunzung dazwischen, und es fehlte der letzte, der elfte Band, weil sie vorher abgeschnappt sind. Windig war das dann alles. Jetzt versuchen ein paar freundliche Menschen, noch mal unter der Flagge zu segeln. Wie auch immer, die Gottesbeweise gibt es bestimmt noch, antiquarisch bestimmt. Kann man alles da nachlesen.

Na, kurz bitte!

Gut, aber kurz: Glasmeier, der ist ja jetzt so brummigbräsig professoral geworden, der hat ja noch auf den letzten Drücker eine ordentliche Professur geschnappt, und da ist er voll drin aufgegangen. Ich erfreue mich immer dran, wenn er so hochgelehrt rumbrummt. Er hatte jedenfalls die Idee mit der Valentin-Musäum-Ausstellung, er hat ja über Kalle Valentin eine Dissertation, so eine Referatsdissertation, geschrieben.

Was ist denn eine Referatsdissertation?

Also eine Dissertation sind siebzehn Seiten, die eine ganze Wissenschaft und ein Weltbild verändern, weil da was völlig Neues und Bahnbrechendes vorgeführt wird, eine ganz neue Idee. Einsteins Relativitätstheorie hat siebzehn Seiten. In den Geisteswissenschaften bringen sie jetzt oft fünfhundert Seiten Fleiß, und da wird im Grunde nur referiert, was da jetzt der Kafka zum Beispiel so alles geschrieben hat und was der Vater für ein Arschloch war und was nun Freud dazu sagt. Dazu bringen sie dann noch dreihundert Seiten Anmerkungen und Bibliographie, wo dann immer die Zeitgeister Parade stehen. Das Stück vom Glasmeier ist gut zu lesen und interessant, geht aber schon mehr in diese Richtung. Großartig war die Idee von Christiane Seifert, Glasmeiers erster Frau, sie wollte eine Fibel unter dem Titel Die schönsten Stellen aus der Dissertation meines Mannes rausbringen. Die Frau hat Humor, könnte eine große Künstlerin sein, aber sie ist schwierig. Ich wollte mal ein Buch von ihr haben, das wäre bei Kramer verlegt worden in der USCHI-Frauenreihe, die ich besorgt habe. Fünf Frauen, fünf Bücher, jede einen Buchstaben, bis USCHI im Regal steht. Sie hätte das C haben können, aber sie kam nicht zu Potte.

Sie sind dann mit Glasmeier nach München?

Im Nachtzug, wo ich sowieso nie schlafen kann. Ich habe es mit Bier versucht, kam dann aber verkatert und völlig übernächtigt da an und bin dumpf hinter Glasmeier hergetrabt ins Stadtmuseum, wo Wolfgang Till der Chef auch vom Valentin-Musäum und noch anderen Museen war. Und da haben wir dann alles ausbaldowert, Katalog war abgemacht, dann haben wir noch Weißwurst gezuzzelt oben im Valentin-Musäum, da gibt es eine Kantine, und dann sind wir im Zug wieder zurück. Ich hatte den guten Titeleinfall: Nach Einbruch der Nüchternheit, und dann habe ich im Eiltempo und beschwingt vor Freude den Katalog geschrieben und gestaltet; der ist von Barbara Wien und dem Valentin-Musäum dann verlegt und gedruckt worden. Auf dem Cover ist diese scheußliche Kerzenfarbe vorn drauf. Die bleicht stark. Also gibt es reichlich Sammlervarianten von Rosa über Rosé bis zu Blaß-Fleischfarben. Dann ist das ganze Zeug hingeschafft worden, ich habe in zwei Tagen alles aufgebaut, und dann ist da so eine Matrone immer um mich rumgeschlichen. Das war die Frau Köhl, die Leiterin vom Valentin-Musäum, eine Unteroffizierin vom Direktor Till. Eine Valentin-Besessene. Und ich merkte schon, der schmeckt das alles nicht. Im Morgengrauen am Tag der Eröffnung donnert es bei mir im Hotel an der Tür. Da steht Jes Petersen früh um sieben da, hungrig und durstig. Er hatte bei München irgendwo ein paar seiner faulen Schröder-Sonnensterne verkauft und war nun da.

Tatsächlich gefälscht?

Wie man es nimmt, ich habe es schon erzählt. Der Schröder ist plötzlich berühmt geworden, hat viel Geld bekommen für seine Zeichnungen, hatte aber keine Lust mehr, also hat er Hilfskräfte eingestellt. Die Hauswartsfrau hat Flächen mit Buntstift ausgemalt, dann gab es einen Spezialisten für Details, und Jes hat alles gekonnt. Und weil Schröder zum Schluß nur noch besoffen im Bett lag, hat er nur signiert und gesagt: »Macht mal! Das Geld kommt dann hier in die Zigarrenkiste!« Der französische Präsident Pompidou hat Schröders gesammelt, alle Welt war scharf auf Schröders. Und so war das lange schon eine Werkstattarbeit bei ihm, wie bei den niederländischen Meistern. Und Jes hatte reichlich von diesen signierten Schoellershammer-Pappen und brauchte immer Geld und hat verkauft, auch an den Castorf. An den allerdings echte.

Den Theatermann?

Ja. Der war in Ordnung, und er hat Jes immer ins Theater eingeladen, und Jes hat dann zu mir gesagt: »Kapielski, wir müssen heute ins Theater!« Dann saßen wir da die ganze Zeit in der Kantine von der Volksbühne rum, wo die Schauspieler Pause machen und auf ihren Einsatz warten; da haben wir während der Vorstellungen gesessen, Bier gesoffen, Bouletten gefressen und bißchen mit Sophie Rois rumgeschäkert. Oben hing so ein kleiner Fernseher, da hat man sehen können, was auf der Bühne lief. Das war gemütlich da. Und da bin ich das letzte Mal im Theater gewesen; ich mag's ja nicht, aber in die Kantine würde ich sofort wieder.

Was war weiter mit den Fälschungen?

Der Witz war, daß Jes Petersen einen echten Manzoni zu Hause hatte, den hat aber keiner gekauft, weil alle ihn für eine Fälschung gehalten haben. Sein Ruf war lädiert. Aber die Schröders gingen gut, da waren viele ganz scharf drauf.

Und nun hatte er welche davon in München verkauft?

Und stand früh um sieben vor mir, zeigte seine Geldrolle mit Gummiband drum, und dann sind wir gleich mal runter zum Sedlmayr in die Kneipe Bier trinken und Brezeln und Wurst frühstücken. Wir kamen dann abends ziemlich erfrischt und zu spät zur Ausstellung. Und da hielt die Unteroffizierin Köhl gerade ihre Eröffnungsrede, daß sie die Ausstellung unpassend und schlecht findet. Das sei Valentin-Schändung. Sie trat da auf wie eine rechtgläubige Musäums-Megäre, und das fand ich im Grunde gut, das war mal was anderes und mutig. Sowas gefällt mir. Aber Till war sauer, Glasmeier war sauer und brummte. Und ich stand irgendwie oben auf einer Balustrade, wir waren gar nicht bis nach vorn durchgekommen, so voll war das, und habe da von oben zwischen die Dirndl und Seppelhosen gebrüllt: »Achtet ihr Wort! Aber glaubt ihr nicht! Seht euch mein Zeug selbst an und wäget rechtschaffen! Ich geh derweil rüber zum Sedlmayr, ihr könnt alle nachkommen!«

Und weiter?

Nichts weiter. Ich bin dann mit Jes am nächsten Tag im Zug nach Berlin. Und in Bamberg sind wir mal ausgestiegen, und da ist dann die Geschichte mit dem Rollerpärchen vorm Fäßla passiert. Da wären wir fast wieder gelyncht worden. Steht auch im Gottesbeweise-Buch. Die München-Geschichte.

Die Offerte und das Vorbereitungstreffen in München sind anfangs sogar schon im Katalog erzählt.

Ich habe mich wieder selbst überholt. Meine allzu positive Einschätzung der Lage dort und der Anfangsgespräche sind schon drin. Ich war ja entflammt, also blind.

Was war los mit dieser Frau Köhl? Hatte es ihr nicht gefallen, oder gab es andere Gründe?

Das war wohl so: Die Ausstellung ist ihr von Wolfgang Till, der ihr Boß war, reingedrückt worden, weil er den Valentin-Muff da mal etwas auslüften wollte. Er hat sie nicht weiter gefragt, und da hat sie geschmollt. Und dann ist es auch so, daß sie in ihrem stark befestigten Isarturm nie weggekommen sind von Weiß Ferdl und

Valentin-Schwank, sie war eine Fundamentalistin, und sie hat an ihrem etwas verstaubten Radihumor an Winterzahnstocher eisern festgehalten.

Warum eigentlich nicht? Manche Dinge muß man bewahren und reinhalten.

Finde ich auch. Oper soll Oper bleiben und kein Regieoperntheater, und ein Klassikorchester soll eins bleiben und nicht mit Sitar und Synthesizer diversifiziert und blödifiziert werden. Da bin ich konservativ. Diese an sich guten Absichten, den Köhl-Turm etwas durchzulüften, die habe ich nicht mitbekommen. Sonst hätte ich vielleicht nicht mitgemacht. Ich war nur stolz, daß ich da im Valentin-Turm ausstellen durfte.

Im Grunde hat es auch gut gepaßt.

Schön, daß Sie das sagen, fand ich nämlich auch. Die können froh sein, daß da nicht der Meese rumgedröhnt oder der Schlingensenf seinen Sief abgeladen hat.

Vielleicht wäre genau das gut angekommen? Große Presse ist dann sicher, und Presse finden die Museen immer gut. Haben Sie denn die Frau Köhl danach noch gesprochen?

Zwei Jahre später hat mir die Köhl, die dann wohl endlich den Katalog auch mal richtig gelesen hatte, so ein halbzerknirschtes, wieder etwas doppelbödiges Zerknirschungsschreiben geschickt, daß sie es im Nachhinein doch teilweise ganz gut fand, aber natürlich konnte sie keinen Knicks machen, das war nicht ihre Art. Und das fand ich auch wieder in Ordnung. Diese ständige nette Grinsefreundlichkeit im Kunstgewerbe ist doch widerwärtig, denn hinterrücks geht's da ganz stutenbissig zu, aber sie grinsen sich an und Küßchen hier und Küßchen da. Ein Graus, fürchterlich.

# 7. DJ Erwin, Hartfaser, Klogriff

1.

Sie schreiben altmodisch und überkommen, wird bisweilen kritisiert. Wenn es netter wird, entdeckt man noch sowas wie Jean Paul bei Ihnen.

Wenn eine gewisse Sprachseligkeit und Wortwitz im klassischen Sinne altmodisch sind, dann bitte sehr! Und wenn nun Wortfülle, ein geräumiger Satzbau und auch die bewährte Rechtschreibung altmodisch geworden sind wie gute Manieren und Kleidung, dann bin ich eben altmodisch. Wem das zu viel ist, der soll Großdruckbände in leichter Sprache lesen.

Was auch oft beanstandet wird, ist der Mangel an Handlung bei Ihnen.

Eine Radiofrau hat sich mal darüber mit Harry Rowohlt unterhalten, das hat sie mir nach drei Schoppen Wein erzählt, da hat sie genau das zum Rowohlt gesagt: »Beim Kapielski gibt es ja gar keine Handlung!« Als Vorwurf. Und da hat Rowohlt, der mir ja immer sehr gewogen war, gesagt: »Natürlich nicht! Wer Handlung will, muß zum Catchen gehen.« Man hat auch immer bemäkelt, daß ich keine Romane schreibe, weil ich womöglich keine kann. Dann habe ich zwei geschrieben, und dieselben Eckpfosten haben es nicht mal bemerkt, sie merken nur noch, wenn du was Zwielichtiges äußerst. Form und Sprache sollten bei Literatur aber wichtiger sein als der Inhalt, dann kann man auch Céline oder Jünger ohne Anfechtungen und Gewissensnot lesen, und ich halte

Friedrich Engels für beschränkt, aber er schreibt gut, und darum lese ich ihn ab und zu mit Vergnügen.

Sie haben, beinahe wie einen Abschluß oder eine Pointe, Ihre bis 2005 veröffentlichten Bücher und Schriften als aufblasbares Gesamtluftwerk herausgegeben.

Das war ein Gipfeljahr, was meine Einkünfte betraf; danach ging's wieder runter ins wellige Tal. Da kamen noch reichlich Bücher zustande, weil du faul wirst mit viel Geld. Das Aufblaswerk enthält alle bis dahin veröffentlichten Schriften von mir und auch schon das Merve-Buch mit den Texten zur Kunst, das als Buch dem Gesamtgummi in einem Karton beigegeben wurde, und in diesem Buch ist das Luftstück schon abgebildet! Ein leibhaftiges, existentes Paradox. Ist aber auch wieder keinem aufgefallen, außer Peter Gente.

Wie kamen Sie auf die Idee, und warum haben Sie das überhaupt gemacht?

Die banale Kurzfassung: Schreibverdruß bei mir, also wieder mehr Kunst. Der Sammler Aldo Frei fragt mich, ob ich für ihn eine Edition machen will, ein Künstlerbuch, er verlegt das dann. Die gute Idee kam mir in der Quelle, meiner Lieblingskneipe damals, die lag gegenüber von meiner Wohnung in der Fredericiastraße; das war so eine volkstümliche Berliner Eckkneipe, wie es sie bald nicht mehr gibt, so mit Eisbeinessen und Silvesterfeier, Papierschlangen und DJ Erwin am Plattenteller.

DJ Erwin, ein toller Name! Kennt man den?

Er war Seemann auf einem Fischkutter, da legte er nun als Rentner Platten auf als DJ Erwin. Der hat ordentlich Stimmung gepumpt. In der Quelle ist dann Silvester eine Sache passiert, die er entschieden hat. Es gibt in Berlin hauptsächlich zwei Biere, nämlich Schultheiss und Kindl. In Kneipen gibt es entweder Kindl oder Schultheiss, aber in der Quelle gab es beide Biere, und darum gab es da verschworene Kindl-Trinker und eiserne Schultheiss-Trinker. Da habe ich an Silvester behauptet, daß keiner den Unterschied schmeckt, und da gab es von beiden Fraktionen Widerspruch. Also habe ich auf eine Blindverkostung bestanden, und der Wirt hat begeistert mitgemacht, er hat neutrale Gläser mit Kindl und mit Schultheiss gezapft, und nur er wußte, was in welchem Glas war. Und das ist dann knapp geworden, da sind die Markengetreuen ins Schlingern geraten. Es gab keinen großen Unterschied, und die zwei Fraktionen waren sehr verstört. Da hat DJ Erwin salomonisch entschieden: »Es gibt keinen Unterschied, aber den Kindl-Trinkern schmeckt Kindl besser und den Schultheiss-Trinkern schmeckt Schultheiss besser, weil es so ist und schon immer so war!« Das hat allen eingeleuchtet, und ich habe dann als Akt der Versöhnung das Schindl-Bier kreiert und allen spendiert, ein Mix aus Schultheiss und Kindl, ein Berliner Bier-Cuvée. Einwandfrei.

Hat sich Ihr Schindl etabliert?

Nein. Erwin hat dann bald wieder nur sein Kindl getrunken, Post-Franki Schultheiss und ich Flens aus der Halbliterflasche zu zwei Euro.

Sie wollten Ihren Einfall zur Edition erläutern, was hat das damit zu tun?

Gar nichts. Oder doch, Flens aus der Flasche! Das gab es in der Quelle, und die Brauereivertreter haben dann immer Reklameartikel mitgebracht von der Flensburger Brauerei. Gegenüber von meinem Lieblingsplatz hing ein Geldspielautomat an der Wand, und obendrauf stand eines Tages eine riesige aufgeblasene Flasche Flensburger Pilsner aus Gummi, sehr detailgetreu mit Bügelverschluß, aber eben aufgeblasen, ein Meter fünfzig hoch. Die wurde ab und zu schlapp und hat sich nach vorn gebeugt, und dann wurde sie vom Wirt wieder aufgepumpt, das war ein Schauspiel, und dann stand sie da ewig. Und da kam ich auf die Idee, daß ich was Aufblasbares fertigen lasse, und dann kam noch die Idee, daß ich meine Bücher zu einer kleinen Bibliothek zusammenstelle und das dann so, wie es dasteht, in Gummi zum Aufblasen fertigen lasse. Das habe ich in Anblasen erzählt, wie es dann bei der Firma Luft & Laune in Zürich geplant und hergestellt worden ist.

Anblasen soll für Aufruhr an Ihrer Kunsthochschule gesorgt haben?

Weiß ich nicht so genau. Das Buch zieht schwer über den Kunstbetrieb her und über den Unfug, an Hochschulen Kunst zu unterrichten. Das wird nicht nur gut angekommen sein, auch woanders nicht. Aber da war ich doch schon raus, 2004 war ich fertig in Braunschweig, und das Buch kam 2005. 2005 war ich weg da, habe aber noch Überbrückungsgeld von ihnen bekommen, was mir schon peinlich war, weil mein Buch wie ein Nachtritt aufgefaßt werden konnte, wobei ich da immer offen gesagt habe, was ich von Kunstschulen halte, sie können nicht überrascht gewesen sein. So, und gleichzeitig hat die Beamtenpensionskasse Hunderttausende rübergeschaufelt in die Rentenkasse für Sterbliche, weshalb ich nun siebenhundert Rente und nicht zweihundert bekomme. Das ist passiert, aber das Buch hat im Grunde nichts bewirkt. Will ich auch nicht, ich bin ja kein Bewirker.

Wie kamen Sie denn bei so einer Haltung mit den Kollegen klar in Braunschweig?

Vorher? Nachher?

Beides.

Nachher gab's nicht, nur Böhringer sehe ich noch selten und Glasmeier, und mit denen kam und komme ich klar. Bestens kam ich während meiner Zeit dort komischerweise mit der Abramović klar. Die schwebte da als sehr robuste Frau über allem. Sie sprach so ein slawisches, tiefdunkles Englisch, konnte auch nach Semestern kein Deutsch. Da hat sie mir mal gesagt, ich müsse ein sehr glücklicher Mensch sein, weil sie meine farbfrohen Kunststücke auf einer Ausstellung gesehen hatte. Das sagt die ausgerechnet mir, dem Erzweltschmerzler. Sie war nicht sehr einfühlsam, mehr egozentrisch, aber in Ordnung, eine umgängliche Frau. Ihre Kunst finde ich allerdings grauenhaft, diese Mutproben und diese Ich-halte-jetzt-mal-das-Bein-vier-Wochen-in-die-Höhe-Kunst. Sowas braucht keiner. Sie hat mich aber nie nach meiner Meinung gefragt. Die weiß, was sie will, und macht das einfach. Und sie war beliebt, ganze Kohorten an Studenten strebten in ihre Klasse.

Was macht man so als Abramović-Schüler?

Es waren ziemlich viele Frauen bei ihr. Die machen sich dann nackicht und setzen sich dreißig Blutegel auf den Arsch und an die Nippel, bis sich die Tierchen vor Publikum nach Stunden endlich sattgesaugt haben und abfallen; schlimmstenfalls spielt dazu noch einer Saxophon, der nicht Saxophon spielen kann. Es gibt Künstler, die züchten Mutanten, und andere haben ganz verschiedene Schüler. Wenn du in die Klasse von Nam June Paik in Düsseldorf geguckt hast, dann waren da nur Fernsehtürme. Und bei Konrad Klapheck, wo man Epigonen vermutet, versammelte sich das unterschiedlichste Volk, und er ließ alle frei gewähren. Die Abramović hat geklont.

Wer war noch in Braunschweig?

Der Armleder war auch irgendwie in Ordnung, den habe ich aber erst gegen Ende mal im Speisewagen nach Berlin länger gesprochen, der redet sonst nicht viel. Der hat so ein popartiges Dekorationstalent, das sage ich jetzt nicht abschätzig. Da setzt der zum Beispiel einen Plastikblumenkohl aus dem Dekorationshandel mitten auf eine weiße, quadratische Leinwand und beleuchtet das mit grellem Weiß. Das habe ich beim Reckermann gesehen. Das haut rein, und du weißt nicht wie! Im Grunde eine billige Mache, aber das hat was! Dann war da noch Walter Dahn, der hat sich viel um seine Studenten gekümmert, da war er die Ausnahme, der war immer da, immer. Der ist aber nie zu diesen dämlich zeitraubenden Kommissionen und Ausschüssen erschienen, was eigentlich seine Pflicht gewesen wäre, da ist er einfach nicht hingegangen, das hat mir gefallen. Geredet habe ich wenig mit ihm. Dann kannte ich den Kummer noch von Berlin her und Büro Berlin, eine Künstlergruppe, die zielstrebig auf Erfolg und Professur peilte, was geklappt hat. Raimund Kummer war nicht schlecht früher, aber in Braunschweig hat er dann zur Kompensation seiner professoral erfolgten Bräseligkeit so richtig dick den dicken Professor rausgekehrt und mit anderen die üblichen Seilschaften gebildet. Dazu gehörte ein Apparatschik noch, so ein Schalter und Walter, der hat mit Kummer zusammen Bogomir Ecker ans fruchtbare Land auf eine Professur in Braunschweig gezogen. So Gruppen und Richtungen bestimmen dann über Jahre die Generallinie einer Kunstschule. Das sind systemische Gesetzmäßigkeiten. Es putschen sich junge Wilde ans Ruder gegen alte Naturalisten und kleben dann zäh für zwanzig Jahre auf allen Posten, bis die neuen Irren kommen und sie wieder wegputschen, und die gehen dann leicht verwundet in Pension.

Was gab es dort für Kunstwissenschaftler im weiten Sinne?

Kunstwissenschaftler kannst du meist vergessen; Kunsthistoriker haben Klasse. Was seine Rundumbildung und Freundlichkeit betraf, war Johannes Zahlten schwer in Ordnung, ein solider Kunsthistoriker alter Schule, der Griechisch, Latein und Italienisch konnte und überdies gelernter Gießer war. Bei den Theorieonkels war der Philosoph Hannes Böhringer prima, ein Kollege von mir bei Merve, und dem hatte ich im Grunde diesen Posten zu verdanken, der hat mich da ins Spiel gebracht. Ich schätze seine Schriften. Er hat so einen lakonischen Stil entwickelt, alles sehr bedacht und konzentriert.

Und die anderen Kollegen?

Ach, die kennst du doch kaum, die hocken in ihren Ateliers und gehen sich aus dem Weg. Man kennt mit der Zeit mehr Studenten als Professoren.

Also Sie waren danach arbeitslos, was haben Sie dann gemacht?

Einen Schreck bekommen. Man gewöhnt sich – verflucht noch eins! – schnell daran, daß monatlich vier Mille einlaufen, und denkt, Geld ist ja nun gar kein Problem, das kommt schon irgendwie. Dann kommt das aber nicht mehr. Also habe ich wie Teufel zu arbeiten und zu schreiben angefangen. Man wird faul an der Hochschule, wenn man jeden Monat diese vier Riesen rübergeschoben bekommt. So, und dann kam bald schon das Luftwerk und das grüne Trio raus: Ortskunde bei Urs Engeler, Mischwald als Erstling bei Suhrkamp und Zeitbehälter bei Merve. Dazu noch die Sämtlichen Gottesbeweise bei Zweitausendeins, als Taschenbuch.

Warum haben Sie dann eigentlich bei Merve aufgehört?

Habe ich gar nicht, die haben aufgehört, nein, haben sie nicht, aber Heidi Paris war nun tot, und Peter Gente hat den Laden an Tom Lamberty verkauft und ist nach Thailand gezogen. Mit Lamberty und Elisa Barth, die Merve dann machten, komme ich gut klar, aber es gab eine Zäsur, und ich mußte Geld verdienen. Merve ist ein kleiner Verlag, und viele, die da veröffentlichen, haben eine Professur oder sowas, daß sie auf Gagen verzichten können. Und dann hat es sich ergeben, daß mein Freund Butzmann mit einem Suhrkamp-Lektor zu tun hatte, und da habe ich ihn gebeten, doch mal unaufdringlich nachzufragen, ob sie bei Suhrkamp nicht einen verwaisten Merve-Autor adoptieren wollen. Da hat Ex-Lektor Ullmaier das vermittelt, und sie haben mich übernommen. Da kam dann 2009 der Mischwald in Grün, und das lief ganz gut an.

Und wenn man bei Suhrkamp ist, verdient man gut?

Die zahlen ordentlich und korrekt, aber ich bin ja ein Dreitausenderauflagen-Mann. Davon wird man nicht fett, da mußt du schon dreißigtausend verticken. Nun hatte ich aber noch Marlene Frei, meine Galeristin in Zürich, da verdiene ich auch was, und sie hat die Luftnummern dann an die Kunden gebracht. Anblasen und die Gesamtluftnummer war nach Braunschweig mein erster Befreiungsschlag. Da wäre ich doch auf Dauer verfault und verrückt geworden. Und auf so einem Performance-Posten kannst du sehr gepflegt und kultiviert verrückt werden. Da kannst du rumkaspern mit Ruß im Gesicht und Blutegel und Kacke. Nein, ich habe mich dann der Wirklichkeit und der Familie zugewandt und geschrieben wie Teufel und mir Luftwerke ausgedacht.

Und nun kommen also bald auch die Attrappen-Bände im Schuber als nächstes Buchkunststück?

Woher wissen Sie das?

Haben Sie erzählt.

Erzähle ich doch kaum ... na egal, ich will jetzt zwanzig Jahre nach dem Luftwerk endlich mal eine richtige Werkausgabe haben, und zweiunddreißig Bände muß sie wenigstens umfassen. Die schaffe ich aber in echt nie, also stecke ich Attrappen in einen Schuber, die Bücher sind aus Styropor, oder ich nehme dreihundertfünfzig leere Seiten pro Band, und um den Buchblock kommt ein schöner, echter Einband. Man sieht dann die dickleibigen Buchrücken im Schuber, und da steht senkrecht ›Kapielski • Werke • Band 28‹ drauf, dann noch Titel und Verlag. Sowas kann Merve machen. Aber die haben nicht angebissen, und Suhrkamp macht so ein Spiel wahrscheinlich nicht mit, die haben genug echte Werkausgaben. Nur, ein Verlag sollte es schon sein …

Gibt es sowas nicht längst?

Nichts dergleichen, ich habe mich umgehört. In Möbelhäusern gibt es Attrappen, die da in den Regalen und Schrankwänden stehen, aber die sehen plöpp aus, billig nach Plastik. Es gibt die verrücktesten Künstlerbücher, aber sowas nicht. Mein Lieblingskünstlerbuch ist übrigens eine Edition von Richard Olson, ein Buch, das heißt Double Bind, und da sind innen leere Seiten, und dieser Seitenblock ist dann gebunden, aber es gibt zwei Buchrücken, hinten wie üblich, und dann aber auch am Schnitt, der Band ist also doppelt gebunden. Vorn und hinten ein Buchrücken, wo Olson und Double Bind draufsteht. Das ist genial, Fluxus ist das. Das Buch gibt oder gab es gebunden und als Paperback. Sowas schwebt mir auch vor. Alles zum Angucken und Anfassen im Schuber. Was Hübsches zum Hinstellen, Schweinsleder und eine Taschenbuchausgabe für Arme.

Erfundene Buchtitel gibt es aber schon?

Kippenberger hat mir mal auf einer Merve-Party, oben in der Crellestraße noch, auswendig mindestens fünfzig seiner 241 Bildtitel zum Ausleihen für Künstler aufgesagt. Die sind 86 bei König erschienen. Und dann fragte er mich: »Wie findste die?« »Ein paar sind ganz gut«, habe ich gesagt, und da ist er grinsend abgeschoben und hat gemeint: »Die sind alle supi, supertoll sind die!« Und dazu hat er ein erfundenes Gesicht aufgelegt, weil ich nicht sooo begeistert war. Also das vom Kippenberger ist eine andere Sache, das sind fiktive Titel. Borges, Lem, Fischart haben auch Titel erfunden. Und ich erfinde Titel für Bücher und Kunst zur gelegentlichen Verwendung und sammle die in Heften, und einige werde ich für meine Gesamtwerkattrappe verwenden müssen. Bei Timm Ulrichs sollte man immer noch anfragen, ob er sowas schon gemacht hat. Aber ich habe ganz was anderes vor.

Was ist anders?

Meine Titel gibt es teilweise schon, die kommen bei den ersten Bänden meiner Gesamtattrappe unter. Dazu kommen noch welche, die erst erscheinen werden, und einige fiktive Titel, weil es für zweiunddreißig Bände niemals reichen wird.

Warum gerade zweiunddreißig Bände?

Masse. Meine Lebendmasse soll als schiere Papiermasse in den Regalen stehen und Behaglichkeit abdampfen. Das soll interpassive Freudenstrahlen emittieren.

Thomas Mann hat eine dreizehnbändige Werkausgabe, und die Große Frankfurter soll vierunddreißig Bände umfassen.

Da kommt keiner hinterher, das ist aussichtslos. Hier stehen fünfzehn Bände Nietzsche und elf Bände von

Arno Schmidt in Schweinsleder, womit mich der Rauschenbach mal beglückt hat. Also die muß ich übertrumpfen, aber Thomas Mann ist zu viel, den schafft keiner. Ich lasse mich eventuell auf einundzwanzig Bände runterhandeln, wenn ich einen Verleger finde, der ja auch kalkulieren muß. Zwanzig Bände hätten noch genügend Glut. Aber im Grunde reicht auch die Idee, das reine, gewichtlose Konzept, und damit könnte ich auch mühelos um einige Bände über Manns Frankfurter Monsterausgabe hinausgehen.

Warum will Merve das nicht machen?

Die sind wieder ernsthafter geworden, Neoleftys, Genderguppys. Harte Stulle. Nee, das nun nicht, aber bißfest. Und das entspannte Halbsäkulum um 80 ist sowieso vorbei. 2000 war Schluß mit Spielerei und Genialität, es wurde ernst. Sehen Sie sich die Kunst an. So einen wie Kippenberger würden sie heute kreuzigen, dafür gibt es nun angestrengte, humorlose Eiferer mit Auschwitz-Asche im Gesicht. Mea-culpa-Rufer gibt es, eigentlich aber philargyria, was vornehm Geldgier heißt, und Mea gloria, meine Herrlichkeit. Auch in der Musik. Kalte Sterne drehen sich um ausgebrannte Sonnen.

Jetzt werden Sie poetisch düster.

Ich bleibe lustig.

Mal was Erfreuliches: Sie bekamen einige Preise.

Wenige, die damit verbundenen Nennwerte sind längst verbraten, und nun stehen hier ein paar häßliche Trophäen rum. Aber Preise nehme ich gern an, egal welche. Die bekommt man, und da bewirbt man sich nicht. Und da bedanke ich mich dann auch mit vorzüglichster Ergebenheit und unterzeichne die Empfangsquittung mit Füller.

Welcher Preis war denn der erfreulichste?

Ein Jahr Bamberg mit monatlich tausendfünfhundert Taschengeld und hübscher Wohnung. Da wäre ich am liebsten für immer geblieben. Worauf ich seit kurzem täglich und tagsüber stündlich warte, das ist der Arno-Schmidt-Preis, von dem mir neulich ein Preisträger, Andreas Maier nämlich, in Leipzig berichtet hat und den ich weiß Gott auch längst verdient hätte. Darüber täte ich mich tagsüber bepissen vor Freude und nachts beömmeln. Bekommt aber als nächster bestimmt eine sprachbemühte Frau, weil da Quotenunwucht herrscht.

Eines möchte ich noch klären. Sie erzählen immer, der Ölschinken sei Ihr erstes richtiges Kunstwerk gewesen. Im Katalog Emolumente von 2006 schreiben Sie aber, daß Ihr erstes Bild 1984 der Historische Fehler war.

Ach, was!?

Ja, ich habe es ja hier liegen. Darf ich mal vorlesen?

Das ist auch so ein textlastiger und verquabbelter Katalog, und den gibt es wahrscheinlich nicht mehr, aber lesen Sie mal vor.

Hier die Abbildung, und darunter steht: »Historischer Fehler, 1984, gerahmtes Bild, Öl, Schwamm, Nagel, 50 cm x 30 cm«. Dann der Text: »Dies ist mein erstes und sogar auch im Künstlerhaus Bethanien ausgestelltes Bild. Zuvor hatte ich schon dies und das frühwerkelnd getuscht oder gebastelt, später dann fortgeschritten ins Öl gesetzt, nie aber ausgestellt. Im Jahre 1984 fand eine Gruppenausstellung statt, namhaftes Volk der Wilden und Neuen Malerei nahm teil, man fragte mich, ob ich mitmachen wolle. Obgleich verwundert, sagte ich zu, lief rasch in einen Überresteladen, kaufte ein schlechtes Bild und malte den Historischen Fehler drüber. Man erspart sich so das Rahmen, das ich seinerzeit der Rahmenwürde wegen für nötig hielt. (Alle Kunst ist Täuschung und diese selbst ist Kunst!) Auf dem Bild gibt es noch eine getippte Inschrift, die auf das Öl geklebt wurde und leidlich anthropofugal das Aussterben der Saurier bedauert. Als ich heiratete, schenkte ich das Bild meiner Ehefrau, der es anhaltend gut gefiel. Und das macht man auch so: Jede mir liebe Freundin ist seit 1985 immer auch in den Besitz eines Kapielskis gekommen, den sie, die Ehemaligen, entweder noch immer würdigen oder in den Keller expatriiert haben. Der Historische Fehler war als Erstling etwas Besonderes und stand allein einer Ehefrau zu.« Ja, und so geht das weiter ins Detail und daß ihn nun der Sohn der geschiedenen Ehefrau besitzen soll.

Ach, das steht da!? Wußte ich nicht mehr. Das stimmt auch alles nicht so richtig, das habe ich im Dschumm gedichtet oder in der Seelenpein. Das muß ich bei Gelegenheit dementieren. Vielleicht habe ich damals diese erste, mißglückte Ehe zu sehr mit dem Historischen Fehler verquirlt. Das Bild ist jedenfalls frühstes Frühwerk, das stimmt soweit.

Was war schiefgelaufen in dieser Ehe? Darf man das fragen?

Ja, aber ich will darüber nicht plauderhaft werden, sondern Kavalier bleiben. Das sollte besser alles ruhen. Diese Ehe war anfangs schön, es lief gut, fand ich jedenfalls, aber langsam bröckelte da was. Ich habe die Frau wohl zunehmend enttäuscht, und das hat sie mich spüren lassen, was sonst; also habe ich mich abgesetzt in so eine innere Emigration, das kann ich ziemlich gut, und ich habe mehr gesoffen als sonst, habe mir aber gedacht, das stehst du hier durch, da muß man durch, bleib tapfer und freundlich, das wird schon wieder. Es wurde aber nicht wieder, und sie ist abgehauen. Also ich komme von einer Dienstreise nach Hause, und da ist die große Wohnung leer. Es stand nur noch mein bescheidenes Zeug und mein Schreibtisch drin und meine Separatpritsche.

Das ist hart!

Es war ein mutiger Schritt von ihr, ich wäre zu feige für sowas gewesen, und nach etwas Zittern war ich auch irgendwie erleichtert. Die gemeinsame Hölle zum Schluß hatte ein Ende gefunden, das war einfach so. Nur bei der kuriosen Scheidung habe ich sie noch mal kurz gesehen. Dann nie wieder.

Merkwürdig.

Ja, so ist das. Sie hatte dann noch die Größe, in so eine Gütertrennung einzuwilligen. Da sind wir also mit Respekt auseinander. Dabei war ich damals noch Onkel Professor mit viel Geld, das hätte sie ausnutzen können. Ich habe ihr mitgeteilt, daß es bei mir finanziell künftig wieder mehr runter- als raufgehen wird und das Blatt sich wenden kann, was nicht gelogen war, und daß wir uns hüten sollten, Dauerszenen vor Gericht zu veranstalten. Das hat ihr eingeleuchtet. Sie war schon gut, sonst hätte ich sie nicht geheiratet.

Also war sie doch umgänglich, und es war Ihr Scheitern?

Von mir aus wuchte man mir jedwede Schuld auf die morschen Schultern! Ich frage mich gerade, ob wohl Schuld und Schulter eine gemeinsame Wurzel haben.

Wahrscheinlich nicht, die Schaufel ist verwandt mit Schulter wegen des Schulterblatts, womit vor Zeiten gegraben und geharkt wurde. Möchten Sie mehr erzählen?

Nein, ich habe schon zuviel davon erzählt. Was steht eigentlich in Emolumente zum Ölschinken drin?

Daß er auch von 84 ist und Heinz-Werner Lawo der Sammler, dann: »Ölfarbe auf Hartfaserplatte und Rahmen, 100 x 90«, und dann steht da: »Der Ölschinken ist ein ebensolches Grundwerk und wie der Historische Fehler in einen Rahmen hinein gemalt. Hier ist etwas schon früh in Gang gesetzt, das mich an der Kunst immer am meisten interessiert hat: Die Kunst selbst mit Kunst zum dankbaren Thema zu machen, da Theorie hierzu wenig taugt. Und nur die Kunst zerkleinert der Kunst gewöhnlichen Würdequatsch in angemessener Weise! Auch der Ölschinken hat recht früh Karriere gemacht: Bereits 1985 hing er – ohne Quatsch, mit Würde – im Kunstmuseum Bern, die Ausstellung ALLES UND NOCH VIEL MEHR zu zieren.«

Siehste, immer schön formulieren und dabei ordentlich angeben!

Was heißt eigentlich Emolumente?

Schönes, altmodisches Wort, das trotzdem schick klingt. Das ist das aus dem Korn in der Mühle Herausgemahlene, von emolere, also der schwankende Ertrag durch beharrliches Mahlen und Huddeln. Schwankende Einnahmen oder Nebeneinnahmen sind das. Früher hat man auch Sporteln gesagt. Das wollte ich nicht, da ist mir zuviel Sportelei drin. Und Sport wird mir immer widerlicher. Die einen rennen wie blöd dem Geld hinterher, und die anderen rennen wie bescheuert dem Tod davon. Beides in autobahnartiger Trance und gegenläufige Irrwege.

2.

Es gibt von Ihnen ein Bild, in Varianten noch, das heißt KLEINE graue HARTFASERPLATTE,- AUF DER ES WENIG ZU SEHEN, ABER VIEL ZU DENKEN gibt! Ich finde, das bringt auf den Punkt, was Sie da in der Kunst betreiben.

Inwiefern?

Also das ist zum einen kein sonderlich bemüht und gekonnt gemaltes Bild, es ist mehr Programm, ein Titel und ein selbstbezüglicher Kommentar als Kunstwerk, und so ist es Kunst über Kunst, und in diesem Fall ist es tatsächlich eine Kunst über die Kunst.

Und Pfusch.

Habe ich nicht gesagt. So wie es ist, ist es stimmig. Wenn das jetzt professionell und malerisch perfekt gemacht wäre, wäre es verfehlt. Das Bild ist auch nicht zu groß, nichts Aufgeblasenes. Ein schlichter Bedeutungsträger. Sie sind eben doch mehr Schriftsteller als Künstler.

Das bestreite ich. In den Katalogen schreibe ich doch nur so viel über meine Kunst, um es nicht irgendwelchen Deppen zu überlassen. Was habe ich denn zur kleinen, grauen Hartfaserplatte geschrieben? Sie haben das doch da vor sich liegen …

Hier, im großen Göppinger, Delmenhorster und Zürcher Katalog …

Das klingt fantastisch: Große Göppinger, Delmenhorster und Zürcher. Das klingt nach seriöser Versicherung, nach solider Rück- und Lebensversicherung …

Das ist der Katalog mit den drei Titeln, und da schreiben Sie: »Die zeitgemäßen Kunstkritiker haben durchaus sehr freimütig klargestellt, daß ihnen eine Kunst die liebste sei, an der es wenig zu sehen und infolgedessen sehr viel zu deuten gibt. (Am liebsten also Qunst!)« Und in Emolumente heißt es ausführlicher: »Seit mir der Kunstbetrieb auch von innen vertraut ward, also seit 20 Jahren schon, befehde ich das hehre hermeneutische Gelaber der Experten, die aus jeder noch so abwegigen Schmalzecke, so sie denn gewogen sind, noch extra feines Olivenöl kalt herauspressen.« Und weiter: »Wer mag denn schon eine Fettkante an Stuhl oder ein Urinoir adorieren oder gar kaufen, wenn die hohe Bedeutung der betreffenden Gegenstände nicht fest ausgemacht ist?« Und dann: »Kuratoren und Kunstwissenschaftler reichern stumme Gegenstände, Bilder und Objekte, Ölschinken und Schmalzecken, mit Bedeutung an und geben ihnen Wert und Licht, aber so, als käme dies von den Dingen selbst, und auch der Künstler, scheint es, besitzt diese außergewöhnliche Strahlkraft und das Genie, welche seine Werke vermittelnd lumineszieren. Dieser Hehrmachungsprozeß von Kunst und Künstler aber ist eben nur Konstrukt und kontingent. Und wie man mit Hilfe von Sprache der Fettecke die Kunstseele einhaucht, wußten doch immer schon einige: Wandlung von banalem Brot und Wein in kunsttheologisches Fleisch und Blut. Amen!«

Au, das ist ja ein hoher Ton! Aber im Prinzip ist es so. Im großen Katalog habe ich gottlob nicht so viel rumgedröhnt, und das Bild sagt es ja selbst am trefflichsten. Man muß nicht immer so viel dazusagen, wie Tomas Schmit mal dazu sagte. Aber ich kann mir das nicht verkneifen, meine Kataloge sollen auch ein bißchen was erzählen.

Worin besteht eigentlich der Unterschied zwischen Kunsthistoriker und Kunstwissenschaftler, den Sie immer betonen? Sie haben an den Kunstschulen mit beiden zu tun gehabt.

Die einen sind die Akkordschreiber, die das Kunstforum füllen, die den Museumsbetrieb beheizen und uns sagen, welche Kunst gut ist und welche nicht. Und die anderen nehme ich ernst, das sind die Kunsthistoriker, Leute wie Sedlmayr, Burckhardt, Carl Einstein oder Rudolf Burger, wobei der Philosoph ist, wie Böhringer, Kunstphilosophen. Die lese ich alle, da lerne ich was.

Die Herstellung des Gesamtluftwerks und die Gestaltung und den Druck des Emolumente-Katalogs hat Sascha Anderson betreut, warum er?

Ja, das Arschloch, laut Biermann, war der Macher von beidem. Aldo Frei hat ihn das Luftwerk technisch betreuen lassen. Und der Tannert, der Leiter vom Bethanien, hat ihn den Emolumente-Katalog machen lassen, die kennen sich aus dem Osten, und Anderson hat da ein günstiges Angebot rangezogen.

Und wie war es mit ihm?

Tatsächlich ein manchmal etwas rummauschelnder und geduckter Mensch, der sich bisweilen versteckt und verstellt. Er ist ja auch ziemlich verdroschen worden, daher kommt das vielleicht. Aber er hat Ahnung von Satz und Druck, ist Fachmann, darum hat er das alles organisiert, und das war eigentlich ganz gut gelaufen. Wir waren zusammen bei der Firma Luft & Laune in Zürich, und im Zug zurück habe ich ihm auf den Zahn gefühlt, wegen der Spitzelsache. Aber ich kann über ihn nicht den Stab brechen, weil ich nicht weiß, wie ich mich verhalten hätte, wenn ich da im Osten gehockt und nicht rausgekonnt hätte.

Hätten Sie sich als Spitzel einspannen lassen von der Stasi?

Nee, ich glaube nicht, oder ich hoffe nicht. Widerspricht meinem Wesen. Sowas wie Schwejk oder Eulenspiegel hätte ich versucht, wenn sie mich zum Spitzel geprügelt hätten. Endlose, hundertseitige Berichte über jeden Scheiß hätte ich denen geschrieben, bis sie sagen, es reicht, der Mann hat einen Dachschaden, irgend sowas. Allen auf die Nerven gehen mit Akribie, mit Übereifer und Doofstellen. Beim hiesigen Finanzamt habe ich damit gute Erfahrungen gemacht. Die sind ja auch so eine Zwangsmacht.

Was war mit ihm und den Emolumenten?

Da hat sich Anderson mies verhalten. Ich sehe die Druckfassung zur Endkorrektur am Bildschirm, und da ist nur die Hälfte der Abbildungen farbig, die andere nicht. Ich rufe an und sage zu ihm: »Ich will das ordentlich haben, und wenn es die Kosten übersteigt, zahle ich selbst die Farbe im ganzen Buch.« Und er hat gesagt, er macht das, dabei hatte er das Teil schon längst auf seine Art durchgemauschelt, es wurde schon gedruckt, und er war dann einfach nicht mehr zu erreichen und hat sich totgestellt. Er wollte es auf seine Tour machen und hat sich nicht gestellt. Oder vielleicht hat er sparen müssen, damit er sein Pauschalhonorar nicht anknabbern mußte, damit sein Kostenvoranschlag aufging, und da ist das so halbgar fertig gedruckt worden auf so einem blöden grauen Papier. Das ist nun alles so grau verschleiert, so ein trüb verhangenes Etwas, was es nun gar nicht trifft, weil ich ja ein Farbfroher auch bin.

Ein farbenfroher Melancholiker und Pessimist …

Das auch, aber in Farbe. Es hat mich damals geärgert. Man macht am besten alles allein. Und wenn man was macht, dann ordentlich und optimal. Ich hätte das damals finanziert, Farbe und gutes Papier.

Dieses zartgraue Druckpapier war damals sehr in Mode.

Ach, das ist mir neu. Weil es sparsam aussah oder nach Biopapier? Oder weil es so komisch gerochen hat?

Das war halt Mode, da gibt es kein Warum. Der Bio-Trend könnte es allerdings beeinflußt haben.

Die neue Pseudoärmlichkeit, was? Schlichtschlau in Grau, und da nehmen sie normalen Papierbrei und kippen etwas Grau rein, damit das Papier dann nach unbehandelt aussieht. Das ist doch Blödsinn. Sowas wie Hosen auf alt trimmen, Schlitze rein und dann schön teuer.

Sie haben im Hintergrund an einem Buch über Dieter Roth mitgewirkt, das Aldo Frei geschrieben und bei König herausgebracht hat. Kannten Sie Roth gut?

Ich habe ihn kennengelernt über Tomas Schmit. Ein versoffener Nachmittag zu dritt im Zwiebelfisch. Kann man bei Aldo Frei nachlesen. Ich habe ihm die Geschichte erzählt, und er hat sie übernommen. Jes hat ihn auch mal zu Hoeck mitgeschleppt.

Sie kannten viele Künstler persönlich?

Nicht so viele. Arschlöcher nur von fern. Mit Tomas Schmit war ich befreundet, solange das mit ihm ging, er konnte cholerisch werden. Kippenberger kannte ich, weil wir mit dem die Merve-Zeitung gemacht haben, und so kannte man sich, aber ich gehörte weder zu seinen engen Freunden noch zu seiner Entourage. Und David Weiss vom Duo Fischli/Weiss mochte ich gern. Im Zürcher Atelier war ich zu Besuch, das lag in einem Industrieviertel, da hatten sie gerade diese Gegenstände aus Kunststoff gebastelt, ein ganzes Team hat da diese Teller und Feuerlöscher und Seifenstücke aus gehärtetem Polyester geschnitzt und bemalt. Das sah alles täuschend echt aus. Dann stand da bei ihnen eine wunderbare, kleine Materialcollage von Dieter Roth, die hatten sie gekauft oder getauscht, und die war echt. Ich hatte sowas noch nie von nahem gesehen, das hatte was, da war Wucht drin, unglaublich! Dann hat mich David Weiss zum Flughafen gefahren, da haben wir gemeinsam im schlichtesten Imbiß des Flughafens Zürich eine Bockwurst gegessen und Bier getrunken. Danach habe ich ihn nie wiedergesehen. Er ist an Krebs gestorben. Auf sein Grab haben sie so einen japanischen Stein gewuchtet. Freund Virchow hat mich über den riesigen Friedhof Enzenbühl hingeführt, und da dachte ich so beim Laufen durch die Gräberfelder, daß da mehr Tote liegen, als in Zürich gerade Lebendige rumspringen, was mit der Zeit natürlich zwingend ist. Danach haben Virchow und ich auf der Forchstraße ein trauriges Bier getrunken, und so endet das dann.

Ja. Kannten Sie Beuys?

Nee. Walter Dahn hat mir in Braunschweig mal erzählt, daß Beuys, der sein Lehrer war, immer abends sein Atelier selbst aufgeräumt und gefegt hat. Hat er alles selbst gemacht. Das hat mir gefallen. Aber sonst war das für mich ein Windskopp, mit seinen Fettecken und Filznummern und mit dem Hut konnte ich nie viel anfangen. Freund Butzmann wollte mal einen dieser Filzanzüge von Beuys kaufen und hat sich dann für eine Stereoanlage entschieden. So obsiegt wieder der Alltag, und die Anlage ist längst hin, und den Anzug hätte er wahrscheinlich auch längst verkaufen müssen; so ein Tonstudio kostet ...

Haben Sie heute schon Alltägliches erlebt?

Ich war gegen Mittag im Kaffee Kuhn ein Bier trinken und habe zwei gute Sprüche aufgeschnappt: »Man muß gönnen lassen können!« hat eine da gesagt. Und ein anderer hat gesagt: »Wenn irgendwo wie wat is, denn sach Bescheid!« Das lohnt, diesen Tag gelebt zu haben.

Daß Sie außerhalb von Österreich in Kaffeehäuser gehen, hätte ich jetzt nicht vermutet.

Kaffee Kuhn ist eine getarnte Kneipe, wenn da einer reinkommt und Kaffee will, schicken sie den rüber ins Wiener Café.

Wir sprachen über Kunsttheoretiker. Haben Sie mal Marcus Steinweg gehört?

Au ja, den kenne ich schon länger, ein Merve-Kollege. Das ist so ein Stehgreifredner, der legt einfach los, und dann deliriert der über Objekt und Subjekt und über Dit und Dat und schmiert dabei eine Tafel mit Kreide voll. Das versteht vermutlich kein Mensch, ich jedenfalls nicht, und ich halte es auch für Unfug. Aber hier passiert was Interessantes: Je mehr Kauderwelsch, um so ergriffener hören die Leute zu und halten es für Tiefsinn. Das funktioniert; halte dich dunkel und obskur und umstelle es mit großen Begriffen, und man wird es für Tiefsinn halten. Dabei wird dieses Gerede selbst zur unergründlichen Fettecke, zum Kunstwerk. So sehe ich das. Denn hier gehen Kunst und Reden über Kunst und Philosophie und Rumfuchteln kongruent. Das ist Quasselperformance. Die Steinwegrede ist so gesehen rhetorischer Pollock. Immer voll raus und platsch aufs Parkett damit! Wer Sinn sieht, soll sich freuen, wer keinen sieht, hat was erlebt.

Marcus Steinweg ist inzwischen Professor an Kunstakademien.

Das beweist doch, was ich sage. Das paßt doch. Da ist er nun verbeamteter Berufsredner.

Also er sagt Ihnen gar nichts?

Nein. Wenn ich schon immer Subjekt, Objekt höre, wie aus dem Maschinengewehr, das ist doch abgelutscht, Worthülsenverfüllung, das ist nichts, da ist nichts. Da kann ich nichts mit anfangen mit Subjekt, Objekt, das sind abgenagte und verschimmelte Begriffe.

Und die Performance?

Geht mir im Grunde auch auf den Sender. Da höre ich mir lieber zwei Stunden eine alte Spielorgel an, solche, wie sie früher aufm Rummel standen und jetzt leider nur noch im Instrumentenmuseum zu hören sind. Ich weiß nicht, warum mir das jetzt einfällt, aber ich habe mal einen kennengelernt, der hat für die Autoindustrie Modellnamen erfunden. Ein Wortdesigner war der und gewieft war er auch, der hatte ein Permutationsprogramm entwickelt, eine Anagrammaschine, die ihm nach Vorgaben Phantasiewörter ausgeworfen hat, und dann hat er das gesiebt und seinen Auftraggebern verkauft als Namen für künftige Automodelle. Da schlägt er Mungo, Mantego, Lemanto und Mondeo vor, und Ford sagt, gut, wir nehmen Mondeo, und hier haste zwanzigtausend. Gut, oder?

Kunstprofessor für Luftgitarre ist auch nicht schlecht, oder?

Klar, das ist die bequeme Beamtennummer. So kannst du Fett ansetzen und wirst vom Steuerzahler alimentiert. Man gibt dir das Gefühl, daß du wichtig bist und daß man dich braucht, genauso wie einen Professor für Baustatik, Pharmazeutik oder Verfahrenstechnik. Der freiberufliche Worterfinder war selbständig und hat was verkauft, was andere brauchten, und damit lebt er nicht als Absauger. Es fragt sich immer, ob man was macht oder produziert, das einer braucht und wofür er dich bezahlt. Das ist eine meiner Hauptfragen an die Gattung, dahinter steckt die Unterscheidung, ob sich einer als Mitesser oder dicker Abzapfer durchmogeln will oder ob einer als stolzer Fabrikant dasteht, der davon lebt, daß er Ampelmännchen als Gummibärchen verkauft, was natürlich auch nicht sein muß, aber die Leute wollen das, und er lebt nicht von abgepreßten Steuergeldern, und verbeamtete Kunstredner tun das.

Sie waren doch selbst so einer.

Gebe ich zu. Als Friedhofsgärtner hätte ich mich ehrenwerter durchgemogelt. Ich kenne noch so ein Talent, der arbeitet für ein Bestattungsunternehmen und hält Trauerreden, und den bezahlen die Leute, weil sie ihn brauchen. Für Blödsinn wie Tennis und Kino zahlen die Leute freiwillig Geld. Aber Theater würden eingehen ohne Zuschuß.

Lehrer, Abgeordnete und Polizisten leben doch auch von Steuergeld.

Die werden von der Gesellschaft gebraucht, also teilweise.

Eine Gesellschaft muß sich Luxus gönnen, Kultur, Bauwerke. Soll denn das Theater abgeschafft werden?

Nein. Sie haben schon recht, eine Zivilisation, eine Hochkultur muß sich Prachtbauten, Kunst, Oper und Freigiebigkeit gestatten und sich dafür verausgaben. Vielleicht sollte es das Theater mal wieder auf schlicht versuchen, Kleist texttreu, kein Regiefirlefanz, das wäre gewiß einigen was wert. Für den Eintritt zum Rolling-Stones-Konzert in der Waldbühne haben die Leute hier sechshundert Euro bezahlt, 1965 waren es nicht mal zehn Mark, und da hat es sich schon selbst getragen.

Eine Theaterkarte ohne Subvention würde etwa achtzig Euro kosten, habe ich gelesen. Würden Sie dann hingehen?

Weder subventioniert noch kostspielig. Ich gucke mir Theater und neuerdings auch Oper nur noch im Fernsehen an, wo sowas leider selten kommt, denn da kann ich notfalls umschalten. Ich habe die Oper gern, und das laß ich mir was kosten. Das ist großartig, wie sich da alles ballt zu einem riesigen Klumpen an Können, Talent, Übung, Auslese und Schönheit, alles in einem Raum, wo ich mit tausend Leuten sitze, was für den Aufwand nicht viel ist. Das ist Luxus, und der ist mir was wert. Ich habe da feine Sachen erlebt, Croesus von Reinhard Keiser mit René Jacobs. Das war großartig! Aber dann bin ich zunehmend in so dämliche und jecke Inszenierungen geraten, und das verleidet mir alles, wie schon beim Theater, obwohl sie sich bei Opern noch nicht an die Musik wagen und den Text. Aber eine Sängerin, die ihre Brüste zeigen muß, weil ein Regieschnösel das haben will, das braucht keiner, das ist geisteskrank, und die Sänger machen es nur mit, weil sie auftreten wollen und müssen, und das wird ausgenutzt.

Ich sehe da auf einem Stapel den Arbeiter von Jünger, lesen Sie das gerade?

Das ist der Stapel mit Büchern, die wegkommen, die gebe ich weiter, die will ich nicht. Ich habe viel von Jünger gelesen, aber der Arbeiter ist eins der Bücher, wo sich mir alles sträubt. Ich kann's nicht ertragen. Irgendwie soll der Arbeiter das kommende Menschmodell darstellen, dabei ist der Arbeiter inzwischen weg, verschwunden, arbeitslos, oder er wählt vor Verzweiflung AfD, weil ihn seine olle SPD verraten hat. Und den Soldatentyp, den er da anklingen läßt, den gibt es auch nicht mehr, es sei denn, man denkt ihn sich als Facharbeiter für Kriegsführung, als hochbezahlten Söldner.

Dann sehe ich da im Stapel ein Buch von Lisa Eckhardt, kommt das auch weg?

Das ist schlecht, kommt weg. Es will seltsamerweise keiner haben. Ich ziere mich, es einfach wegzuschmeißen, weil eine Widmung für mich drinsteht.

Wie kommen Sie denn dazu?

Freunde, die in Leipzig eine Galerie betreiben und Lesungen veranstalten, haben sie gebeten, mir ein Exemplar zu widmen, und das hat sie gemacht. Ich war nicht da und hätte auch keine Widmung erbeten, das mache ich nie. Das Buch ist Mist. Ich schätze, daß die Frau bisweilen Mut und Eigensinn zeigt, das hat dann noch mit politischem Kabarett zu tun. Die Comedy-Fuzzis im Fernsehen machen ja nur Klamauk, die machen sich lustig auf anderer Kosten und blödeln rum, und irgendwelche Idioten finden das dann komisch. Was ich wiederum komisch finde.

Sie sind nicht geschmeichelt? Eine persönliche Widmung, wie ich sehe.

Irgendwem werde ich schon eine Freude damit machen, vielleicht meiner Schwester, mal sehen.

Ein Buch vom Schlingensief liegt auch da.

Das wollte ich mal lesen, kann nun aber auch weg. In Braunschweig kamen sie auf die Idee, ihm eine kurze Gastprofessur zu geben. Er hat ein paar Tage einen enormen Wind veranstaltet, Fernsehen war da, Massen waren da, und er war erst mal im Personalbüro, seine Lohnsteuerkarte und seine Kontonummer abgeben, und dann hat er Reden geschwungen und ist unter Applaus ab und ward selten gesehen. Es gibt Irrenhausbesitzer und Irrenhausbewohner. Der war ein Bewohner, ein Ureinwohner, der auch Eigentümer ist, der betreibt sein eigenes Irrenhaus, ein Privatirrenhausbesitzer, und er ist ein gemachter Privatirrenhausbewohner und Inhaber gewesen. Ein Theatermann. Immer alles unter Anstrengung, unter Höchstleistung und noch mehr und noch mehr! Andererseits, keine schlechte Leistung, zumal es ihm stets gelungen ist, neue Untermieter als Schausteller zu rekrutieren, und er großen Erfolg hatte.

Das ist heftig. So schlimm finden Sie das?

Ach, was ist schon schlimm? So zu sterben wie er ist schlimm, das hat mir leid getan. Er hatte eben Temperament und seine Masche entwickelt, und das war erfolgreich. Er hatte seine Sicht, und die trägt sich wie eine Brille, leicht und bald unbemerkt, mit Belohnung eigener Sicht. Man trägt das mit sich rum, ohne es noch zu bemerken. Die Brille unterläuft das Bewußtsein des Brillenträgers.

Was halten Sie von Geld?

Wie kommen Sie jetzt darauf?

Ich habe eine Skulptur von Ihnen gesehen, da steht der dicke blaue Band Grundrisse der Kritik der politischen Ökonomie von Karl Marx auf einem Sockel, und in den Buchrücken ist ein dicker, roter Haken reingeschraubt, und daran hängt so eine kitschige Baumscheibe, wo draufsteht: »Ich hatt' einen Kameraden«.

Mein alter blauer Band, der sollte auch weg, aber ich habe ihn früher mal gelesen und habe dran gehangen. Das Buch mit dem Schild zusammenzubringen war eine Schnapsidee, aber dann habe ich gemerkt, das ist gut so! Vor allem der fette, rote Haken hat mir gefallen, das Scharnier zwischen Marx und Holzbrandscheibe. Ich habe den Grundrissen einen neuen Gebrauchswert verschafft und sie in Tauschwert verwandelt, weil das einer kaufen wollte. Geld an sich ist langweilig.

Also Geld allein macht nicht glücklich?

Geld allein macht auch nicht unglücklich. Besser, man hat ausreichend davon. Ist schon besser.

Womit verdienen Sie mehr, mit Kunst oder Literatur, mit Radio oder mit Zeitungsbeiträgen?

Darf man das so ungeniert fragen?

Es interessiert doch viele. Viele entschließen sich, von Kunst oder Büchern zu leben. Und vielleicht können Sie die beizeiten warnen.

Ich hab's ja schon oft ausgeplaudert, warum auch nicht? Ein Buch bringt etwa dreitausend, dafür sitze ich aber auch lange dran. Ein Bild oder sonstwas bringt zwischen fünfhundert für Zeichnungen und sechstausend für Öl, und dabei habe ich nicht so viel Aufwand, es geht schnell. Das ist teilweise schade, weil es rauschvolle Tage sind, an denen ich Kunstsachen herstelle. Aber der Krempel liegt dann hier auf dem Boden im Wohnzimmer rum, und ich sehe zu, daß ich zügig fertig werde. Ich will auch nicht zu viel nachdenken, einfach nur machen. Wir wohnen hier, und da muß das alles schnell wieder weg. Also trocknen, verpacken und fertig und ab.

Ja, wird das denn so? Bei dieser Eile? Gibt es da ein Gelingen?

Gerade darum. Ich arbeite gezwungenermaßen wie der Schlachter beim Sung Tzi, der da so zenmäßig und dem Dao folgend mit dem Messer durch das Schlachtvieh fuhrwerkt, und alles gelingt ihm schnell und elegant, weil er nicht nachdenkt, sondern tut, was zu tun ist. Er tut's einfach. Bei mir ist das aber schon gut vorbedacht, wie es in etwa werden und aussehen soll, wie groß und welche Farben. Den nötigen Kram kaufe ich dann, und wenn alles fertig ist, ist das alles verbraucht und weggearbeitet. Die Pinsel wasche ich nicht, die kommen weg, der ganze Dreck, was so in Ateliers rumsteht und stinkt, das kommt alles weg. Nur das fertige Zeug für die neue Ausstellung bleibt übrig.

Und nichts geht schief und mißlingt?

Zunächst mal ist alles Vollkommene auch unerläßlich unvollkommen, sonst ist keine Spannung da. Also sagen wir mal, von fünfzehn Dingern, die ich fabriziere, geht eins daneben, und das kann man auch meist nicht mehr umbiegen, das kommt dann weg. Aber das ist doch ein guter Ertrag, oder?

Und die anderen Sachen sind makellos? Woher dann die Spannung?

Ja, die werden doch immer anders als gedacht. Ein Silberblick, ein Muttermal ist immer dran, ein Popel Genialität. Und das eine von fünfzehn, das verbumfiedelte, das ist oft noch zu retten, weil die Fehler schon reichlich dran oder drin sind.

Und was macht man dann bei einer Rettungsaktion?

Einmal habe ich einen völligen Mist auf Leinwand fabriziert und gedacht, jetzt drückst du den ganzen Farbquark, also die Seite mit der Farbe aufs Zeitungspapier, das ich immer unterlege, vielleicht wird es doch noch. Das war aber auch wieder nur Schmodder und Matsch. Also habe ich das Malheur kopfunter auf dem Papier liegenlassen, weil ich's nicht mehr sehen konnte, und habe dann die blanke Rückseite des Keilrahmens benutzt, um die Büchse mit dem Wasser für die Pinsel hinzustellen, und dabei ist so eine hübsche, zartrosa Pfütze drunter entstanden, wie eine zarte Sprechblase sah die aus. Und dann habe ich diese rosa Schönheit Pablo Inkasso genannt, das war einer meiner Titel auf Vorrat, und der Titel paßte gut. Damit habe ich das Mißglück wenden, wiederbeleben und sogar noch verkaufen können. So gelungene Rettungen sind allerdings selten.

Sie hatten das schon mal erzählt mit dem Griff dran bauen.

Das war mit dem Harry Kramer entstanden, der auch in Kassel Professor war, als ich da meinen Gastauftritt ein Jahr lang hatte. Da bin ich gern zu ihm rein in sein Atelier, so ein riesiges Bildhaueratelier war das, wo er auch seine Autos, seine Sportwagen während seiner Veranstaltung geparkt hat.

Der ist mit seinem Wagen ins Atelier reingefahren?

Ja, der hatte einen englischen, offenen Morgan und einen Porsche, und da ist der zur Vorlesung mit dem Auto vorgefahren, und die Studenten haben ihm das hohe Portal aufgeschoben, und er ist reingefahren, Motor aus, Tür zu und los. Am Ende alles rückwärts, und er raus und ab. Das hatte Klasse. Dieser Eingang war für Lastwagen vorgesehen, die Steinskulpturen oder schwere Bronzen abholen, an der Decke gab es einen Kran. Der Kramer hatte Klasse, der war mal Tänzer von Beruf gewesen und ist dann ohne viel Absicht in die Kunst geraten. Bei dem saßen immer sehr hübsche Weiber im Seminar rum, die durften dann ab und zu auf dem Beifahrersitz mit ihm durch Kassel brausen.

Ein Charmeur mit Hang zur Studentin also?

Ach was, der war felsfest verheiratet. Das war Liebe, das habe ich selbst mitbekommen.

Wie das?

Wenn ich Einsatzpause hatte, bin ich manchmal zu ihm rein, dann haben wir immer gut geredet, und ich habe einen Cognac bekommen. Einmal komme ich rein, da lötet der so eine richtig brutal kitschige Tiffany-Lampe zusammen. Er hatte sich in der Bibliothek ein Buch über Tiffany-Lampenbau besorgt, und ich war ganz erstaunt: »Was machst du denn da? Ist das jetzt Performance oder was?« »Nein«, sagt er, »das wird ein Geburtstagsgeschenk für meine Frau. Sie mag sowas.« Also wenn das keine Liebe ist?! Und das fand ich auch gut, daß er die Frau nicht ästhetisch erzieht, sondern ihr das hingebungsvoll bastelt.

Sie wollten das mit dem Griff erklären …

Ja, das kommt ja jetzt. Also wir haben uns da in diesem Zusammenhang wohl über gute und schlechte Kunst unterhalten und über mißlungene auch. Das ist ja ein dauerndes Berufsproblem. Und da waren wir uns einig, daß man diese unvermeidlichen Mißgeschicke oft noch schönbiegen kann. Und dann sagte er: »Wenn gar nichts mehr hilft, baut man einen Griff dran. Entweder der Griff rettet den Mist, oder du kannst das Unglück damit bequem wegschmeißen!« Da habe ich dann später auch mal einen Katalog nach benannt: Bau Griff dran, schmeiß weg!

Das Beste draus machen?

Na, das klingt zu sehr nach Sich-damit-Abfinden. Es muß aber durch einen beherzten Eingriff etwas wirklich Neues entstehen, und das kann ja kraft eines angeschraubten Handgriffs dann eine durchaus lebhafte Attraktion ergeben. Ansonsten bleibt es ein Mißgriff.

Ein Fehlgriff.

Ein Griff ins Klo. Am Wort Griff hängt selbst viel dran. Es gibt den Begriff, den Zugriff, den Eingriff. Und was wäre ein Koffer oder ein Messer ohne Griff?

Ein Hauptangriff auf Ihre Zwecke.

Begreiflicherweise, ja.

# TK 25

GRUNDIG

**Tonbandkoffer TK 25**

**Mit zwei Bandgeschwindigkeiten 4,75 und 9,5 cm/sec**

•

**Hi-Fi-Tonkopf**

•

**Bis zu 6 Stunden Spieldauer**

DM **495.–**

einschl. Leerspule, Verbindungskabel, Mikrofon und Tonband nach Listenpreis.

## TECHNISCHE DATEN

Drucktasten-Eingangswähler für Mikro/Radio/Platte • Einknopf-Funktionsschalter für Start/Stop/Schnellstop/Schneller Vorlauf/Schneller Rücklauf • Doppelspuraufzeichnung • Internationale Spurlage • 2 Bandgeschwindigkeiten 4,75 und 9,5 cm/sec • Frequenzumfang 50–16000 Hz bei 9,5 cm/sec und 60–8000 Hz bei 4,75 cm/sec • Laufzeit einer 15-cm-Spule bei Duo-Band und 4,75 cm/sec 2 × 180 Minuten • Eingebauter Mikrofonvorverstärker • Anschlußmöglichkeit für Kondensator-, Kristall- oder dynamisches Mikrofon. Automatischer Band-Endabschalter • Dekadisches Bandlängenzählwerk mit Nullsteller • Aussteuerungsregler mit optischer Kontrolle durch Magisches Band • Regelbare Mithörlautstärke bei Aufnahme • Klangregler bei Wiedergabe • Hervorragender Gleichlauf durch starken Außenläufermotor und extra schwere, prismengelagerte Präzisionsschwungscheibe • 2,5-Watt-Endstufe • Abschaltbarer permanent-dynamischer Ovallautsprecher • GRUNDIG Hi-Fi-Tonkopf • Voll-Tricktaste für die Erzeugung von Hintergrundmusik • Mischregler für Studio-Effekte • Leistungsaufnahme ca. 55 Watt • Anschluß an 110/220 V Wechselstrom • Eleganter Luxuskoffer • Abmessungen ca. 37 × 34 × 21 cm • Gewicht ca. 11 kg.

*Die Jagd nach dem Ton schafft wieder die Verbindung zur Natur. Sie ist ein modernes Indianerspiel, das reich belohnt und Vergängliches festhält.*

# 8. Daphne, Pferdeschwanz, Raumung

1.

Eine Dichterin nannte Sie kürzlich den Phoebus unter den Autoren.

Ach nö! Jetzt kommt's aber knüppeldicke! Wer war das?

Kann ich nicht sagen, vertraulich.

Dann war's eine Malice.

Wieso das?

Ein Phoebus mit 700 Rente, ich bitte Sie! Und der wird vom Pfeil des Eros getroffen und verliebt sich in Daphne, und dann schießt Eros der Daphne mit einem Gegenmittel an der Pfeilspitze in den Arsch, damit sie den Apoll nicht ausstehen kann und ihn unglücklich macht, und er schmachtet ihr nun ewig hinterher. Das ist boshaft, diese Tragik kennt jeder.

Nun verstehe ich gar nichts mehr.

Ja, das kennt man doch von früher: Du verliebst dich vergeblich in eine Frau, sie will dich aber nicht, was sie nicht klar sagt, weil sie in einen anderen vergeblich verliebt ist, der aber von ihr wieder nichts wissen will, und da hält sie dich als dämlichen Nachläufer hin und als Ersatz, weil es ihr schmeichelt. Und der Mann, den sie eigentlich begehrt, der liebt wieder eine andere, die ihn wiederum verschmäht. Das kennt man doch aus der

Frühzeit, als man dringend nach Liebe schmachtete. Das ist die Tragik, die Kehrseite der Liebe aus Passion.

Und was hat das mit Ihnen als Phoebus zu tun?

Ja eben das, was ich hier zu erläutern suche. Darauf zielt doch diese Malice. Ich war hartnäckig bei so aussichtslosen Fällen und habe dadurch viel Zeit vertan mit falschen Fräuleins. Derweil bin ich faltig und bemoost, der Stachel der Lüsternheit ist gebrochen, und die Fräuleins werden womöglich immer noch unglücklich schmachten, kinderlos sein, und es sind uralte, dürre Lorbeerbäume aus ihnen geworden. Und nun würgt mir da eine anonyme Dichterin einen rein.

Das ist doch Unsinn. Apoll beziehungsweise Phoebus ist der Gott der Dichtkünste und Künste, nichts als das wollte sie sagen, das zeigt allein Wertschätzung. Ihre schwarzseherische Auslegung deutet darauf hin, daß Sie gelitten haben.

Im Grunde sind diese vergeblichen oder verfehlten Jugendpassionen ja Firlefanz, man wird dann bald klüger. Ich habe erst später und nachträglich wirklich gelitten und bereut, weil ich eine ganz frühe Liebe, eine erste große Liebe, die auf Gegenseitigkeit beruhte, verdorben habe durch Leichtsinn. Da habe ich womöglich mein Leben verspielt und hätte früher erwachsen werden können, heiraten und Kinder haben.

Was haben Sie denn falsch gemacht?

Ich hing, wie viele meiner Generation, einer bequemen Genußsucht an, die wir idealisiert Hedonismus genannt haben. Ich wollte unbegrenzte Freizügigkeit, was wir wiederum verklärt Freiheit genannt haben; die hätte aber, das habe ich erst viel später verstanden, aus Selbstbeschränkung, aus Mut und Treue bestehen müssen, so widersinnig sich das anhört. Im Grunde habe ich mich mit zwanzig nur gehenlassen und immer nur rastlos Umschau gehalten, welche Frau noch schöner sein könnte als diese und was noch mehr Spaß machen könnte als dieses Leben. Also habe ich es schäbig vertändelt.

Wissen Sie, wie es ihr geht?

Sie lebt in Hamburg, hat Kinder, Scheidung, neue Beziehung, hat an einem Buch mitgearbeitet, mehr weiß ich nicht. Wir waren eine Generation, die vor lauter Vergnügen und Selbstsucht viel Schaden angerichtet hat. Ich kann daran nichts mehr ändern und habe mir später Mühe gegeben und bin verläßlicher geworden.

Was ist aus Ihrer Liebe in Frankreich geworden? Sie hatten erwähnt, einer Liebschaft wegen lange in Paris gelebt zu haben.

Hört sich schön kitschig an, was? Paris, Liebschaft, Dachwohnung. Also, was ist? Die ist auch verheiratet, geschieden, wieder verheiratet, hat drei Söhne und ist wohl dicker als damals. Vor zwei Jahren habe ich sie mal etwas übermütig und vom Bier beflügelt angerufen. Ich habe ihr mit meinem breiten Bierfranzösisch ordentlich was erzählt, und sie hat gekichert und wahrscheinlich ihr Händi lautgestellt, damit man sich das Malheur anhört. Dann habe ich gemerkt, daß ich mich lächerlich mache, und habe meinen peinlichen Anruf beendet, aber ich wußte nun, was mit ihr los ist. Diese Anrufe waren mal eine Schwäche von mir, ich habe mir den Unfug mühevoll abgewöhnt und verboten. Und ich lasse auch vergangene Lieben fortan ruhen, und ich fahre auch nie mehr hin nach Paris. Wie sie jetzt aussieht, muß ich auch nicht wissen. Das kann alles nur enttäuschen. Ich sehe ja, was aus Berlin mit den Jahren geworden ist, und Paris scheint ja nun völlig desolat und meschugge geworden zu sein.

War das auch eine Ihrer unglücklichen Lieben?

Nein, im Gegenteil. Das war eine himmlische Liebe.

Wie haben Sie sie denn kennengelernt?

Es gab damals für Studenten und Lehrlinge eine billige Interrail-Fahrkarte, damit konnte man einen Monat lang durch ganz Westeuropa frei mit dem Zug fahren. Ich bin mit einem Freund zusammen von Westberlin aus erst mal nach München und von da aus abends nach Rom. Nachts stand der Zug in Mailand, und gegen Morgen war die ganze Welt verändert, die Vegetation, die Häuser und Felder, wir standen am offenen Zugfenster, die ließen sich noch öffnen, und haben Italien bestaunt. Ein Hochgefühl.

Die deutsche Italienlust!

Die muß es wohl geben. Dann Rom, Jugendherberge. Das war ein Drecksloch, und dann kamen wir auf den Trichter, Nachtzüge zu nehmen, anstatt im Hotel zu übernachten. Zelt hatten wir dabei, aber du kannst nicht in Rom zelten. Also nachts weiter, an der Mittelmeerküste entlang nach Nizza, das wollten wir mal gesehen haben, aber das war ein krankes, gottverlassenes Wuppertal auf nobel am pißwarmen, ölglatten Meer gelegen, ein schmaler, verdreckter Strand mit Kieselsteinen und Sonnenschirmen, und dahinter gleich eine breite Uferstraße, auf der so Arschlöcher in offenen Wagen hin und her fahren, und dahinter, auf der Stadtseite, liegen dann teure Cafés, alles Touristennepp, da kannst du Gondeln kaufen, wo Nizza draufsteht und der große Matisse-Schwindel herrscht. Also weiter im Zug nach Marseille. Und das war gut! Da sind wir in ein kleines Restaurant, und da kam so eine Mutti in Kittelschürze, und es gab keine Speisekarte, es gab einen Fischeintopf, nichts weiter. Dann kam die an und hat unseren Tisch mit altem Zeitungspapier gedeckt, das mache ich heute noch manchmal, aber damals dachten wir, au, das ist hier wohl eine etwas schlichte Garküche; es war aber die beste Bouillabaisse, die ich jemals gegessen habe, dazu gab es einen soliden Rotwein, Weißbrot, und die Frau hat uns zwei Burschis mit Nachschlag und Käse verwöhnt und hat mit dem dicken Bleistift eine wohlwollende Rechnung auf das Zeitungspapier geschrieben …

Und draußen lief in diesem Moment ihre große Liebe vorbei ...

Geduld bitte. Wir sind dann nach Spanien, ins Baskenland und haben da unser Zelt aufgeschlagen, da paßten wir zwei gerade so rein. Und in Spanien ißt du ja auch nur und säufst Wein, und dann steht früh die Sonne auf dem Zelt, und du dampfst da den Weinkater drin ab. Mein Kollege hat sich da wohl gefühlt, der hatte ja Urlaub, der hat gearbeitet, und da hat ihm das mit dem Zeltplatz und dem ganzen spanischen Urlaubsmuff gefallen, und er konnte auch keinen Zug mehr sehen. Da habe ich zu ihm gesagt, ich kriege hier in der Hitze bald einen Dachschaden, ich muß nach Norden, und da habe ich einen Zug genommen, und die gehen in Frankreich immer nach Paris, und da dachte ich mir, gut, fährst du mal nach Paris, du hattest Französisch in der Schule, und nun fährst du mal nach Paris und redest mit denen.

Und jetzt kommt endlich die große Liebe?

Die saß im Zug. Ich habe schon vorher irgendwo im Zug gesessen, in der Enge nach der spanisch-französischen Grenze, und bin dann mal ganz ans Ende vom Zug und habe, der Gaußschen Normalverteilung folgend, ein freies Abteil gesucht, und da war eins, und da saß nur eine bildhübsche, junge Frau drin. Da bin ich rein und habe mich mit Abstand auf die andere Seite gesetzt. Und dann saß ich da, ganz sprachlos, so schön war die, sie hatte ein hübsches Kleid an und guckte so frisch und vergnügt aus dem Fenster. Und nach einer Viertelstunde habe ich die Fassung wiedergewonnen und habe mir endlich ein Herz gefaßt und irgendwas Dämliches auf Französisch gesagt. Und dann war alles ganz einfach, das war ein Naturkind, ganz arglos und offen, keine so gefällige, affektierte Schönheit, nein, die war durch und durch schön. Wir haben entspannt und vergnügt geplaudert auf Französisch, auf Englisch, auf Deutsch. Sie war mit den Eltern in Südfrankreich an der Küste in den Ferien gewesen und hatte sich mit denen verzankt, und nun fuhr sie nach Hause, und das war in Paris. Als wir da ankamen, waren wir uns schon sehr zugetan. Sie hat mir ihre Adresse gegeben, ich ihr meine. Und dann ist sie in die Stadt gefahren, und ich bin mit dem Zug nach Schweden.

Nach Schweden? Zum Abkühlen?

Abends wurde es da oben tatsächlich schon kühl. Ich bin nach Kiel und mit der Fähre, die man auch frei benutzen konnte, rüber nach Schweden und habe da wieder einen Zug genommen bis Jönköpping. Hier steigst du jetzt endlich mal aus! So. Es gab eine noble Jugendherberge, ich hatte so einen Bungalow für mich, und dann hockst du da, und es überfällt dich die sterile, skandinavische Ödnis, es gibt ja dort nichts, keine Kneipe, nichts. Und dann träumst du da in deinem Bungalow von der Frau im Zug, und es fängt an, dich am ganzen Körper furchtbar zu jucken, ganz grauenvoll! Ich habe Licht gemacht, und ich sah aus wie ein geschwollener Pestkranker in Lachsrot. Das war eine saftige Allergie, und die kam von einem echten, blauen Mao-Tsetung-Anzug aus

China, den ich mir in Marseille gekauft hatte, so eine kratzige Volksausgabe, Mao hatte sie ja maßgeschneidert aus Seide, und die muß in ein Konservierungs- oder Mottenbad getunkt worden sein, also mußte ich in Jönköpping, wo ich den mal probehalber angezogen hatte, in so eine Polyklinik und hatte Zeit, einen Brief nach Paris zu schreiben, daß ich mal in einigen Tagen nachmittags um vier vorbeikomme. Das mit dem Telefon hat ja damals bei Auslandsgesprächen nie geklappt. Von Berlin aus ganz schlimm, immer besetzt und kaum was zu verstehen, da müssen die Geheimdienste Ost und West noch mit in den Kabeln gehangen haben.

Und dann sind Sie lachsrot im frisch ausgewaschenen Mao-Anzug zurück nach Paris gefahren?

Den verfluchten Anzug habe ich dagelassen, mit einer Warnung dran. Die Kulturrevolution war ja schon eine Schweinerei, und dann das noch. Die Hautausschläge und das Jucken waren weg, und um vier Uhr habe ich pünktlich an der Wohnungstür in Paris geklingelt, und sie machte die Tür auf. Dann sind wir Stunden spazieren gegangen, und ich habe sie zum Essen eingeladen, und dann war ich öfter da, habe im Hotel gewohnt, weil sie noch bei den Eltern war, und dann waren wir eben zusammen ein Liebespaar. Sie hat in einem Büro gearbeitet und hat eine Wohnung gesucht, was nicht einfach war in Paris. Sie war auch oft und lange bei mir in Berlin, in meiner Wohnung in der Hermannstraße, das waren immer fünfzehn Stunden Zugfahrt, also ständiges Hin und Her. So, und dann war es schon Liebe, fest verliebte

Liebe. Und dann hatte sie eine Wohnung gefunden am Boulevard Soult in so einem Hausmann-Bau. Da habe ich gesagt, ich miete das mal mit dir zusammen und bin dann eben öfter bei dir.

Und so haben Sie dann da gewohnt.

Sie ist früh zur Arbeit, ich habe eingekauft, mir zwölf Schnecken in den Ofen geschoben und gefrühstückt. Sonntags und an Festtagen waren wir immer bei ihren Eltern zum Essen eingeladen, sieben Gänge, Rotwein, Schnaps. Ich bin damals richtig fett geworden, obwohl wir gerammelt haben wie die Affen und immer weite Strecken durch die Stadt spaziert sind. Ein dicker Deutscher war ich, mit langen Haaren. Das war 74, während meines Zweiten Lebens. Ich hatte da ja schon Foucault gelesen, die Klinikschrift, Psychiatrie, das gab es schon auf deutsch. Dann habe ich rausbekommen, wann der Vorlesungen hält, und bin hin. Das war ein großer Vorlesungssaal, und der war voll, und vorn stand ein Tisch, wo der Dozent sitzt, der stand voll mit Mikros und diesen Walkman-Dingern, voll mit diesen kleinen Kassettenrekordern, womit man auch aufnehmen konnte. Vorn saßen lauter Japaner und Amerikaner, die haben das immer aufgenommen. Und dann kam der berühmte Glatzkopf und hat geredet; mein Französisch war alltagstauglich, also habe ich einiges nicht verstanden und mußte ständig im Wörterbuch nachschlagen. Mir war diese welsche Denkweise auch neu. Als Foucault Jahre später bei Merves zu Besuch war, habe ich ihm das erzählt, wie surreal mir das vorkam, wie die Japaner da und die emsigen Amerikaner seine Rede mit den Walkmännern aufgesaugt und mit nach Hause genommen haben; mit den Fotos machen sie es ja ähnlich, die gucken nicht, die knipsen und besitzen. Das hat ihn amüsiert. Das war vermutlich, als er da in Berlin verhaftet wurde.

Das war 77, da kannten Sie die Merves doch noch gar nicht.

Ach!? Dann bringe ich was durcheinander. Als ich in der Güntzel wohnte, war er jedenfalls mal auf Besuch. Und die Verhaftungsgeschichte habe ich ja nicht erlebt, die hat mir Heidi erzählt.

Was hat sie erzählt?

Daß sie ihn um die Ecke in einem Hotel untergebracht hatten und sich da zum Frühstück verabredet haben. Gente, Heidi Paris und Foucault, vielleicht noch andere, die haben dann über das Thema geredet, das Deutschland damals geradezu hysterisiert hat, über die Terroristen nämlich, Baader-Meinhof. Das war unglaublich, was für Angstneurosen und Hysterien die Medien und die Politik da im Volk entfacht haben, wegen zwanzig, dreißig Figuren, wegen ein paar Idioten, die durchgedreht waren und rumballerten. Ich habe das in Neukölln mitbekommen, wie da Lautsprecherwagen durch die Straßen fuhren und zur Beobachtung und Denunziation aufgerufen haben. Das habe ich nur noch mal erlebt, als die Angst vor der Viruspest entfacht worden ist. Und in dem Frühstücksraum muß einer was aufgeschnappt und die Polizei alarmiert haben. Und die sollen dann plötzlich in Armeestärke mit Maschinenpistolen auf die Merves und den Foucault losgegangen sein, haben die verhaftet und separat in Zellen gesperrt. Foucault hat dann den französischen Botschafter angerufen, und dann soll denen gedämmert haben, daß sie den Thronfolger vom Sartre, den neuen Voltaire verhaftet haben, er ist schnell entlassen worden. So hat sie mir das erzählt.

Also ich mag das Thema im Grunde nicht mehr aufgreifen, aber frage Sie nun doch, womit Sie Corona noch verbinden? Und ich bitte Sie um eine kurze, abschließende Antwort, damit das dann erledigt ist.

Also Freund Butzmann meldet sich bei mir und nennt mir eine Adresse im Netz, wo sie dir als Künstler oder Musiker fünftausend Corona-Soforthilfe raushauen. Ich gehe spaßeshalber drauf und komme gleich an die Reihe, früher als Frieder. Ich fülle einen Fragebogen im Netz aus und kriege vier Tage später fünftausend Euro aufs Konto geschoben. Und brauche das aber gar nicht. Ich will ja partout kein Geld vom Staat annehmen, es reicht, wenn der von mir dauernd was will. Also habe ich das Geld, auch auf Anraten meines Steuerberaters, zurückgeschickt, obgleich ich dachte, jetzt halten sie dich für einen ehrlichen Idioten und beim Finanzamt halten sie dich für einen Vollidioten. Das war mein schönstes Corona-Erlebnis. Der Rest war nur elend.

Ja, waren Sie krank?

Kaum merkbar, der Geschmack war weg, sonst hätte ich das gar nicht gemerkt. Meine Frau war ziemlich krank. Aber vor allem war die ganze Welt krank, vor Angst und Hysterie nämlich. Die halbe Welt hat inzwischen ein völlig gestörtes Verhältnis zu Krankheiten, zu Schicksalsschlägen und Tod. Not und Leiden werden als unnötig abgewiesen, es wird ein Grundrecht auf schmerzloses Wohlleben beansprucht, und durch Tablettchen und Pharmazauber soll der Tod bezwungen oder wenigstens aufgeschoben werden, sonst ist das Geheule groß. So wird das nichts mehr mit der Gattung. Das Leben ist nun mal ein Katarakt der Gefahrnisse bis hin zum Tod, und dem muß man sich gelassen stellen.

Was ist eigentlich aus ihrer himmlischen Liebe geworden, eine irdische oder höllische gar?

Ich konnte nicht lange Zeit in Paris leben, in Berlin war musikalisch, in der Kunst und auch sonst eindeutig mehr los, und dann fehlte mir da die große deutschsprachige Bibliothek, ich hatte auch immer das Gefühl, die Feinheiten meiner Sprache zu verlieren; wenn ich dann zwischendurch nach Berlin zurückkam, habe ich mich sofort in eine Kneipe gesetzt und zugehört und da ein Sprachbad genommen. Da passieren Kleinigkeiten; Kramer hatte ab und zu mal »famos« gesagt, das war außergewöhnlich, und jetzt hörte ich da ständig jeden »famos« sagen. Sowas. Und meine Françoise hat sich unwohl gefühlt im grauen Berlin, sie hat hier in einem Kindergarten gearbeitet, und alles war ihr fremd, sie vermißte das Weißbrot, den Wein. Heute wäre das kein

Problem, aber damals war Berlin sehr herb und unterentwickelt, es gab ja kaum frischen Knoblauch zu kaufen oder sowas wie Auberginen schon gar nicht. Dann gab es Silvester in Paris einen Krach, da flog ein halbgarer Fisch vom Herd durch das Dachfenster in die Hinterhöfe von Paris; sie konnte temperamentvoll werden. Da bin ich beleidigt abgehauen, und als ich wiederkam, hatte sie sich einen Bubi geangelt und war schwanger und dann auch schnell verheiratet. Da bin ich sofort wieder zum Bahnhof und in den Zug nach Berlin, habe unterwegs Unmengen Rotwein gesoffen und habe vor Kummer zehn Stunden lang geheult und habe die restlichen fünf Stunden aus dem Fenster gekotzt.

Gab es da kulturelle Differenzen?

Feine nur, aber viele. Frankreich, Deutschland, das ist christliches Abendland, aber schon lateinisch und germanisch. Ich begreife seitdem nicht, wie ein Deutscher und eine Thailänderin das hinkriegen; die Frau muß sich vermutlich anpassen, und von ihrer thailändischen Seele bleiben entschärfte Reisgerichte und ein paar Räucherstäbchen. Ich bezweifele die multikulturelle Eintracht, entweder man lebt separat, wie Deutsche, Türken und Vietnamesen nebeneinanderher leben, oder es gibt starke Anpassung und Angleichung, und eine Seite konvertiert. In Paris war ich ja willkommen, konnte sprechen, sah aus wie alle da, und trotzdem war ich fremd. Ich wäre vermutlich verkümmert. Und es hätte mein Drittes Leben nicht gegeben, das drei Jahre später mit Merves anfing, auch die Musik nicht, vielleicht wäre mir noch das Schreiben aus Sehnsucht nach Heimat und aus Angst, die Sprache zu verlieren, geblieben.

Gibt es das Musikduo Butzmann/Kapielski eigentlich noch?

Wenn wir einen Auftrag bekommen, machen wir das. Wir sind jetzt sowas wie das alterweise Händelsohn-Bachholdy-Duo. Früher waren wir kurz mal Dick & Durstig, dann meist Butzmann/Kapielski, das war der Normalzustand.

Das ist eine Steigerung. Das Bonmot von Händelsohn-Bachholdy …

Ist über Wolfgang Neuss auf uns gekommen! Das hat er mir mal erzählt, als er schon wie eine steinalte Indianerfrau aussah und nur noch kiffte. Ich kam gar nicht zu Wort bei ihm, und da habe ihn mal harsch unterbrochen und habe ihn gefragt, ob ihm das mit Händelsohn-Bachholdy selbst eingefallen ist, und er hat erzählt, daß das einer in der Kneipe plötzlich in Schnapslaune spontan rausgehauen hat, und da hat er ihm den Einfall noch am selben Abend für hundert Mark abgekauft, daß Neuss ihn verwenden konnte.

Dieser Geistesblitz birgt eine gewisse Wahrhaftigkeit, denn Mendelssohn-Bartholdy hat sehr viel für Händels und Bachs Wiederauferstehung im 19. Jahrhundert getan. Und er war selbst ein genialer Musiker.

Einer unserer Besten. Aber er ist nicht sehr alt geworden, keine vierzig. Als ich noch in Kreuzberg wohnte, bin ich oft auf dem Dreifaltigkeitsfriedhof am Mehringdamm spazieren gewesen und habe ihn besucht. Da liegen auch der Chamisso, ETA Hoffmann und Oskar Huth, wichtige Leute für mich. Und am hinteren Ausgang, Zossener Straße Ecke Baruther, war früher der Leierkasten vom Mühlenhaupt an der Ecke, wo Günter Bruno Fuchs seine Thekenluftfahrten unternommen hat. Ich war als Schüler drin und habe die da alle erlebt, aber nie angesprochen. Da gab es eine Flasche Korn plus eine Flasche Apfelsaft für zehn Mark. Das ist eine bedeutende Gegend für mich, am Mehringdamm hatte Benn seine Praxis, und Butzmann hat lange in der York gewohnt und ich um die Ecke in der Großbeeren.

Womit haben Sie eigentlich begonnen? Mit Literatur, Kunst oder mit Musik?

Eine verworrene Sache. Gezeichnet und rumgetuscht habe ich immer schon. Dann gab es die vielen fleißigen Fachtexte, wovon es leider kaum noch was gibt, weil ich ein verfluchter Wegwerfer bin oder sein mußte, wegen meiner vielen Umzüge. Also nach diesen wissenschaftlichen Fleißtexten oder schon nebenbei habe ich in den siebziger Jahren angefangen, literarische Texte zu schreiben, absurde Zeitungsausschnitte zu montieren, Fotos zu machen. Ganze Kladden gab es mit Zeichnungen, Notizen, die frühen sind leider auch weg. Das blieb aber alles privat, das war nur für mich. In der Germanistischen Bibliothek war viel Platz damals, und dort habe ich mein Diplom mit der Hand und zu Hause mit der Schreibmaschine abgeschrieben und dann auch meine Magisterarbeit. Und Hubert Fichte, Arno Schmidt und Rolf Dieter Brinkmann habe ich dort entdeckt und gelesen, die Expressionisten, Romantiker, Wezel, alles durcheinander, das hat mein Schreiben beeinflußt und wohl auch geschult. Das Germanische Institut war mir bis auf Wilhelm Emrich und Profitlich und noch paar Leute zu öde, und Seminare habe ich gemieden, so gut es ging.

Ging es?

Ich bin immer gleich anfangs zum Dozenten: »Hier, ich will unbedingt einen Schein machen, geben Sie mir ein Thema. Ich habe keine Lust, endlos marxistisch-maoistische Weltprobleme im Seminar zu diskutieren, ersparen Sie mir das bitte.« Das haben die gemacht. Bei Rüdiger Safranski saß ich mal in einem Seminar, der war damals noch Assistent und stramm links, und irgendwann habe ich mal mit ihm auf einem Podium gesessen und ihm das geflüstert, daß ich Student bei ihm war. Da hat er irgendwie doch einen Schreck bekommen, daß ich da seine Vergangenheit als Maoist literarisch exhumieren könnte. Aber ich bin mir unsicher, denn das ist ja überhaupt kein Makel, weil unsere gesamte Elite war ja wie Trittin im Kommunistischen Bund oder bei der KPD/AO oder bei irgendwelchen Marxisten-Leninisten, wie Kretschmann. Und deren Eltern waren vermutlich in der NSDAP.

Und Sie?

Ich war ein abtrünniger Maoist mit einer Mao-Anzug-Allergie.

Wann haben Sie mit der Musik angefangen? Haben Sie in jungen Jahren ein Instrument gelernt?

Da gab es wenig Voraussetzungen. Ich konnte Noten lesen und damit Tasten setzen, einen Finger nach dem anderen und dann den Akkord drücken, so hat man in drei Tagen eine Partitur durch; sowas sollte man mal öffentlich machen, als Aufführung: Kapielski spielt den Klavierauszug von Bruckners Siebenter an vier Tagen. Die Kadenzseligkeit und Unbedarftheit der Siebziger haben mein Selbstbewußtsein gestärkt und mich auch Posaune und E-Gitarre spielen gelehrt. Aber das ging alles erst richtig los, als mich Butzmann mit dem Modulsynthesizer 100M von Roland vertraut gemacht hat und ich da im Studio mit Bändern und Effektgeräten und dem Mischpult arbeiten konnte. Was ich übrigens früher, als Jugendlicher, auch schon gemacht habe, als ich zum 15. Geburtstag das TK-45 von Grundig bekam, ein Tonbandgerät, drei Geschwindigkeiten, vier Spuren, wunderbar. Der Vorbesitzer, ein Kollege meiner Mutter, hatte zwanzig Bänder voll mit Aufnahmen von den Stachelschweinen, der Münchner Lach- und Schießgesellschaft und von Wolfgang Neuss mitgeliefert, die ich endlos gehört habe. Das war damals das beste, humorvollste und giftigste politische Kabarett, nicht so laue Korrektheitsfaxen wie heute. Und dann gab es ein Mikrophon dazu, das habe ich dann in den Gitarrenkorpus gesteckt und übersteuerte Aufnahmen gemacht mit verzögertem oder beschleunigtem Band und langsamer oder schneller abgespielt. Das war schon Stockhausen plus Hendrix in Heimarbeit. Und kleine Hörspiele habe ich improvisiert.

Sie hatten dann erste Auftritte.

Das ging holterdiepolter 82 los im Lunapark, einer Fabriketage in der Windscheidstraße. Da habe ich für meinen ersten Auftritt im Tonstudio von Butzmann Bänder vorbereitet, dann bei den UFA-Filmstudios in der Oberlandstraße eine große Windmaschine gemietet und sie in die Etage geschleppt. Windmaschine, so war das angekündigt. Da waren wir ein Trio mit Nils Krüger, der seine umgebauten Staubsauger bespielte, und mit Rainer Winkelvoss, der sonst bei Flucht nach vorn Posaune spielte.

Das La Monte Brötzmann Trio, das Sie schon erwähnt hatten?

Ja. Ich habe für den Auftritt Bänder präpariert und am 100M Krach gemacht, dazu den Wind und die große Regie. Das wurde dann so ein bisweilen kreischiges Brausen und Brummen und reißendes Strömen wie vor den Mauern von Jericho. Monika Döring war als Gast da und hat mich gleich in die Music-Hall eingeladen. Da wurde das eine große Nummer plötzlich.

Monika Döring, die große alte Dame der Berliner Musikszene?

Kürzlich kam sie in die Laura-Mars-Galerie, wo ich mit Sven Johansson zusammen eine Ausstellung hatte, als unsere Platte rauskam. Da schwirrte sie an, temperamentvoll wie immer, schwer geschminkt, hochherzlich. Sven kennt sie noch aus der frühesten Berliner Free-Jazz-Zeit als Groupie. Ich kenne sie nur als Musik-Impresario, sie hat unglaublich viel bewirkt in Berlin, über Jahrzehnte, zentral im Loft am Nollendorfplatz. Was ich da alles gehört habe! Swans, Cliff Barnes, Glenn Branca, Cave, Sonic Youth, Alex Chilton, und ich bin da mit Jochen Arbeit und mit Butzmann im Duo aufgetreten. Die Music Hall, wo der Wind gemacht wurde, war damals ein großer Saal mit Bühne in Steglitz. Fungierte sonst als Tanzschuppen. Döring hat das Musikprogramm gemacht. Jedenfalls war das mein zweiter großer Auftritt.

Erinnern Sie sich dran?

Und ob! Allerdings auch wieder wenig. Denn ich war derart beschäftigt damals mit Starkstrom und Küchenschrank und evangelisch-blasorchestralem Lampenfieber, daß ich wenig sonst erinnere. Als ich die erste Windmaschine bei der UFA abgeholt hatte, stand da noch eine, eine wesentlich größere mit Flugzeugpropeller, die habe ich gemietet. Das Ding mußte aber mit Starkstrom betrieben werden, und da hat einer, der sich auskannte, bis kurz vorm Auftritt rumgeschraubt, und dann lief das Ding endlich. Dann hatte ich ein evangelisches Jugendblasorchester angeheuert, ich kannte einen von denen, und die sollten nichts als gleichmäßig schwebende Cluster rausdröhnen, also mehr falsch als gut spielen. Genau die waren aber sowas von lampenfiebrig, daß ich die mit Gewalt auf die Bühne scheuchen mußte, wo sie dann auch tapfer durch ihre Instrumente gepustet haben. Dann hat Antje Fels von Endart einen alten Küchenschrank auf die Bühne gestellt und mit Bettfedern gefüllt. Sie ist eine Macherin, aber auch raumgreifend. Die brauchte also auch etwas Betreuung, ja, und der Schrank, der muß dahin und mehr hierhin und dann wieder dahin. Sie hat dann zur Musik mit einem riesigen Beil diesen Schrank zerdroschen, daß die Federn stoben. Die Windmaschine pustete die Federn und den ganzen Krach ins Publikum. Hinterher sahen alle aus wie geteert und gefedert, das war ja frühe New-Wave-Ära und da trugen alle gern Schwarz mit Kajal und Pitschpatsch-Patschuli. Dann war Posaunist Winkelvoss wieder dabei und Nils Krüger wieder mit seinen Staubsaugern, Sascha von Oertzen von Notorische Reflexe hat Saxophon geblasen, und irgendwer hat noch auf einem Ölfaß rumgedroschen, was einen Besoffenen aus dem Publikum zur Teilnahme reizte, den mußte ich verscheuchen. Ich saß auf der Bühne hinter meinem Kram am Mischpult und habe für elektronisches Brausen gesorgt. Ich meine immer, daß Butzmann auch auf der Bühne stand, aber er sagt, er hat nur zugesehen. Es war ein ziemlich wildes, sehr langes Stück, und der Laden war voll. Blixa Bargeld war da und stellte sich ständig vor die Windmaschine, die Free-Leute, Sven

Johansson, Rüdiger Carl, die waren da und sogar die Fluxus-Truppen, sogar Tomas Schmit, der ging sonst kaum wo hin. Nun habe ich keine Ahnung, wie das alles unten ankam; ich hätte mir das gerne selbst mal angesehen und angehört.

Dann war diese Musik auch die erste Ihrer verschiedenen Kunstaktionen?

Es ist schwierig, die zeitliche Abfolge zu bestimmen. Es ging mehr oder weniger alles zusammen Anfang 80 los, als ich bei Merve eingezogen war. Ich überblicke es schlecht, weil ich damals nichts notiert oder gelistet habe und weil ich kein Verhältnis zu Jahreszahlen habe. Ich erinnere meist genau, was war, aber nicht, wann genau. Was ja besser ist als umgekehrt, oder?

Die gibt es aber auch, die wissen genau, wann was war, aber nicht, was genau!

Das finde ich bedenklicher als meine Schwäche, bei denen ist schon die Altersheimersche Krankheit im Spiel.

Sie haben also mit dem Schreiben angefangen, und dann kam seit 82 die Musik dazu?

Ja, so war das wohl, und alles vermischt. Denn es gab schon 79 ein gebundenes Manuskript. Der Wind war 82. Erste große Einzelausstellung war 85 im Nürnberger Eck, dann ein Jahr später schon Petersen Galerie. 81 hatte ich schon eine Musikinstallation im Pariser Goethe-Institut. Und ab 82 war ich bei wichtigen Gruppenausstellungen dabei.

Jetzt können Sie ja doch ganz gut datieren!

Ich habe mir vorher mein Archiv angesehen und mir endlich mal was gemerkt.

Gibt es ein Archiv?

Ich trage alles ein, was ich mache, veröffentliche, wo ich auftrete. Die Frühzeit ist etwas unsicher, löchrig; ich habe damit erst angefangen, als ich einen Computer zu Hause hatte. Die Musik war aber insofern für den Anfang prägend, weil ich dann ja mit Butzmann im Duo gewerkelt habe und viel aufgetreten bin, und weil das gut anging. Wir hatten viele Auftritte und haben gut verdient.

Was verdiente man so?

Wir haben immer für jeden tausend Mark plus Reise und Hotel gefordert. Das war viel, wurde aber bezahlt. Wenn das Museum of Modern Art anfragt, dann mehr, wenn es ein ehrenwerter Ort war, wo kein Geld gemacht wurde, dann eben weniger.

Zum Beispiel?

Kitchen, New York, 1984. Ein hochberühmter Laden, aber kein Geld. Um dort aufzutreten, spenden viele eine Niere. Also wir bekamen eine winzige Gage, und der Flug wurde bezahlt vom Goethe-Institut. Wir wohnten in der Wohnung eines Bühnenarbeiters, der die Woche über zu seiner Freundin gezogen war. Das war ein windiges Viertel damals. Er sagte uns, wir sollen gut abschließen, Fenster sichern und nie links aus dem Haus, immer nach rechts Richtung Innenstadt! Nun hatten wir nach der langen Reise Hunger nachts und sind natürlich links runter und fündig geworden in einem unglaublich schmierigen, fettigen Imbiß, wo die uns nur angestaunt haben. Die doofen, weißen Tölpel aus sonstwo, die fettiges Huhn fressen. Unsern Plattenmogul, den Burkhardt Seiler, den haben sie gleich mal auf der U-Bahn-Station überfallen. Da sollte man nur in einem überwachten Bereich mit gelber Markierung stehen, aber wir waren noch doof und arglos und standen sonstwo. Das waren wir nicht gewohnt, Berlin war damals die friedlichste, sicherste Stadt der Welt. Die Amis, die kamen, konnten es immer nicht fassen, als Frau nachts spazieren! Das konnten die gar nicht fassen.

Ist Ihnen auch was passiert?

Sonst war weiter nichts passiert, aber es war schon mulmig. Ich glaube, wir hatten so einen Deppenbonus als komische dicke und doofe Germanen mit Brille, und Seiler sah nicht aus wie ein komischer Germane, sondern wie Eric Burdon, also hat es ihn erwischt. Wir waren mit ein paar Leuten von der Kitchen in einer Kneipe, wo vor allem Schwarze rumturnten, die unglaublich viel Kokain auf dem Klo in sich reinsaugten, da wurden die gesprächig, und einer erzählte mir, er habe in Deutschland viele Geschwister, »many brothers an sisters«. Und ich wieder bißchen doof: »I have only one sister in Börlin.« Bis ich endlich kapiert hatte, was er meint. Wir hatten eine kleine Gage, aber es war alles so teuer damals. So richtig mit Steak und Whisky und Taxi, das ging erst Jahre später, als ich mit Butzmann im Museum of Modern Art auftrat.

Wie lief es in der Kitchen?

Wir haben da unsere Stravinsky-Nummer vorgeführt, also mußten noch die Pianistin Angelika Maisch und die Tänzerin Judith Flex mit. Das war ja ein Bühnenstück mit Film und Tanz und sonstwas, eine Show. Als wir da mit dem Aufbau zugange waren, kam der alte John Cage vorbei, schon ganz klapprig und gestützt. Man konnte erst gar nicht glauben, daß er das war.

Haben Sie mit ihm gesprochen?

Kurz, so ein paar nette deutsch-amerikanische Worte. Der Mann war aber derart eifersüchtig umschwirrt von einem Adlatenschwarm junger Burschen, daß man gar nicht richtig rankam. Hinterher – das Beste fällt einem ja immer erst hinterher ein! – hätte ich ihm gern mal sagen wollen, daß ich seine Texte und Ideen zur Musik großartig finde, aber, und das hätte ich glatt gesagt, aber: dann höre ich doch lieber Mozart oder Bruckner, oder ich höre mir einfach in der Kneipe den Tumult an, da brauche ich keine Neue Musik. Eine gewisse Frechheit ist ja immer förderlich im Umgang mit Berühmtheiten.

Aber Sie haben nichts gesagt?

Nee. Schade, nicht?

Dann hätte er vielleicht geantwortet, daß es ihm mit Ihrer Musik ganz genauso geht.

Das geht ja sogar mir so! Denn bevor ich zu einer Lesung von mir ginge oder zu einem Konzert, ziehe ich sogar Mahlers Erste in der Philharmonie oder einen Film im Fernsehen und in jedem Fall die Kneipe vor. Ist so! Da bin ich altmodisch.

Haben Sie das Krautrock-Buch gelesen, das 2021 bei Suhrkamp erschienen ist?

Verspätet, aber dann bin ich in zwei Tagen durchgeflogen. Sehr interessant und informativ für mich. Wußte ich vieles gar nicht.

Sie wären in dem Alter gewesen, um als Krautrocker zu reüssieren. Bei Agitation Free oder Ash Ra Tempel vielleicht?

Bei Kluster mit K eher. Aber ich hatte wenig Berührungen, nur durchs Zodiak, als Hörer und als ein Nur-so-dabei. Es gab aber doch eine Berührung: Für ein Schulfest hatte ich den Auftrag, eine Band zu engagieren, und ich holte unbeirrt Tangerine Dream, die damals noch eine Gitarren- und Schlagzeugband mit Sopransaxophon waren, und dafür wurde ich fast gelyncht, denn die Pubertät wollte schunkeln und tanzen; man hat mich dann nie mehr ins Amt für die Schulfeste und Bands gewählt. Mit Froese habe ich verhandelt und konnte von Balina zu Balina etwas Rabatt schinden, denn die wollten viel Geld, die halbe Schulkasse habe ich verbraten. Später war ich mit Butzmann mal in ihrem Spandauer Studio, das war ein ehemaliges Kino und nun das perfekte Elektronikstudio; Froese konnte sich nicht mehr an den Schulauftritt erinnern, aber ich. Eine verspätete Zusammenarbeit gab es mit Uli Trepte, der bei Irene Schweizer, Guru Guru, Neu! und Faust Baß gespielt hatte; er war in Kontakt mit Nils Krüger von den Tonekneaters, und der war als Kunststudent mit dem Guru-Gitarristen Axel Genrich befreundet und oft in deren Landkommune. Trepte spielte bisweilen mit den Tonknetern zusammen. Ein sehr unbeirrbarer, kantiger Mann, sehr energisches Baßspiel auch.

Klaus Schulze und die anderen Elektroniker kannten Sie nicht näher?

Nein. Da war ich ganz früh auf Konzerten, bei Plus/Minus oder Kluster im Zodiak und sonstwo. Conrad Schnitzler habe ich viel später kennengelernt über die Gelbe Musik und Merve. Und mit Lüül hatte ich dann auch meinen verspäteten Auftritt 2020 in der Dorotheenstädtischen Buchhandlung in Berlin-Moabit. Er brachte da erfreulich gut gemachte Lieder und war auch ein gutgekleideter, umgänglicher Herr. Wir hatten uns was zu erzählen. Als ewiger Spätzünder komme ich der Sache also langsam näher.

Die Krautrock-Ära war Anfang 80 vorbei, Ihre erste Platte mit Butzmann, die WAR PUR WAR, kam 87 heraus. Die ist nach dreißig Jahren in Japan wieder aufgelegt worden, als CD. Und dann 2019 noch mal bei bureau b in Hamburg, als CD und als LP. Die Nachwelt scheint sie zu mögen, erstaunt Sie das?

Mir ist das schon etwas rätselhaft, ich hätte nicht damit gerechnet. Ich finde sie nicht schlecht, aber damit habe ich nicht gerechnet. Soll mir aber recht sein.

In Ihrem Aqua botulus haben Sie ja von der Reise nach Hamburg berichtet, wo in einem Tonstudio die Preßform für die Schallplatte vorbereitet wurde.

Das war der dritte Schritt. Frieder und ich haben alles in seinem Tonstudio gemacht. In Berlin in der Hohenzollernstraße lag ein gutes Tonstudio, wo wir alles noch mal haben überarbeiten lassen und wo man uns dann ein Band überreicht hat, mit dem wir nach Hamburg gereist sind.

Zum Mann mit dem Pferdeschwanz.

Was für ein Mann mit Pferdeschwanz?

Sie haben es geschrieben. Im Tonstudio dort, Pferdeschwanz und ein spitzes Gesicht, weshalb sie ihn im Buch den Dosenpieker nannten.

Ach, sieh an! An Männer mit Pferdeschwanz kann ich mich nicht erinnern, aber auch nicht gewöhnen. Aber der ist gut: »Anzeige: Suche Mann mit Pferdeschwanz, Frisur egal!«

Ist das auch von Neuss auf Sie gekommen?

Nein, Kneipe, reinstes Volksvermögen. Jedenfalls in Hamburg war das diffizil, das erinnere ich noch. Auf so einer Platte dürfen sich die senkrechten und waagerechten Rillen für den Stereoeffekt nicht ins Gehege kommen, und da lief was aus dem Ruder. Aber es ging dann doch noch irgendwie.

Sie berichten auch über ein Pornokino.

Zum Totlachen. Ein Piß- und Fäkalporno, bis nichts mehr kömmt, sozusagen. Früher gab es über Tag vielleicht vier oder fünf Züge zwischen Berlin und Hamburg, und eine Heimfahrt nach sechs war praktisch unmöglich. Da haben wir was falsch vom Fahrplan abgelesen und saßen nun fest und haben erst mal ein Hotel genommen in St. Georg am Bahnhof. Dann waren wir essen und wußten nicht, was weiter. Dann standen wir vor so einem Kino, wo gleichzeitig mehrere Pornofilme in Spielfilmlänge nebeneinanderliefen und dachten uns, da gehen wir jetzt mal rein und gucken, was da so los ist.

Wir haben den Mann an der Kasse um eine Empfehlung gebeten. »Jah«, sagte der, »denn geht moh doh in den Film rein, Jungs! Der ischa schon nich mehr feierlich! Der ischa schon krank is der!« »Also den nehmen wir, zweimal, bitte!« Der Film war brüllend komisch, der hätte von Praunheim sein können, wir haben uns totgelacht, die Leute haben schon gezischt.

Bekommen Sie heute immer noch so eine Gage wie damals für einen Musikauftritt?

Tausend Euro pro Nase plus Fahrt und Hotel. Oder fünfhundert. Wenn's vornehm finanziert wird, ein Festival und so, dann mehr. Der Mitleidstarif für Bekannte und Verwandte ist natürlich günstig.

Ihren Kotmörtel betreffend, der 2020 erschien, hat Uwe Ebbinghaus Sie in seiner Besprechung in der FAZ in der Nähe des Wahnsinns verortet. Andere finden ihn genial oder aus moralischen Erwägungen unkorrekt. Schopenhauer schreibt, der Wahnsinn wohne ein Stockwerk höher als das Genie.

Bei mir wohnt oben eine komische Frau, die Tag und Nacht wäscht. Insofern …

Und wer wohnt unter Ihnen?

Eine sehr nette, etwas rätselhafte Rollstuhlfahrerin, die, so wie ich, gern mal einen süffelt und dann singt, vor allem, wenn Hertha gewinnt. Ihre Katze heißt Hertha und scheint so unstetig zu sein wie der Verein. Daß ich Union vorziehe, halte ich höflich geheim. Ich schätze, daß sie ohnehin selbst schon den Wahnsinn über sich wohnen wähnt und mich längst erkannt hat.

Sie erwähnten schon den Auftritt im Museum of Modern Art. Wie lief das?

Ja, da gab es eine ganz dicke Gage, gutes Hotel und Flug nach München, wo Weißwurst zwischengetankt wurde, und dann Lufthansa mit Porzellantellern und richtigem Besteck nach New York. Und New York war inzwischen aufgeräumt worden, ganz andere Stadt.

Es gab da wohl fast eine Katastrophe im Museum?

Wir hatten damals eine ziemlich üppige Bühnenshow entwickelt, da gab es Dias zu sehen, Filme, Nebelmaschine, und dann hatten wir immer so Vesuve, so hießen die, so Silvesterfeuerwerk, fünfundzwanzig Zentimeter hohe Kegel mit einer Lunte oben; das sind so Dinger, die zündest du, und dann sprühen die so zwanzig Sekunden helle, goldene Funken drei Meter hoch, und es macht viel Qualm und stinkt, da ist Magnesium und ein Treibstoff drin. Jedenfalls haben wir das damals in die vielen Koffer gesteckt und sind damit nach Amerika geflogen. Man wurde damals noch nicht groß kontrolliert, höchstens vom Zoll. Also sind wir mit der Mischung aus Kaliumnitrat, das vor einiger Zeit sehr spektakulär im Hafen von Beirut explodiert ist, und mit Magnesium, das bei enormer Hitzeentwicklung grelleuchtend oxydiert, nach Amerika geflogen. Das war unten im

Flugzeug verstaut. Wir waren völlig arglos, haben das ja auch im Auto immer dabeigehabt. Wenn ich heute dran denke, wird mir flau. Aber wir sind gut angekommen.

Haben Sie in Amerika keine Kontrolle bei der Einreise gehabt?

Doch. Die haben gestaunt über die vielen Stromkabel und Geräte, aber das lief dann problemlos durch. Wir hatten immer auch so eine kleine Disco-Kugel dabei, so eine mit Spiegelstückchen beklebte Styroporkugel, die beim Drehen Lichtpunkte über die Wände jagt. Die haben sie beim Röntgen mal am Flughafen Stockholm für eine Bombe gehalten. Da mußten wir unsere Disco-Bombe auspacken, während Zoll und Polizei mit Maschinenpistolen hinter Sandsäcken lauerten. Im New Yorker Museum dann die nächste Arglosigkeit: Wir haben diese zwei Vesuve auf der Bühne gezündet, sie hatten mitten im Museum diesen großen Aufführungssaal, wo das stattfand. Und plötzlich wetzte ein Bühnentechniker wie der Teufel nach hinten und hat in letzter Sekunde die Rauchmelder entschärft. Da wären im Museum beinahe diese Sprinkler, diese Feuerlöschdüsen an der Decke, losgegangen und die Picassos und Monets Seerosen wären naß geworden.

Diese Delikatesse hätte sich die amerikanische Justiz nicht entgehen lassen!

O, Mann! Wir waren nie reich und hätten den Schaden auf Alcatraz abbüßen müssen.

Sie hätten aber große Presse gehabt!

Toll, im Lesesaal von Alcatraz. Andererseits hätte aber auch Reichtum auf uns kommen können, wenn wir informierter und geschäftstüchtiger gewesen wären. Denn wir hatten für so einen doofen Bühneneffekt immer einen großen Mondlampion dabei, der sich so auffächern ließ und ganz lieb und gelb in die Gegend grinste. Kerze rein und Kinderumzug, so ein Ding. Da waren die in New York alle ganz scharf drauf und haben viele Dollars für geboten. Wenn wir uns mit einem Container voll davon auf den Broadway gestellt hätten, wären wir abends reich und ausverkauft gewesen. Und davon hätten wir damals dreihundert Anrufbeantworter kaufen müssen für hundert Dollar, die in Deutschland tausend kosteten; wir hätten aber nur siebenhundert genommen.

Haben Sie den einen Lampion wenigstens verkauft?

Nee, den haben wir einer schwangeren Frau geschenkt, einer vom Museum, sie sollte den ihrem Kind über die Krippe hängen. Die hat sich so gefreut, daß sie Wehen bekommen hat.

Eine Fehlgeburt wäre beim Prozeß belastend dazugekommen.

Das hätte noch gefehlt …

## 2.

Worin liegt eigentlich der Unterschied zwischen literarischer und musikalischer Dienstreise?

Musikreise: nie allein, mehr Gepäck und weltweit. Literatur: immer allein, wenig Gepäck und nur in deutschsprachigen Landstrichen, also reihum Hannover, Köln, Bern, Wien. Saarbrücken ist schon fast Auslandsreise.

Ihre ersten Dienstreisen waren aber immer die musikalischen mit Butzmann?

Ja, das war immer schön gemütlich. Wir verstehen uns gut. Butzmann ist pünktlich und zuverlässig, unsere Hobbys sind gleichsinnig, also gut essen, kein Nachtleben mit Disco, sondern Hotelzimmer-TV; ich mit Bier, Frieder mit Snacks.

Waren Sie viel unterwegs?

Das lief ganz gut, aber nicht so, daß es lästig wurde. Nette Reisen nach Norwegen, Holland, Polen, USA, Frankreich. Anfangs noch mit sehr viel Materie, also Modulsynthesizer, großer Bandmaschine, Mischpult, Posaunen und E-Gitarre, dann noch Dia- und Filmprojektor. Als wir in Norwegen mit Nils Krüger zu dritt unterwegs waren, kamen da noch seine vielen Staubsauger und Röhren hinzu. Wir haben immer einen Kombi gemietet, und ich bin dann schoffiert, weil Frieder keinen Führerschein hat und besser auch keinen hat und haben möchte. Das ist nichts für ihn.

Heute haben Sie nicht mehr so viel dabei?

Das ist alles in die Rechner gerutscht: fertige Tonspuren, Mischer, Film, Fotos. PA und Mikros sind am Ort vorhanden. Ich habe auf Lesereise oft einen Diaprojektor mitgenommen, das Ding wiegt sechs, sieben Kilo und so ein Dia-Magazin ein gutes Pfund; das habe ich immer im Zug mitgeschleppt, dazu noch zwei, drei Magazine, weil ich gern frei improvisierte Diavorträge gehalten habe und eine Fotoauswahl brauchte. Die Fotofolge bestimmt die Struktur, das ist vorgegeben, und dazu quatsche ich mich dann in Form, bis da so ein hermeneutisches High aufkommt, das nach einer guten Stunde erschöpft zusammensackt, und dann ist ja auch besser Schluß. Die Leute wollen noch was saufen gehen hinterher. Heute brauche ich nur meinen kleinen Klapptop, da stecken tausend Fotos drin und Musik, und dazu die passenden Kabel, die muß ich dabeihaben, und die Beamer stehen überall schon rum. Das hat alles in einer Tasche Platz, also kein großer Abbau und gleich Feierabend. Mit Frieder zusammen ist es ähnlich, er hat sein Laptop, aber auch seine Salatschleuder dabei, und er braucht immer ein kleines Mischpult.

Salatschleuder?

Ja, er hat ein bißchen Zeug dabei, das Geräusche macht, blubbernde Kaffeemaschinen und sowas. Ich habe immer noch meine Nasenflöte dabei, 5 Gramm, das ist alles. Zuviel Materie ist lästig.

Sagen Sie das nicht. Kennen Sie den Witz vom untergehenden Schiff und den Musikern?

Ich höre.

Da schwimmen zwei Baßgeiger auf ihren Instrumenten im Wasser, hinten geht das Schiff unter, und der eine sagt zum anderen: »Was jetzt wohl der Flötist macht?«

Ein Bassist wiederum, Jay Oliver, der mit Schlippenbach, Carl und Sven Johansson im Quartett spielte, ist mal besoffen über sein Instrument gestolpert, daß es nur so gekracht und gesplittert hat. Da hat er kurz innegehalten, und dann hat er gesagt: »It's only material.« Und sie sind weitergelaufen.

Berichten Sie doch mal vom Oberkreuzberger Nasenflötenorchester.

Also ich habe den Grindchor, wie das Original Oberkreuzberger Nasenflötenorchester ja auch heißt, den habe ich zum ersten Mal beim Festival für komische Musik, das Osterwold und Butzmann 97 im Podewil organisiert haben, auf der Bühne gesehen und war so hingerissen, daß ich da gleich hin bin und meine Honneurs gemacht habe. Die waren dann, wie Butzmann und ich, zum Pfeifenfestival in Luzern eingeladen, und da durfte ich gleich mitmachen. Während der Zugfahrt nach Luzern habe ich Nasenflöte geübt, das konnte ich vorher nicht. Das ist aber wie Fahrradfahren oder Schwimmen, wenn man übt und es endlich kann, kann man es. Da sind wir dann zusammen aufgetreten, gleich auch mit Ilse Werner, unser deutsches Pfeifenwunder auf zwei und vier Fingern, dazu das Hazy Osterwald Orchester, und dann haben wir noch mit der damals amtierenden Weltmeisterin im Pfeifen Over the Rainbow im Luzerner Hauptbahnhof hingelegt. Ist auf einer Platte drauf.

Da gab es doch eine Geschichte mit Ureinwohnern vom Amazonas.

Ich habe sie in einem Hörspiel erzählt, also dachten viele, das hat sich der Kapielski ausgedacht. Es war aber so.

Was ist passiert?

Also, die Herren Nasenflötisten bilden ein sehr angenehmes, illustres Orchester. Alles gestandene Leute, gute Musiker, und die weniger guten, so wie ich, mühen sich beim Tutti, als Bratschisten gewissermaßen. Wir waren alle in einem Hotel untergebracht. Unter anderen Teilnehmern des Pfeifen-Festivals befand sich auch ein Indianerstamm aus dem Brasilianischen Regenwald. Die hatten sie mit Hilfe von Betreuern und Konsulaten nach Amsterdam geflogen, wo sie gleich begeistert mit Jeans und karierten Hemden ausgestattet und weiter nach Luzern gebracht wurden. Vorher trugen die angeblich Baströckchen. Die fremdelten da natürlich in der Schweizer Bergwelt und freundeten sich im Fernsehraum zuerst mit Butzmann an, der da ständig rumsaß und sie geduldig mit Filterzigaretten versorgte; die waren ganz scharf auf Zigaretten. Sodann freundeten die sich mit dem Oberkreuzberger Nasenflötenorchester an, weil sie wohl die Einschätzung hatten: Das ist auch so eine Horde wie wir, da schließen wir uns an, und Zigaretten haben sie auch. Und weil ich nun so der Älteste in unserer Horde war, oder so aussah, obwohl ich ja meine, daß Dieter Kölsch zwar jünger ist als ich, aber älter aussieht, egal, die haben mich als Dorfältesten für den Häuptling gehalten, das ist aber eigentlich Klaus Chicken Theuerkauf, mein Freund, der Künstler. Na, auch egal, jedenfalls latschten wir drei Häuptlinge immer vorneweg mit den zwei Horden tagsüber durch die Stadt auf der Suche nach Suff und Vergnügen, das ist interkulturell verankert, was nun aber in Luzern fast unmöglich war, weil es sollte eine richtige Kaschemme sein mit dortigen Ureinwohnern und erschwinglichem Bier und nicht so eine Nobelklitsche, die du da in Luzern eine neben der anderen findest.

Luzern ist wirklich ein sehr teures und vornehmes Pflaster. Ich nehme an, da gibt es sowas gar nicht.

Doch. Wir haben mit unseren Suffantennen an einem kleinen Platz eine offene Tür entdeckt, die mit so einem Perlenkettenvorhang verhängt war, das machen die da so im Sommer, offen und doch zu, und dann hingen da auch ein paar Schilder draußen mit Eichhof und Feldschlösschen, also beide Stämme rein da. Es saßen drinnen einige bärtige und robuste Holzfällertypen seelenruhig vor großen Humpen und rauchten Pfeife, durfte man 97 noch. Also die hockten da ungerührt rum, musterten unsere komische Doppelhorde. Zwei robuste Holztische waren noch frei, und da hockten wir uns hin und bestellten auch Humpen, und die Indianer rauchten gleich wieder. Man kam ins Gespräch, was mit den Indianern eigentlich unmöglich, aber doch mit viel Gesten und Gefuchtel machbar war, und mit den Schweizern konnte man deutsch reden. So. Nach den ersten Humpen haben erst mal wir zum Vergnügen etwas Nasenflöte gespielt, damit sie wußten, was wir da machen in Luzern, und dann legten auch die Indianer los, die hatten so eine spezielle Pfeiftechnik, darum waren sie eingeladen, und so kam es zum großen Stammesfest in einer Luzerner Kaschemme, denn zum Schluß jodelten die bärtigen Männer auch sehr gekonnt.

Sind Sie noch Nasenflötist?

Nur gelegentlich. Ich kann diese Nachtschichten nicht mehr haben.

Irgendwann sind Sie mit Butzmann auch nicht mehr aufgetreten. Warum?

Wir treten doch noch gelegentlich auf. Aber stimmt schon, in einem Hotel, in Schweden vielleicht, Anfang der Neunziger, lagen wir mal im Hotelzimmer so nachmittags vorm Fernseher und haben auf den Auftritt gewartet, und da meinten wir beide so gleichsinnig: Ach, man könnte das ja nun langsam auch mal bleibenlassen! Es wird lästig, es hat sich totgelaufen. Butzmann hatte sich ohnehin schon mehr in sein Studio zurückgezogen, sehr viele Hörspiele und Musik produziert. Und ich war mehr mit Büchern zugange, dann auch mit Kunst.

Sie sind oft zusammen in Skinnskatteberg in Schweden aufgetreten, das ist ein größeres Dorf, was ist da los?

Da findet jährlich ein Festival für elektronische Musik statt, weil einer, der das organisiert und beim Rundfunk arbeitet, in Skinnskatteberg wohnt. Das hing mit Ulf Steenberg zusammen, so hieß der, und mit den EMS-Studios in Stockholm, einem der wichtigsten Orte für elektronische Musik weltweit, und er war da ein Macher. Da kommen dann die Dorfbewohner und Leute von überall und hören sich diese Pieps-Quak-Bumm-Musik an. Stockhausen hat auch mal das Dorf und die Veranstalter irre gemacht.

Haben Sie ihn kennengelernt?

Der ist unnahbar, aber wir waren im selben Jahr da. Es gibt so Leute, die machen die Veranstalter und Galeristen und Museumsleute verrückt und wollen dies und das und jenes. Dann gibt es welche, die sind ganz pflegeleicht, die fegen hinterher noch den Raum und machen alles einfach selbst. Jetzt ist das Komische oder Vielzumenschliche, daß die Veranstalter diese hochkomplizierten Wichtigtuer im Grunde mehr mögen und beachtlicher finden als die einfachen Fälle. Du mußt also als Künstler so Marotten ausbilden, sonst wird das nichts. Filzhut ist das mindeste, oder die Beinchen dürfen während der Aufführung unterm Tisch nicht fürs

Publikum zu sehen sein, oder die Bilder müssen exakt 1,42 über Normal-Null hängen.

Was hat denn Stockhausen so gewollt?

Der wollte in einem Luxushotel wohnen, das es dort nicht gibt, und da haben sie ihn in so ein Privatschloß zum schwedischen Adel gesteckt, da war er zufrieden. Und wir haben im Schullandheim gewohnt und waren auch zufrieden. Dann stand er da in der Landschaft rum, er hatte sich eine Musik für die ganze Gegend ausgedacht und hat immer gezetert: »Wo sind meine Klangmelder? Wo sind meine Klangmelder?«

Was für Klangmelder?

Da mußten Studenten und Hiwis von einer sogenannten Klanginsel zur anderen immer hin und her wetzen, immer vierhundert Meter dahin und zweihundert dahin, um irgendwelche Klangbefehle des Meisters zu übermitteln. Das war alles schon krank. Aber die Leute reden dort bis heute allein über diesen einen, großgearteten Blödsinn. Die Wichtigtuerei lohnt sich.

Gibt es das auch bei anderen Musikern?

Von den Superstars weiß ich nichts. Aber die Stars kommen immer gern mal zu spät. Warten lassen erhöht die Erwartungen. Und dann stehen die Eventmassen da rum und warten auf ihren James White oder sonstwas. Und wenn sie besoffen nur Mist spielen, schreien sie die PA-Leute zusammen. Es sickert leider wenig durch. Keiner traut sich, diese Allüren und schlechtes Benehmen zu kolportieren. Interna sind tabu, ich habe da meine Erfahrungen, denn ich habe mal ein Bulletin rausgebracht, GSP hieß das. Das sollte so eine Entlarvungspostille werden, die alles offenlegt.

Was heißt GSP?

Große Scheiße passiert.

Verstehe.

Da habe ich dann vom Wieland Schmied erzählt und auch den Weibel gerempelt. Da bekommst du gleich Post vom Anwalt. Das mögen sie nicht, und du stehst bei ihnen lebenslänglich auf der schwarzen Bösenliste.

Was war Großes passiert?

Wieland Schmied, ein Kunstwissenschaftler, hat sehr viele, teils hochgelobte Künstlermonographien geschrieben und war Boß vom DAAD. Seine Buchmanuskripte hat er da von seinen Sekretärinnen nebenbei abtippen lassen, die hatten eigentlich was anderes zu tun, und er hätte solche Arbeiten bezahlen müssen. Und dann soll er nicht mal die Namen von seinen Schreibkräften gewußt haben. Der war vom DAAD der Chef in Berlin, das ist so ein großer Austauschverein für Künstler und Wissenschaftler, der Deutsche Akademische Austauschdienst, und ich hatte da meine Horchposten im DAAD, die das erzählt haben. Er soll bei kalten Büffets, die er über seinen Verein für Ausstellungseröffnungen und Feiern hat veranstalten lassen, vorher ganze Schüsseln für sich abgezweigt haben, das haben die mir erzählt, und ich habe es, wieder etwas arglos, in meinen GPS-Bulletins erzählt, aber so, daß der Mann sich auch etwas hätte totlachen können, ich habe humorvoll und zärtlich gerempelt, voller Verständnis, weil die Menschen nun mal Schwächen haben. Ich habe keinen angegriffen, verhöhnt oder sonstwie angeschissen, ich habe erzählt, was ich gehört habe und wo aber alle schon sagten: »Sowas erzählt man doch nicht!« Und ich dachte, warum eigentlich nicht? Aber die haben keinen Humor, nur einen Anwalt haben sie und ewige Rachegelübde. Ich habe also alles zurückgenommen und dementiert damals, auf Prozesse bin ich nicht scharf. Aber du stehst dann trotzdem für immer auf den Schwarzen Listen. Wieland Schmied ist verstorben, also Ruhe jetzt.

Peter Weibel führte Sie auch auf der Schwarzen Liste?

Hat Peter Gente mal angedeutet. Da war Gente in Karlsruhe bei ihm eingeladen an der Hochschule, und weil ich da Experte für irgendwas war, hat Gente mich mitbringen wollen für einen Vortrag oder was. Aber Weibel wollte mich nicht. Gente ist dann allein hin. Als Verleger mußt du konziliant auftreten. Er hat ihnen dann auch das Merve-Archiv verkauft, und davon hat er im Alter gelebt in Thailand. Die hatten als Kleinverlag doch keine Rentenversicherung, schon die Krankenkasse kostet Selbständige ein Vermögen.

Warum wollte er Sie nicht?

Ach, was weiß ich? In meinem furiosen Frühwerk hatte ich mal so einen Spruch losgelassen, so eine dumpfe Nietzsche-Variation: »Gehst du zum Weibel, vergiß die Peitsche nicht!« Wegen Wiener Aktion und Valie Export und so. Konnte ich mir nicht verkneifen. Und dann hatte ich irgendwo noch geschrieben: Typisch, erst als avantgardistische Zornbrigade mit dem Vorschlaghammer ein Museum demolieren, hat er ja mal gemacht, und dann später Direktor und großer Boss da werden. Fand er wohl nicht komisch.

Sie haben früher ordentlich ausgeteilt. In Aqua botulus habe ich einiges dazu gefunden. Hier, darf ich mal zitieren?

O je, wenn's sein muß.

Also Sie schreiben da: »Diese wüst rabiaten Sachen vom Weibel haben mich mal beeindruckt. Heute kommen mir die Sachen wie Investitionen auf eine spätere Karriere vor.« Und so geht es weiter, und dann steht da: »Heute sehe ich Weibels Arbeit so: auf einem zusammengekupferten Theorienhochstapel (Baudrillard + Virilio + Marschall Mc Luhmann + dies und jenes, das sich ›Medientheorie‹ nennt), der oben ordentlich wackelt, steht noch ein Fernseher, in dem mäßige Videos laufen. Sein wahres Können besteht im Management der Künste, Symposien, Professuren, Institute, Budgets. Das muß man anerkennen, das ist auch irgendwie eine

Kunst, zehn Posten zu haben und überall die Flossen drin.«

Ach du liebes bißchen! Sowas habe ich da verlautbart?

Wissen Sie nicht?

Ich lese doch meine alten Bücher nicht! Damit habe ich nichts mehr zu tun. Das würde ich heute so nicht mehr schreiben, ich würde es höflicher und besser formulieren, zumal ja auch Weibel jetzt gestorben ist.

De mortuis nil nisi bene.

Ja, und was Sie da vorgelesen haben, nehme ich mal vorsichtshalber auch gleich zurück! Das stimmt alles nicht! Hören Sie?

Die Abwandlung des Nietzsche-Zitats wird dort dem Höge zugeschoben und lautet etwas anders, nämlich so: »Gehst du zum Weibel, vergiß den Lischka nicht!«

Ach, so war das ... also ist mir der Lischka nun auch gram ... o je.

Sie lesen doch aus Ihren Büchern vor, sowas nicht?

Bei den Lesereisen liest man aus dem letzten Buch, das einem immer besonders gefällt, ein paar schöne Stellen vor. Bis man das auch nicht mehr hören kann und deshalb ein neues Buch schreibt. Da schreibt man sich eine

Ablösung her, eine Entlastung. Das einzige Buch, aus dem ich immer wieder vorlese, ist die Ortskunde, das ist mein Lieblingsbuch und ein gutes Vorlesebuch. Und da lese ich aber auch immer dieselben, bewährten Stellen, um das Publikum zu erheitern und zu gewinnen. Das ist im Grunde schon Charakterschwäche, so ein kalkuliertes Heischen nach Beifall. Eine Journalistin hat mal einige Stücke aus der Ortskunde zusammengestellt und im Radio sprechen lassen. Ich war ganz erstaunt, daß das von mir war. Und gut sogar.

Das Frühwerk haben Sie gründlich vergessen?

Na, ungefähr weiß ich schon, was drinsteht. Mich bringen da manchmal Leser in Verlegenheit, die sagen dann: Da haben Sie doch das und das geschrieben. Und ich sage: Ach! Und staune doof. Dann gucke ich zu Hause nach und staune wieder: Mensch, das hast du mal geschrieben!

Dann kann man sich wohl auch wenig auf das verlassen, was Sie hier so erzählen?

Es ist doch ein großer Wahn und Irrtum zu behaupten, daß Zeugen und Zeitzeugen da irgendein gußeisernes objektives und umfassendes Gedächtnis für Geschehnisse ihrer Zeit besäßen. Das gibt es doch gar nicht. Da hat doch jeder eine andere Version. Im Zusammenhang mit unserem Gespräch hier frage ich mich doch bisweilen: Wie war das genau damals? Und ich habe eine Ahnung, oder ich meine, es genau zu erinnern. Aber dann rede ich mit Butzmann, der dabei war, und er erinnert was anderes.

Völlig andere Version der gleichen Erlebnisse?

Nicht völlig. Es ist jetzt nicht ganz so wie im Film vom Kurosawa, wo alle dasselbe erlebt haben und dann aber eine völlig andere Geschichte davon erzählen.

Rashomon heißt der Film.

Ich dachte, was mit Spinnwebenwald oder so. Da sieht man's wieder. Wobei jetzt wieder die Frage entsteht: Weiß denn der Frieder das jetzt besser und genauer? Liegt er bei unserer, wenn auch geringen, Erinnerungsvarianz richtiger als ich? Kann man das überhaupt sagen? Jeder hat doch seinen eigenen Blick in die Welt und mag eben nur das oder jenes im Gedächtnis haften lassen. Und man selbst hat im Laufe der Zeit auch einen veränderten Blick auf das, was man mal erlebt hat, und darum sieht man das auch verschieden im Laufe der Jahre. Die Heldentaten werden zehn Jahre nach Kriegsende immer größer, und je weiter der Sozialismus zurückliegt, ums so poetischer wird er. Also die Erinnerung verändert sich beim Älterwerden; mit dreißig erinnerst du eine erste Freundin anders als mit siebzig. Die Erinnerungen werden gelassener, klarer, und doch verklärt es sich auch. Wobei dann noch unklar bleibt, was man mit dreißig genauer oder anders erinnerte als jetzt.

Es gibt aber auch gußeiserne Erinnerungen, das mögen Idealbilder oder Verfälschungen sein, aber unveränderliche, lebenslängliche sozusagen.

Meine Erinnerung an die Kindheit in der Seelingstraße ist so beschaffen, stabil und abgeschlossen. Wenn ich heute da durchlaufe, lehne ich das, was jetzt da real ist, schlichtweg ab. Läßt mich kalt. Das, was da jetzt ist, das ist für mich die Geschichtsfälschung. Durch kleine Anlässe kommen dann auch mal völlig verschüttete Erlebnisse hoch. Also da gibt es immer noch an der Ecke den Fleischer, obwohl sich sonst alles verändert hat, alle Läden weg sind, und da gehe ich immer, wenn ich in der Gegend bin, einen Leberkäse kaufen, die haben einen prima Fleischkäse, und da laufe ich so um die Ecke mit meinem Imbiß, und plötzlich sehe ich mich da mit fünf Jahren an der besonnten, gelb gekachelten Hauswand Fliegen fangen und sie in eine Streichholzschachtel stekken und höre das Summen drin. Da war ich genau fünf Jahre alt, es war mein fünfter Geburtstag. Und ich habe dasselbe Glücksgefühl wie damals, so ein sonniges Daseinsglück, wie Kinder es mitunter haben, und ich hatte auch sofort den Geruch von damals in der Nase, so nach Fleischerei, wie sie heute nicht mehr riechen. Mit dem Geruch sollen die tiefsten Erinnerungen und Gefühle vereint sein. Meine Mutter hatte eine Seife, wenn ich sie rieche, steht sie vor mir. Neulich gehe ich mal auf Besuch zur Toilette, und da liegt eine Seife rum, deren Geruch mich schier umhaut. Es war diese Seife, die meine Mutter gern gehabt hat, die hieß Nonchalance.

Der Geruchssinn scheint eine ganz archaische Sache zu sein. Der Säugling riecht seine Mutter und sie ihn, und dann ist das Bündnis auf ewig besiegelt. Als erstes beriechen Mütter ihr Kind, das machen auch Tiere.

Der Säugling kann noch nicht sehen, der riecht die Mutter und trinkt sie aus. Heute riecht meine Frau am Schopf des Enkels, und das riecht wirklich gut, so mild und vertraut, etwas milchig. Ich werde mir mal so ein Stück Nonchalance kaufen, da kann ich sie herbeirufen, wie so ein Schnüffel-Proust auf der Suche nach der verlorenen Mutter.

Ist sie schon lange tot?

Seit über zwanzig Jahren. Pünktlich am 1. Januar 2000 ist sie gestorben; ein Blick noch, ein Riecher ins neue Jahrtausend und dann bloß weg. Die Seife haben sie hoffentlich nicht verändert. Kennen Sie Miraculi?

Die Nudeln?

Genau die. Die waren anfangs, ich schätze, die gab's schon in den Sechzigern, da waren die, für mich jedenfalls, perfekt. Eine prima Fertigsauce, schön würzig, Knoblauch, etwas scharf, das hatte ein guter Koch entwickelt mit den Lebensmitteltechnikern da. Heute schmeckt das nach Durchschnitt, weil es inzwischen auch einer ist. Ich habe nämlich gelernt, daß sie sowas ständig testen mit ganz vielen Leuten, so Durchschnittsbürgern, und die müssen das kosten und beurteilen, und dann nehmen die hinterher alle Extreme raus. Schärfe raus, Knofi raus, Süße rein. Das sind stille Mehrheitsentscheidungen. Drei von fünfzig mögen den Knoblauchgeschmack, neun finden ihn widerlich, also Knoblauch raus. Etwas salzig, etwas süßlich und rot, das bleibt. Die Testpersonen müssen mehrheitlich zufrieden sein. Das ist die Tyrannei der Mehrheiten, die schon Tocqueville Sorgen bereitet hat.

So funktioniert die Demokratie, und so funktionieren im Grunde auch Stellenvergaben. Eine große Jury stimmt ab über die Vergabe von Stellen und Stipendien.

Und gekürt wird der mediokre Kandidat. Das Elend der Mehrheitsentscheidungen. In der Politik geht es nicht anders, darum ist es wichtig, Minderheiten und persönliche Eigenheiten zu schützen …

Wobei es auch die Tyrannei der Minderheiten gibt, die ein ganzes Volk in Atem halten können …

Mein Musikkollege Sven Åke Johansson ißt gern Philadelphia-Käse, und den haben sie auch fadisiert. Da hat er richtig einen Krieg mit denen postalisch angefangen. Um ihn ruhigzustellen, haben sie ihm einen Präsentkorb geschickt. Aber der Käse bleibt fad. Die Vielheit ist so ein Blabla-Deckelwort. In Wahrheit läuft alles auf Vereinheitlichung und Eintopf hinaus. Die Tuschkastenfarben werden vermanscht, und dann kommt ein greuliches Grau raus.

Welches Ihrer Bücher steht der Musik am nächsten?

Der Einzige und sein Offenbarungseid. Verlust der Mittel. Das war im Karin Kramer Verlag.

Merkwürdiger Titel. Wohl eine Anspielung auf Stirners Der Einzige und sein Eigentum?

Der Kramer Verlag war ein anarchistisch orientierter Verlag. Die Anarchisten sind auch immer gescheiterte Utopisten, einige Versuche hatten sie, aber von all den linken Utopisten sind sie mir die liebsten. Und wir sind auch alle mehr oder weniger irgendwie Anarchisten, und Freund Bernd Kramer, der ein richtig guter Freund von mir war, war auch so ein aufrichtiger, hochtoleranter Anarchist, ein Freund des Lebens, der Frauen und des Tabaks vermittels Pfeife. Also dachte ich damals, als er mir ein Buch im Verlag angeboten hatte, da machen wir mal die passende Anspielung auf den ollen Ur-Anarcho Stirner zum Titel.

Was ist das Musikalische daran?

Es ist Oper, es ist ein Libretto. Könnte man singen, also den zweiten Teil. Das Buch hat zwei Teile, anfangs einen erzählten, und dann kommen Gespräche unter wechselnden Freunden und Bekannten. Der Erzählteil war noch im Duktus gehalten wie Aqua botulus. Aber dann wollte ich mal ausprobieren, was Jörg Schröder gemacht hat: sich mit Leuten unterhalten und dabei das Tonband laufen lassen. Dann die Bänder abschreiben, etwas durchkämmen und wir haben den Text. Jetzt hat Schröder nur sein Erzählen aufgeschrieben, nicht die Fragen oder Reden vom Nettelbeck und vom Herhaus. Das wollte ich nicht. Bei mir reden alle, jeweils durch einen dicken Punkt getrennt, aber nicht persönlich gekennzeichnet. Der Leser weiß, wer da zusammensaß, und dann kann er das mithören, als säße er im Nebenzimmer.

Es liest sich ganz gut.

Es ist eigentümlich, wie Gespräche ablaufen. Da wird viel abgebrochen und gesprungen. Teilweise wird es versponnen und kurios. Ich habe das redigiert und lesbar gemacht. Aber behutsam, wie man so sagt.

Und wie kommt das Musikalische ins Spiel?

Ein Teil davon ist als Theaterstück aufgeführt worden, das hieß Gänsebraten. Das hätte man auch als Libretto für eine Oper für zwei Sänger verwenden können.

Das ist aufgeführt worden?

Ja. Ein kleines Theater in Lübeck hatte mich nach einem Theaterstück gefragt. Das war 99. Und da habe ich erst mal Nein! sagen wollen, weil ich ja keine Dramen schreibe und kein Theater mag. Ich kann keine Theaterstücke lesen, und schreiben auch nicht. Ich halte viel von Kleist, und da bedauere ich gewaltig, daß ich seine Stücke nur unter großem Selbstzwang lesen kann. Aber weil ich nun dachte, man soll ja alles mal machen, habe ich mir überlegt, daß ja diese Gespräche da im Offenbarungseid schon sowas sind wie Theater. Da habe ich dann die Passage zum Stück für zwei Personen umgeschrieben, in der es um Gänsebraten und Weihnachten ging, weil das Stück auch vor Weihnachten Premiere haben sollte.

Wie war es? Waren Sie im Theater?

Ja, wie war das? Also sie hatten da einen Schauspieler, der hieß Glockzin, und eine Schauspielerin namens Dettlof, und den Regisseur, das war Robin Detje, der mich nach einem Stück gefragt hatte. Ein Zweipersonenstück also, Mann, Frau, von der Regie dann noch etwas zugebogen. Dann wurde ich eingeladen, und ich bin nach Lübeck ins Combinale-Theater. Und dann ging das los. Für mich war's furchtbar. Ein völlig überdrehter, outrierter Scheißdreck. Die Schauspieler haben alle Register gezogen, aber so redet und unterhält sich kein Mensch! Die hätten ein paar Leute aus den Gesprächsrunden bei Kramer auf die Bühne setzen sollen, schön mit Bier und Wein, und dann hätten sie sich da unterhalten, das hätte mir gefallen, obwohl ich mir das auch nicht ansehen würde. Mir war das eine Pein, aber ich habe mich dann ordentlich bedankt bei allen und habe es toll gefunden. Was sollst du auch machen? Die Leute unnötig kränken? Nee. Das ist eben Theater, und darum gehe ich auch nicht ins Theater. Als Opernaufführung hätte es mir gefallen, da ist das Überzogene normal.

Haben die so überdreht gespielt?

Grausam. Dabei war der Text nichts als ein Abend bei Kramer in der Küche, wo man sich unterhalten hat. Ganz normal, manchmal wurde es laut, oder alle gröl-ten vor Vergnügen. Und dann haben die da in Lübeck so ganz dick aufgetragen, wie Schauspieler das nun mal tun. Das ist dann sogar gelobt worden, das Stück, in Theater heute, das muß ein bedeutendes Blatt sein, weil alle ganz aufgeregt waren: »Dein Stück ist besprochen worden in Theater heute!« Ich habe selbst mal in einem Film als Mime mitgemacht. Da habe ich ständig mit dem Regisseur verhandelt, der auch den Text geschrie-ben hatte, indem ich gesagt habe: »Das würde doch kein Mensch im Leben so sagen!« Er hat es eingesehen, und ich durfte dann meine Szenen so sagen, wie ich es als die Person, die ich gespielt habe, auch normal gesagt hätte. Wim Wenders hat mich gelobt für meine Schauspielerei, und fast, aber nur fast, hätte ich darum noch eine Ne-benrolle unter Götz George bekommen.

Was war das für ein Film?

Weiß ich nicht mehr, der Regisseur hat sich mit mir bei Hoeck getroffen, ich hätte einen Schulkameraden und Freund von George spielen sollen, und da hat er dann gesagt, daß ich dafür zu jung wirke und daß man da bei mir auch nichts auf alt schminken kann. Die haben dann einen richtig Zerknitterten auf die Rolle gesetzt. Ich habe mir den Fernsehfilm dann mal angesehen, der war Mist. George ist eben George, das war alles um ihn herumgebaut. Und mein Stellvertreter ist gar nicht besonders aufgefallen, den hätten sie streichen können.

Und der Film, in dem Sie mitgespielt haben, welcher war das?

Der hieß Halbe Miete. Da habe ich die Rolle eines etwas schrulligen Schriftstellers in Köln gespielt, der hieß Schrader. Und die Geschichte geht so, daß sich der Hauptdarsteller, das war der Kampwirth, mit dem ich mich in den Pausen immer gut unterhalten habe, daß der so etwas durch den Wind ist und sich heimlich in den Wohnungen anderer Leute aufhält, also auch beim ollen Schrader. Das fliegt dann auf, und dann gibt es so einen Dialog zwischen Schrader, also mir, und dem illegalen Untermieter, dem Kampwirth. Doris Schretzmayer hat auch mitgemacht, und dann haben immer alle gefragt, wie die denn so persönlich ist, das ist ja eine ganz hübsche Dame. Aber ich hatte ja gar keine Szene mit ihr, also habe ich sie nur bei der Premierenfeier gesehen, wo dann auch der Wenders rumturnte, weil der da was finanziert hatte oder den Film produziert. Auch die Borgmann, die ich ganz gut finde, war da. Und am Set, wie man so cool sagt, da habe ich nur den Kampwirth und Sven Pippig getroffen, der ein ganz hervorragender Mime war. Den Kampwirth fand ich auch gut, der hat mich beeindruckt, als er mir erzählt hat, daß er den Prinzen von Homburg auswendig draufhat, weil er ihn am Theater ewig spielen mußte. Dann war da noch der Regisseur Marc Ottiker, ein dicker Tononkel noch mit seinem Galgen, dann Beleuchter und Kamera und Frauen, die einen gepudert und angezogen haben. Da bin ich dann auf rosa gepinselt in eine Kneipe gegenüber, weil man immer so lange warten mußte auf seinen Einsatz, und da hat dann einer was von schwul gebrummt, und die Wirtin hat gesagt: »Nicht doch, er war in der Maske, das ist ein wichtiger Schauspieler!« Das war in Köln im schönen Mai 2002. In der Glotze lief der Film dann auch. Aber er war im Grunde nicht soo gut. Er geht so.

Gibt es noch was zum Einzigen und sein Offenbarungseid zu sagen?

Die Zeichnungen sind spitze. Die hatte Kramer gesammelt, Betriebskunstsammlung Halbach; er hat oft als Robert Halbach was verbrochen, der Kramer. Es gibt, oder besser es gab in Büros und in Betrieben früher so fotokopierte, meist schweinische Zeichnungen, die da noch vor Youtube als Dauergags kursierten. Sexistisch, würde man heute sagen, weil die Sexismuskritiker im Grunde nur noch Geschlechtsteile im Kopp haben; da hat sich nicht viel verändert. Ein trivial-obszöner Ulk, sowas wagte wohl heute kein Verleger und auch kein Büroangestellter mehr in Umlauf zu bringen. Der Kramer war da freimütig, darum hatte er auch ständig Ärger mit seinen Orthodoxen und Rechtgläubigen. Da hat er viele Leser verloren. Mutfaks Hakenkreuzzeichnungen sind ja auch drin im Einzigen. Die hatten aber schon für Wirbel gesorgt.

Was war damit?

Also Mutfak war so ein elaborierterer Punker, wahrscheinlich ein schwieriger Gymnasiast, der hat so Ende 70, Anfang 80 ein Fanzine herausgebracht, das hieß Y-KLRMPFNST, das waren so kopierte A4-Seiten, Punkdesign, sehr freimütig-zynische Besprechungen von Punkkonzerten und Platten. Das Heft fand ich großartig, den Stil, der Typ war gut. Also habe ich den gefragt, ob er einen Beitrag macht für ein Heft der Zweitschrift, die sonst Michael Erlhoff und Uta Brandes herausbrachten, eine Kunstzeitschrift der eher anderen Art, aber eben doch Art, nicht. Die beiden waren nun auf die Kunstzeitschrift Gepein gestoßen, wo ich viel drin hatte, fanden das gut und hatten sich überlegt, daß sie die Gepein-Leute und damit auch mich die Zweitschrift mal herausgeben und machen lassen. »Ihr könnt machen, was ihr wollt!« so der Ton. Und olle Mutfak hatte gewittert, daß dieses Ihr könnt machen, was ihr wollt! so seine Grenzen hatte, damals schon. Die Punker waren ja Grenzforscher. Also er schickte mir was auf A4-Karopapier, solches für den Mathematikunterricht, und da hat der so akribisch in Kinderschrift Hakenkreuze in die Kästchen gezeichnet, Seite 1: ein Hakenkreuz in der Mitte, stand auch drunter: »O, ein Hakenkreuz.«, Seite 2: stand dann drunter: »O, noch mehr Hakenkreuze!«, Seite 3: die ganze Seite voll damit, und drunter stand: »O weh, noch mehr Hakenkreuze! (Und das dicke in der Mitte, das heißt Adolf)«. Das in der Mitte war dicker gezeichnet. So. Ein künstlerischer Beitrag. Von großer analytischer Kraft. Denn dann ging es gleich los, das Sich-Winden und die Bedenken und das Geraune in Hannover, wo die Brandes und der Erlhoff wohnten. Eigentlich so ganz nette Leute. Aber immer auch im Karriere-voll-voraus-Gang, und da hatten die das feine Gespür, was da hinderlich sein könnte und eines Tages auch rückwirkend Ärger bringt. Und Mutfak hatte damit gerechnet und dann höhnisch was von »Das ist die Kunstfreiheit!« verbreitet. Die haben zuerst versucht, das als schlechten Beitrag abzulehnen. Kunstfreiheit gilt natürlich, blabla, aber schlechte Kunst soll nicht rein ins Heft. Da habe ich gesagt: »Wenn das nicht gebracht wird, mache ich nicht mehr mit und ziehe meine Beiträge zurück!« Ich mußte doch meine Autoren decken! Also war ich da raus. Und die anderen haben ohne mich weitergemacht.

Was ist aus Mutfak geworden?

Keine Ahnung, Film wohl. Aber die Brandes hat dann Karriere gemacht mit Gender, Recycling und Regierungsberating. Und der Erlhoff ist Professor für Design geworden und auch Scheff von't Janze da. Kramer hat dann den Hakenkreuz-Comic vom Mutfak in den Offenbarungseid reingesetzt, dem hatte das gefallen. Kramer hat das mit den Hakenkreuzen verstanden. Er hatte mal entdeckt, daß in einem Kaufhaus ein Kleiderständer so in Hakenkreuzform gebaut war, an den Haken hingen die Klamotten so um die Ecke, so ein Drehständer; den hat er fotografiert, und dann hat er so aus Jux einen Beschwerdebrief geschrieben und Alarm gemacht, und dann hat sich das Kaufhaus furchtbar erschrocken und einen zerknirschten Entschuldigungsbrief geschrieben, daß sie die Kleiderständer selbstverständlich sofort austauschen werden. Darauf hat Kramer wieder geschrieben, ob er nicht so einen ausrangierten Kleiderständer haben kann, weil er die ganz praktisch findet. Diesen Schriftverkehr hat er dann veröffentlicht.

Gepein, was ist das für eine Zeitschrift gewesen?

Die haben drei Kunsthistoriker und Freunde, nämlich Rolf-Peter Baacke, Gertie Fietzek und Ingrid Buschmann, rausgebracht, die gab es von 80 bis 83 etwa, und es gab dann eigentlich zum Schluß auch nur 5 Ausgaben, davon zwei Doppelnummern, aber die hatten es in sich, da waren Beiträge guter Leute versammelt, und dann war das im Grunde Kunst in Handarbeit, mit Einklebungen, Kolorierung und dies und das; immer hundert Auflage plus etwa dreißig für die Künstler. Das war ein A3-Format, viel Platz zum Machen, das Gerüst fotokopiert, der Rest Handarbeit.

Wieso Gepein, wieso hieß das so?

Schon ein bißchen romantisch-doof, aber das weiß ja keiner, außer uns jetzt, das ist nämlich ein Kurz- und Mischwort aus den Namen der drei Herausgeber, also Gerti, Peter und Ingrid, die ersten zwei Buchstaben zusammengeklebt und fertig. Aber wenn man das außer acht läßt, dann klingt es nach Gottfried Benn oder August Stramm, nach Ach! und Weh! und welche Pein!. Nach Gewölle und Gewölk und Gepein klingt das. Überdies hat vom Rand her, etwas bedeckt, auch Heinz-Werner Lawo da mitgemischt, das ist ein Kunsthistoriker klassischer Güte, wie es sie so nur geben kann, wenn sie keine Professur haben, und der ist auch Sammler von mir, und weil ich in dieser Zeit mit denen ständig zusammenhockte und auch kurz mal bei ihnen in der Rönnestraße wohnte, weil wir ja die Merve-Wohnung verlassen mußten, war ich auch eine Art Mitmacher. Tomas Schmit wollten wir mal bewegen, da mitzumachen; das hat nicht geklappt, aber ich habe mich dann oft mit ihm getroffen, und wir haben irgendwo gemütlich Bier getrunken, bis er ins cholerische Stadium geriet. Mit den Gepeins saßen wir immer im Sport-Eck und haben so einiges ausgeheckt. Gerti Fietzek mochte die kühle Konzept-Art und hat Lawrence Weiner bewegt, in einem Heft mitzumachen …

Lawrence Weiner war ein berühmter Konzept-Art-Künstler.

Verstehe ich zwar nicht, die Richtung, aber das war er damals. Und der war dann in Berlin, ein rauschebärtiger Mann, der etwas verlebt aussah und ganz anders war als seine keimfreie Kunst; der hat ordentlich Bier mit uns gesoffen, aber das hat ihm dann nicht gereicht, der war nachts plötzlich finster entschlossen und begehrlich auf ein Kügelchen Opium. Es sollte Opium sein. Morphin war damals im Handel, vielleicht schon Heroin und Chemiezeugs, aber Opium? Da waren wir als reine Biersäufer überfragt. Na, jedenfalls ist es zwei emsigen Kunsthistorikern, die wie Plisch und Plumm immer im Duo auftauchten und die ganz große Weiner-Fans waren, denen ist es gelungen, ihm den Wunsch zu erfüllen. Es war interessant, daß so ein kühler Konzeptmeister dann privat barocke Ekstase wünscht. Sie haben ihn Bildhauer der Sprache genannt. Ich fand das leer. The piece need not be built, das war noch das Beste. Der schreibt da so paar Wörter, und das ist dann seine Kunst. Da kann ich nur lachen. Obwohl diese Gewichtslosigkeit und diese Materiefreiheit, das hat was, allerdings auch was Manichäisches, hier Lichtwelt und dort nur böse Materie, da wird es dann schnell apodiktisch und zelotisch.

Haben die Abbildungen im Offenbarungseid Ärger gebracht?

Nein. In Braunschweig hatte ich an der Kunstschule einen Kollegen, der da die Filmklasse leitete, Gerhard Büttenbender. Irgendwie hatte der sich zu meiner Zeit schon ganz dünne da gemacht, der war mehr in Thailand als in Braunschweig und hatte da wohl irgendeine Selbstverwirklichung laufen und war kaum noch oder ganz selten in Braunschweig. Das war natürlich doof für die Studenten und für seine kinderreiche Familie. Alle haben auf ihn geschimpft, aber er war verbeamtet, da konntest du dir sonstwas leisten. Ich fand den aber ganz nett. Und eines Tages kommt der in mein Büro und schenkt mir ein Exemplar vom Offenbarungseid, das er in einem thailändischen Antiquariat gekauft hatte. Das Buch war also irgendwie nach Thailand gereist, war dort eine Weile in Betrieb und kam nun wieder zu mir. Er hatte es für 180 Baht gekauft, das sind so zwei, drei Euro. Das hat mich sehr gefreut und gerührt, das Geschenk. Die schweinischen Seiten aber und die Hakenkreuzsache, die waren da alle rausgeschnitten. Die hatte ein Zensor oder irgendeine olle Sau sich als Wichsvorlagen oder als Wandschmuck sorgfältig rausgerissen, das ist mir erst gar nicht aufgefallen.

Die Hakenkreuze waren auch weg?

Das ist doch buddhistisches Symbolgut. Sowas kommt da nicht in den Handel, das wird bewahrt.

## 3.

Sie erwähnten mal etwas von einem bedeutenden Kunstfest in Hoisdorf. Was war da los? Und wo ist das überhaupt?

Das hieß Künstlerverschickung nach Hoisdorf, das war 83. Hoisdorf liegt nordöstlich bei Hamburg, Richtung Lübeck.

Wie kam es dazu?

Ein Freund von mir, Peter Hilber, das war der, der den Einfaltspinsel gedruckt hat, der war Reprofotograf in Berlin gewesen bei Dorland, einer Klitsche für Print-Werbung, und der wollte irgendwie raus, und da ist er erst nach Düsseldorf zu den gutgekleideten Kollegen, die während der Pause Männermagazine lesen und einmal im Jahr so richtig Karneval feiern, und von da ist er nach Hamburg, wo die Druckindustrie wohnt und wo er noch besser verdient hat. Inzwischen sind ja die meisten Druckfachleute mit ihren hervorragenden Berufsausbildungen durch Pfuscher am Computer ersetzt worden. War aber noch nicht so weit. In Hamburg wollte er damals mehr draußen aufm Land wohnen und ist durch Zufälle nach Hoisdorf geraten; da kommst du noch irgendwie mit der S-Bahn oder mit dem Zug gut nach Hamburg rein. Da gab es zwei Kneipen, eine mehr so am Dorfkern gelegen, das Dorfgasthaus Maluche mit Hochzeitssaal und Schnitzelküche, und dann noch die einfache Kneipe Sievers am Dorfrand, wo die Ortsvereine von der SPD tagten. Ich bin oft hin, und da haben wir mal ausgeheckt, daß wir ein Festival veranstalten. Peter Hilber hat sein Dorf massiert, Maluche den Hochzeitssaal abgeschwatzt und die Jugendherberge gebucht, und ich habe hier gezielt Leute eingeladen und einen Bus gemietet, und mit dem sind wir dann nach Hoisdorf.

Wer war dabei?

Camping Sex, später als Mutter bekannt geworden. Nils Krüger, der Staubsaugermann, mit den Tonknetern. Antje Fels hat wieder irgendeinen Küchenschrank zerhackt. Butzmann war dabei mit Musik. Fritz Rahmann hat einen Klavierleichnam im Hochzeitssaal präparieren dürfen. Der Galerist Rolf Langebartels war mit, der Gitarrist Kristof Hahn, der dann bei den Swans spielte. Der ist damals in der Jugendherberge nachts besoffen in die Abteilung eingebrochen, wo die sechzehnjährigen Schülerinnen schliefen, hat sich da zwischen die kreischenden Doppelbetten gestellt und »I am God!« gegrölt.

Fritz Balthaus hat einen Strohhaufen von innen mit Feuergeräusch beschallt, und ich war mit den Nerven am Ende. Der Tscherkassky hat den ganzen Irrsinn mit der Super-8-Kamera gefilmt, da ist so ein verschmierter Wackelfilm draus geworden, den ich später mal vertont habe. Und in diesem Film sieht man, daß auch noch ein paar ruhigere Menschen dabei waren, also Werner Durand, die Gepeins, außerdem war Kade Schacht dabei, Nanaé Suzuki, und Thomas Kiesel hat Filme gezeigt. Da ist einiges an mir vorbeigezogen, weil ich mit Organisation zu tun hatte und Beschwichtigung der Dorfbevölkerung.

Wie haben die denn reagiert?

Wir waren ziemlich raumgreifend. Aber die Leute dort haben viel Geduld. Es war gut, daß wir nicht vier oder fünf, sondern nur zwei Tage da waren. Als dann Camping Sex irgendwie am Kriegerdenkmal rummachten, mußte beruhigt werden. Versöhnlich wirkte das Traktorenkonzert: Freund Hilber hatte im Dorf Leute mit Traktoren begeistern können, da hinzukommen, und die standen draußen und die Motoren liefen alle. Mit Mikros lief das in die Halle, wurde elektronisch bearbeitet, verstärkt und von den Tonknetern innen begleitet. Das war ein Doppelding drinnen und draußen und ziemlich gut. Das war eigentlich der Höhepunkt, und draußen fanden es sogar die paar Dorfbewohner gut. Dann ist die ganze Horde verkatert wieder ab in den Bus nach Berlin.

Haben Sie da schon für die TAZ geschrieben?

Schon ab 80, da hat mich Helmut Höge gefragt, ob ich nicht was schreiben möchte für die. »Ja, was denn?« habe ich ihn erstaunt gefragt. »Was du willst!« »Gut.« Also habe ich ab und zu was geschrieben und der Kulturredakteurin Sabine Vogel in die Redaktion gebracht, das war die Freundin vom Höge, und die haben das dann immer genommen.

Was haben Sie geschrieben?

Einen langen Artikel, daß Zeitung eher Raumung heißen müßte, weil die Artikel und Fotos auf einen begrenzten Raum passen müssen, auf die Zeitungsseiten nämlich. Und das Fernsehen und das Radio könnte man eher Zeitung nennen, weil da alles einen Zeitraum hat. Da hast du fünf Minuten Zeit, und in der Zeitung hast du hundert Zeilen Raum.

Das ist Medientheorie in einem Medium. Sowas haben die mitgemacht und gedruckt?

Die Abteilung um den Höge und die Vogel, die konnten das machen. Dann hatte meine Mutter einen Onkel im Osten, Onkel Orje, und die Rentner durften plötzlich einmal im Monat in den Westen reisen, und da kam Onkel Orje zu Besuch bei meinen Eltern vorbei, und ich war auch da, und da hat er plötzlich gesagt, er muß los, sein Begrüßungsgeld abholen. »Begrüßungsgeld, was ist das denn?« habe ich ihn gefragt. Ja, die Rentner aus dem Osten, hat er erklärt, bekommen im Westen ein Begrüßungsgeld von hundert Mark, das war Westgeld und viel wert für die, und dann hatten sie Freifahrt auf Bus und Bahn und konnten in jedes Museum, wenn sie da ihren DDR-Paß vorgezeigt haben. Das war interessant, und da habe ich mir eine Geschichte für die TAZ ausgedacht, ein Interview mit einem Erwin, der hier im Westen lebt und sich einen DDR-Paß fälscht, damit er umsonst Bus und U-Bahn fahren kann, und sich einmal im Monat sein Begrüßungsgeld abholt. Dieses erfundene Interview haben die gedruckt, und das hat wenige Tage später ernsthafte deutsch-deutsche Spannungen ausgelöst, weil die DDR-Regierung ganz giftig wurde, denn diese humorlosen Trottel haben das ernst genommen, bis sie endlich gemerkt haben, daß sie einem Streich aufgesessen sind. Da war Höge natürlich schwer begeistert über sowas, aber die Politredakteure bei der TAZ haben schon staatsmännisch gebrummt und Bedenken geäußert, wie man so blöd sagt. Und ich habe gedacht, jetzt wirst du künftig aus Westberlin rausfliegen müssen, weil sie dich im Zug hopsnehmen und einsperren oder zum Spitzel bei der TAZ umbauen.

Wiglaf Droste war damals auch in der Redaktion der TAZ. Was war mit dem?

Ja, der hatte wohl auch so eine sechzehntel Stelle da, die sie mir übrigens auch angeboten hatten. Das wurde dann ja nichts. Und ich bin heilfroh, daß ich kein Pressefuzzi geworden bin. Der Droste ist ja nun schon tot, da kann ich ihm jetzt nicht in den Hintern treten.

Hätte er es verdient?

Er hat da immer stark provoziert in der Zeitung mit seinen Beiträgen, er war scharf auf Skandal und hat ihn ständig gesucht. Daß es nun ausgerechnet mir gelungen ist, der es überhaupt nicht darauf angelegt hatte, muß ihn schwer gewurmt haben.

Das war die Affäre mit Ihrem »gaskammervoll«.

Ja. Er hat dann in den Anschlußgefechten auf allen rumgedroschen, auch auf mir. Da war der in seinem Element. Er war ein großer Polemiker, ein Beschimpfer und Radaubruder, dazu sein breitflächiger, westfälischer Sturkopf, das paßte. Ich sollte endlich Stellung beziehen und was sagen, hat er gemeint.

Haben Sie nicht?

Ich habe mich doof- und totgestellt. Da ging doch die große bigotte Morallawine ab. Und da wollten sie eigentlich nur die bühnengerechte Zerknirschung und Bußgeste sehen und öffentliche Entschuldigungen von mir hören, oder wollten, noch besser, hervorstöbern, daß ich ein verkappter Nazi bin, ansonsten hast du die da nur gestört bei ihrer Empörung. Ich habe mich entschlossen, gar nichts zu machen. Wer mich für einen Gaskammerbefürworter hält, hat einen Knall. Punkt.

Der Bundestagspräsident Jenninger hatte zur selben Zeit auch so einen Skandal verursacht mit seiner Rede zum Holocaust.

Die im Grunde völlig in Ordnung war. Ein hysterischer Aufschrei, weil er, dem ich das gar nicht zugetraut hätte, so ziemlich unangenehme Wahrheiten abgeladen hat über die Deutschen und ihre Juden und weil er eben nicht die übliche genormte Zerknirschungsrede abgespult hatte. Diese Rede und die TAZ-Sache haben sich gegenseitig aufgeheizt, in Groß und in Klein. Und dann mußte der Oberzeigefinger Schily im Fernsehen auch noch drin rumrühren und das Wiedererwachen des Faschismus sogar bei Linken beklagen, und da ging's erst richtig los! Da saß ich mit Frieder auf Musikreise in Den Haag im Hotel vor dem Fernseher und dachte, jetzt wird's verrückt! Jetzt wird's ernst! Mir wurde dann in Berlin vor der Haustür aufgelauert von windigen Journalisten, die einen linken Neonazi fotografieren und öffentlich teeren und federn wollten. Man ahnt nicht, wie aufdringlich und ungeniert die sind und wie ganz und gar unhöflich. Nach vier Wochen, dachte ich, wird sowieso eine neue Sau von der Presse gejagt, also halte still. Aber der Mist haftet mir bis heute leicht an. In meinen Büchern habe ich hier und da dann später doch Stellung bezogen. Aber das bringt nichts.

Warum haben Sie nicht reagiert?

Hätte doch gar keinen Sinn gehabt. Bringt nichts. Das, was sich öffentliche Debatte nennt und gar keine ist, weil ohnehin alle mehr oder weniger einer Meinung sind, betrachte ich nur noch wie eine Komödie, die in einem Irrenhaus inszeniert wird, und ich gucke zu und halte die Fresse.

Sie hätten sich erklären können.

Dazu hätte ich zunächst mal etwas abgeklärter sein müssen. Es war doch, als hätte mir einer vor den Kopf gehauen. Ich mußte erst die Besinnung wiedererlangen. Da bist du nicht sonderlich schlagfertig.

Würden Sie das Wort gaskammervoll wieder verwenden?

Nein, obgleich es nur ein Bild, ein Wort ist, eine zugegeben drastische Metapher, und jetzt natürlich eine stark kontaminierte. Mir zu unterstellen, ich hätte Gaskammern verharmlost, ist nicht statthaft. Wenn ich Bombenstimmung sage, verharmlose ich keine Bomben oder baue welche. Die Politik und die Medien sind Sprachgefilde, sie nehmen das Wort darum wichtiger als die Tat. Das ist ihre Kampfzone, da geht es immer erbitterter zu.

Ja, und? Was sagt das?

Es schlägt einer wen tot und kommt vor Gericht, da werden dann auch in der Presse große Bemühungen unternommen, den Mörder zu verstehen; ja, hat es denn überhaupt Sinn, den wegzusperren, und kann er denn überhaupt verantwortlich gemacht werden für sein Tun, und haben wir Menschen denn überhaupt eine freie Wahl zur Entscheidung, ob töten oder nicht töten? So. Und dann sagt aber einer Neger oder Zigeuner, und der wird sofort an die Tür genagelt, ohne Prozeß. Das ist Kampfzone, Schuld-Schach, weiße Felder, schwarze Felder, und das wird im Sprachbereich geregelt.

Also noch urteilen unsere Gerichte da ziemlich konventionell. Und Sie sind auch in reinen Sprachgefilden tätig.

Meine Texte sind mehr von Ästhetik als von Botschaften getragen. Egal was ich sage, es muß bestmöglich gesagt werden.

Und da war nichts Besseres möglich als gaskammervoll?

Wer das nicht als extreme Metapher zu lesen vermag, weiß nicht, worum es geht, weder sprachlich noch in überfüllten Tanzdielen. Wer mir beim Gebrauch einer Metapher Sympathien für Gaskammern andichtet, ist einfach nur dämlich und böswillig. Ich habe nichts für Bomben und Gaskammern übrig, wenn ich bombenfest oder gaskammervoll sage. Das haben die falsch gelesen, falsch verstanden, und wollten wohl auch falsch verstehen, weil sie ja so ihre Empörung aufkochen konnten, denn ich habe ja die ganze Situation da in dieser überfüllten Diskothek mit den zuckenden Leibern als widerwärtig empfunden und darum eine drastische Metapher gebraucht. Man hat dann auch bald nur den Vergleich beanstandet, sowas soll man nicht vergleichen können, weil verharmlost wird.

Also literarisch ist sowas in Ordnung, meinen Sie? Da kann man sowas schreiben?

Ja, was denn sonst. Literatur ist nicht zimperlich oder sittsam, sonst ist sie steril oder erstickt. Und nun verrate ich Ihnen mal, was ich mir in den ganzen Jahren immer verkniffen habe zu erzählen, weil es sich wie eine Ausrede angehört hätte auf Kosten eines anderen. Im Oktober 1988 waren Brinkmanns Schnitte erschienen, und da bin ich sofort in den Buchladen und zu Hause durchgeflogen, und das ist nun ein wahrhaft drastisches Werk, wo es nur so kotzt und Pisse läuft und seitenweise nur Ficken und Fotze, das ist eine ordinäre, pornographische Schmäh- und Schimpfschrift und gute Literatur. Das ist ein äußerst heftiges, intensiv aufgeladenes Buch, und heute ist mir schon befremdlich, wie einer da so besessen und voller Ekel sein kann. Und das habe ich durchflogen, als ich im Oktober 88 den Artikel über den Dschungel geschrieben habe, das ist mir später erst klar geworden. Und Jahre später lese ich die Schnitte noch mal, und da laust mich der Affe, denn da lese ich auf Seite 82: »Pißrinnen aus den Hauseingängen, ging durch Gaskammer voll Musik hatte den Schlüssel verloren, er steckte in meiner Tasche« und auf der nächsten Seite lese ich: »›Was ist Baby Blue?‹ durch Diskotheken Gaskammern voll Musik geschleift«; das waren so Passagen voller Widerwillen und Ekel vor den Zeitgenossen und Deutschland, und das hatte ich also damals gelesen, und das Bild muß mich berührt und mir unbewußt angehaftet haben, daß ich es dann ähnlich verwendet habe.

Also haben Sie nur zitiert?

Nein, ich wußte doch gar nicht mehr, daß das da so steht, das habe ich damals doch gar nicht so deutlich und herausgehoben erfaßt oder unterstrichen; dieses Bild, diese Metapher, die muß mich beim ersten hastigen Lesen affiziert und berührt haben; man eilt durch dieses Buch, weil es ja mehr ein Bilderbuch, voller Fotos und Ausschnitte und Emotion ist, und da prägen sich weniger Worte als Bilder ein. Und einem anderen, einem Kritiker oder Leser, ist das ja auch nie aufgefallen, sonst hätte die Empörungskampagne doch auch den Brinkmann voll erwischt.

Oder man hat das gelesen und gesagt, gut, das ist Literatur, und es ist ein typisches Brinkmann-Buch, und da geht das, der darf das. Aber Sie haben einen Artikel für eine Zeitung geschrieben.

Das ist zu berücksichtigen, ja, das sind Kontexte. Aber aus heutiger Sicht ist die Kluft zwischen Literatur und Journalismus wesentlich tiefer als damals, weil ja heute schon jeder Redakteur die Beiträge untersucht, ob sie nicht für irgendwen anstößig sein könnten, und das tut auch der Artikelschreiber selbst und mäßigt oder zensiert sich geflissentlich. Aber das war damals nicht so, schon gar nicht bei der TAZ, da war das Feuilleton völlig frei, experimentell und literarisch offen. Das wäre heute gar nicht mehr vorstellbar und auch nicht möglich. Im Politikteil war man hauptsächlich links und schon ganz staatsmännisch um korrekte Aussage und richtige Linie bemüht. Da verlief dann auch die Front zwischen denen, die es im Feuilleton libertär und experimentell haben und so belassen wollten, und denen, die endlich auch da mehr Seriosität wünschten und Moralfilter einbauen wollten.

Das mag stimmen, aber es klingt nach Ausrede, weil sich ja viele sehr empört haben und sich, ja, verletzt fühlten.

Das ist doch hochgeschraubter Kitsch. Also die Juden, die ich damals kannte über eine Freundin, die habe ich gefragt, was sie davon halten, und die haben sich nur totgelacht über diese typisch deutsche Bigotterie und Aufregung. Die Deutschen machen auf zerknirscht, meinten sie, und ewige Reue, und wenn es drauf ankommt, werden sie uns doch wieder im Stich lassen und ausliefern, so in etwa. Es war aber noch etwas anderes völlig absurd. Ich versuche es mal so zu erklären: Fotze ist ja nun ein ziemlich negativ konnotiertes Wort. Wenn sie eine Übersetzung davon hören, klingt das schon harmlos: englisch cunt, japanisch angeblich josei-ki, italienisch fica, übersetzt ist es das nackte, unschuldige Wort ohne Beigeschmack. So, und nun schreibe ich irgendwo Fotze hin und dann geht die Aufregung los. Der hat Fotze geschrieben! Fotze darf man nicht schreiben, Fotze geht gar nicht, verstehen Sie? Sie schreiben es einmal ganz arglos und vielleicht blöd-naiv, um etwas kraftvoll auszudrücken, und dann schreiben sie es nie wieder, weil sie einsehen, daß es nicht fein ist; aber alle Welt überschlägt sich nun in den Medien und sagt und schreibt aus der Deckung reiner Empörung nichts als »Fotze, Fotze, Fotze«, bis endlich ein ganz gründlicher Tugendwächter kommt, und steigert: »Ihr dürft nicht mehr Fotze sagen, nur noch F-Wort!« Und so haben wir dann das züchtige F-Wort und das N-Wort und das Y- und Z-Wort, und jeder hört doch genau, was das sagt. Was passiert da? Eine Moral, eine Macht, ein Verbot besetzt ein Wort und vergiftet es, will es purifiziert sehen, und dann sagt es keiner mehr oder nur unter Verrenkungen mit schlechtem Gewissen, und so beginnt die Selbstzensur-Dynamik, denn auch jedes angeblich sauberere Wort wird auf Dauer wieder giftig oder böswillig vergiftet. Das ist, was ich Signifiklasmus nenne. Manche ziehen daraus Sinn und Lust.

Na ja, das Wort Fotze ist vulgär, obszön, das Wort gaskammervoll unsensibel, weiter nichts.

Na, da müssen Sie sich mal in so eine verrauchte und überfüllte Diskothek reinquetschen, da möchte ich mal wissen, was Ihre Sensibilität da vermeldet.

Keine Assoziation mit Gaskammer jedenfalls.

Und die es doch tun, muß man die dann rädern?

Also, ich bitte Sie!

Gut, ich halte inne.

Beziehen Sie eigentlich noch Stellung zu politischen Themen?

Nur privat und fast so resigniert wie erheitert, wenn einem das Lachen jetzt nicht öfter verginge. Ich halte es mit Benn, für den die Öffentlichkeit der Gestank einer Senkgrube ist und Politik das Gebiet von Reduzierten, denn es ist so.

Aber Sie geben hier doch sehr breit Ihre Meinung kund.

Man sollte die Meinungen anderer achten, aber selbst eine zu haben erscheint mir in meinem Alter überflüssig zu sein; es gibt viel zu viele davon. Ich erzähle hier nur, weiter nichts. Und das ist doch ein Fortschritt, oder? Oder auch Altersreife.

Glauben Sie, das Leben hat ein Ziel, einen Sinn? Gibt es ein Voranschreiten?

Ach was, nichts. Alles geschieht einfach. Und daß sich Bäume und Tiere und Menschen zu erhalten und zu vermehren suchen, das ist wohl der einzige Sinn des Lebens. Der Rest ist steindumme Materie und einfach nur da.

Die ewige Wiederkehr des Gleichen, gibt es die?

Wenn man in Atemzügen denkt, die Jahrzehntausende dauern oder länger, dann gibt es sie womöglich. Die Anschauung ist tragbar, belastbar; ich meine zu wissen, wie das gemeint war von Nietzsche. Krieg, Frieden, Fressen und Gefressenwerden, Geburt und Tod, Herbstblätter fallen, frische Blätter sprießen, das ist so ein endloser Umlauf. Da fragt man nicht nach Fortschritt oder Sinn, das läuft einfach. Ein endloses Werden und Sein.

Das Ende der Geschichte?

Das klingt mir wieder zu pathetisch und zu gewiß und stimmt auch nicht. Ich bin in Zeiten hineingewachsen, die beinahe jährlich etwas Neues in der Musik ausgeschwitzt haben. Da gab es Beat, Pop, Disco, Metal, Punk, Industrial, Trance, Hiphop, und das gab's vorher nicht, das war alles neu. Nun macht unser Großer, recht erfolgreich sogar, Hip-Hop, und dann sage ich: »Mensch, das habe ich zum ersten Mal 1984 in New York gehört in einer Perfektion und mit einer Intensität und live von Run-DMC, und nun macht ihr fünfzig Jahre später immer noch Hip-Hop, kommt euch avantgardistisch vor, und es ist nur eine verdünnte Suppe von damals, ein endloser Aufguß.« Das findet er natürlich nicht. Aber mir geht das nicht nur mit dieser Musikrichtung so. Es dreht sich derzeit vieles wiederholt und matt im Kreis. Auch die Kunst.

Wird es in der Musik je wieder einen ganz neuen Stil geben?

Sicher, aber außer einem Fanatismus der Ruhe und des Musik-Ikonoklasmus, einem Sonoklasmus sozusagen, kann ich mir erst mal nichts vorstellen.

Würden Sie das begrüßen?

Ruhe immer! Auch die einstweilige Ächtung der allverfügbaren, allgegenwärtigen Musik und Beschallung. Aber ich höre bisweilen gern Musik, und da hören wir eben mal etwas Gregorianik im Kloster, wo wir dann artig zu Fuß hinlatschen müssen, die letzten Meter auf den Knien.

Das ist jetzt wieder so ein übermütiger Quatsch!?

Na ja, zweimal im Jahr höre ich besoffen die h-Moll-Messe und schneide mir dann beim Crucifixus die Kehle durch, das reicht einmal jährlich.

Aber das wäre auch nichts ganz Neues, oder? Kein neuer Stil hienieden?!

Nein.